인공지능과 정보보호

양정모 · 김성규 지음

KM 경문사

머리말

인공지능은 마법의 열쇠인가?

2016년 다보스 포럼에서 인공지능은 제4차 산업혁명의 시대로 접어들면서 호황기이면서 또한 이슈의 정점에 서 있기도 했다. 많은 인공지능 전문가 및 경제학자들은 앞다투어 인공지능에 대해서 이야기를 나누었고 인공지능이 무슨 마법의 열쇠인 듯 언론에서 앞다투어 보도를 하며 인공지능에 대한 기사들이 매일 쏟아져 나왔다.

특히 2016년 이세돌 9단과 미국의 구글의 "알파고 1.0"과의 바둑대국은 가히 충격적인 일이었다.

결국 인공지능이 제4차 산업혁명에 좌지우지 되고 있다. 이러한 현상은 비단 국내에서뿐만이 아니고 해외에서도 똑같이 반복되고 있다. 어떠한 기술이든 요술램프처럼 갑자기 나타난 것은 없다. 인공지능 또한 마찬가지이다.

기존의 인공지능은 간단한 온도체크, 습도체크, 센터 인지 정도의 기능적인 것을 중점적으로 두었다면 또한 패러다임이 바뀌고 있고 스스로 학습하여 인간의 개입이 없이 새로운 세상이 탄생되고 있는 단계인 것이다. 숨기고 숨기는 패러다임이었다면 인공지능은 모두에게 공개하는 웹(Web)의 패러다임인 참여 공유의 철학과 같다고 할 수 있다. 또한, 지금까지의 인공지능은 마치 예전의 구름 속과 같이 정확한 개념 이해를 못하기에 현실에 직접적으로 반영이 되지 않다.

인터넷이 처음 이 세상에 나왔을 때 사람들은 이게 과연 실물경제와 연동할 수 있을까 고민을 하였고 우리 또한 그렇게 생각을 했다. 하지만 세계의 장벽이 없는 인터넷은 쇼핑몰, 핀테크, 채팅서비스 등의 실제 생활에 접목이 되면서 그 뒤부터는 우리 생활에 밀접하게 적용되면서 폭발적으로 쓰여지게 되었다. 인공지능은 보안의 영역에서 나온 개념이다.

특히 전 세계적으로 제4차 산업혁명이란 단어가 우리의 일상적인 생활에서 많이 쓰이고 있다. 그러나 ICT(Information Communication Technology)가 발전하면서 보안기술은 점점 중요해지게 되었다. 현재까지는 인공지능은 암호화폐에 국한되어 사용되고 이 또한 너무나 한정적으로 사용되어 생활에 밀접한 서비스를 이루기 힘들었다.

인공지능이란 개념이 나온 지 70년이 넘는 기간이 지났다. 과연 실세계에 사용 가능한 기술인지 그리고 거기에 상응하는 경제학을 가지고 있는지가 중요하다. 기술이 아무리 좋아도 사용처가 없으면 무용지물이고 사용처가 아무리 많아도 기술이 없으면 필요 없는 Trade-Off 관계인 것이다.

필자들은 실제 생활에서 인공지능이 꼭 필요한 분야에 적용이 되었을 때 비로소 작동한다고 생각한다.

그리고 인공지능은 결국 어느 산업분야에 또는 적용 가능한 곳에 사용되었느냐에 따라 마법의 열쇠가 될 수도 있고 불편한 시스템으로 전락할 수도 있다. 결국 인공지능은 ICT가 발전할수록 필요한 보안의 영역이라는 것임에는 틀림없다.

한편, 앞으로의 인공지능 미래는 실물에 연동이 가능한 기술 개발 및 dApp (Decentralized Application) 개발이 중요하다. 누구나 편리하게 쓸 수 있는 인공지능 그리고 사용이 편하게 녹아져 들어갈 수 있도록 연구하고 억지로 만들어지는 생태계가 아닌 보이지 않는 손에 의해 움직이는 그러한 생태계를 만들어야 한다. 이제 이러한 생태계를 이루고 참여 공유 개방을 이어서 꼭 필요한 요소에 적용되는 서비스가 절실히 필요하다.

필자들은 교육 분야에 종사하여 학생 및 직장인들을 대상으로 교육을 많이 하였다. 이에 향후의 인공지능은 보안의 영역이기 때문에 사용하지 않아도 사용되는 것처럼 사용자 모르게 작동하도록 매커니즘이 나와야 한다고 생각한다.

그리고 인공지능을 이용하여 금융, 물류, 통관, 의료, 세무, 농수산물 이력 등 다양한 사업 분야에 적용을 하기 위한 노력이 필요하다. 결국 인공지능은 사용하기에 따라 마법의 열쇠가 될 수 있기 때문이다. 끝으로 교재출간을 적극 도와주신 경문사 조경희 대표님과 한경수 선생님 그리고 경문사 임직원들께 감사드린다.

2021년 1월 28일
저자 일동

서언

인공지능 기술이 비약적인 발전과 실생활에 쓰이려는 움직임이 많이 보이고 있다. 최근 구글, 페이스북(Facebook), 월마트(Walmart), 스타벅스(Starbucks) 등 대형 글로벌 기업들은 자사 비즈니스 모델에 인공지능 기술을 넣으려고 한다. 그리고 국내에서도 삼성, LG, SK 등 대기업 계열사들이 자사 솔루션에 인공지능을 도입하려는 의지를 강하게 드러내고 있다.

인공지능은 비지도 학습인 머신러닝과 지도학습인 딥러닝 등의 기술을 기반으로 스스로 학습하여 만든 기술이다.

또한, 인공지능은 이러한 스스로의 학습을 하기 위해서 뉴런 엔진 등의 사람의 뇌를 기반으로 연구하고 있고 이를 '인공지능'이라는 이름으로 부르고 있다.

한편, 인공지능은 스스로의 학습을 이용한 기술로서 네트워크 참여자들이 서로 학습하는 형태로 설계된다. 이러한 인공지능은 다양한 생태계에 모두 적용을 하고 있는 것이다.

그리고 인공지능은 관리 대상 데이터를 '빅데이터'라고 하는 소규모 데이터들이 P2P (Peer-to-Peer network) 방식을 기반으로 생성된 체인 형태의 연결 고리 기반 분산 데이터 저장 환경에 저장되어 누구라도 임의로 수정할 수 없고 누구나 변경의 결과를 열람할 수 있는 분산 컴퓨팅 기술 기반의 원장 관리 기술이다.

그러나 인공지능은 거래 정보를 P2P 네트워크에 분산하여 참가자가 공동으로 기록 및 관리하는 방식이다.

이와 같이 인공지능의 기본은 수학을 기반으로 만들어져 있다. 선형대수 및 이산수학을 기반으로 많이 저장되어진 빅데이터를 기반으로 스스로 학습하는 시스템을 이야기한다.

목차

PART Ⅱ. 인공지능 연구를 위한 기초수학

PART IV. 정보보안에서 인공지능의 필요성

PART I

인공지능의 이해: 기본

 artificial intelligence and information protection

artificial intelligence and information protection artificial intelligence and information protection

제 1 장

인공지능의 정의

인공지능(Artificial Intelligence, AI)은 인간에게 내재되어 있다고 생각되는 인식, 추론, 학습, 이해 등을 할 수 있는 기계나 소프트웨어(S/W)가 만들어내는 지능으로, 컴퓨터나 컴퓨터 소프트웨어를 만드는 방법을 연구하는 과학 분야이다. 인공지능에 관한 영국 논문인 Alan Turing이 1950년에 발표된 이후로 컴퓨터 과학 전문가들은 다트머스 컨퍼런스에서 처음으로 인공지능이라는 용어를 사용했다. 시대의 변화에 따라 인공지능이라는 단어는 다양하게 정의된다. 인공지능 기술은 컴퓨팅 시스템의 성능 한계를 극복하고 컴퓨팅 환경을 개발하기 위한 기반이 될 수 있는 지능형 시스템의 필수 기반 기술이며, 파괴적이고 변형적인 방식이다. 이 인공지능 기술은 컴퓨팅 파워, 관련 기술 성숙도, 시장 상황에 따라 60년 이상 지속적으로 등장하고 악화되어 왔으며, Google의 알파고(AlphaGo)로 대표되는 딥러닝에 대한 관심으로 2016년 새로운 전환점을 맞이했다(그림 1.1). 주요 영역에는 패턴 인식, 전문가 시스템, 자연어 처리, 기계학습 및 자동 제어가 포함된다. 인간과 유사한 지능 기술의 발전을 입증하기 위해 인공지능 개발자는 여러 분야에서 인간에게 도전했으며, 1997년 철학자 Dreyfus가 1967년 'McHack'이라는 체스 프로그램으로 인간에게 도전한 지 30년 만에 IBM의 딥블루가 인간과의 경기에서 승리했다. 2011년 IBM의 왓슨(Watson)은 Jeopardy!에서 인간 챔피언을 이겼다. 2013년 인공지능 골프 로봇 제프는 2015년 일본 프로 선수 2명과의 숏앤 슈트 대회에서 세계 1위 프로 골퍼 맥길로이를 상대로 우승하지 못했으며, PGA 투어 5회에 나섰다. 이와 비슷하게 2016년 구글 알파고는 바둑에서 가장 강력한 프로 선수 중 한 명인 이세돌을 상대로 승리(4승1패)했다. 앞으로도 지속적인 기술 진화를 통해 청렴을 지향하는 기업은 스스로의 출현만으로 라이프

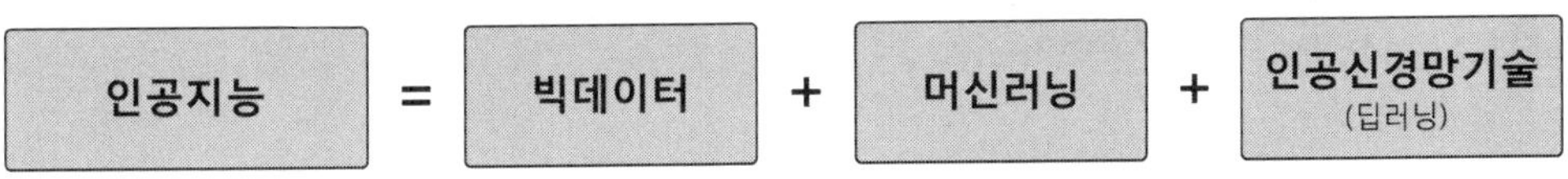

[그림 1.1] 인공지능의 개요

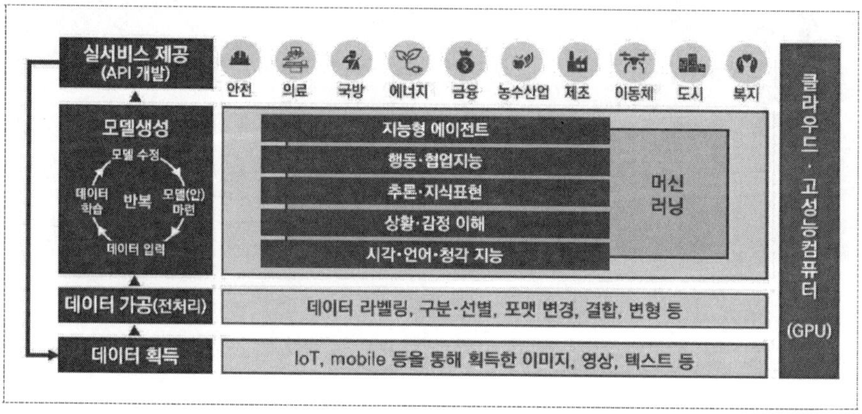

(출처 : 과학기술정보통신부-인공지능(AI) R&D 전략)

[그림 1.2] 인공지능 서비스의 개요

스타일이나 태도에 궁극적인 변화를 가져올 것이다. 예를 들어 과거에는 특정 기기나 제품의 기능에 대한 소비 패턴의 변화를 보고 지불할 수 있었지만, 미래에는 자동차와 인공지능 기술이 결합된 자율 주행과 같은 새로운 개념을 보고 가격을 책정할 것이다.

또한 인공지능은 다양한 환경에서 지능을 기반으로 학습하고 다양한 문제에 대한 최선의 선택으로 문제를 해결할 수 있는 시스템을 의미한다는 점에서 보다 포괄적이다. 구글의 딥 마인드, IBM의 왓슨과 같은 상용 또는 오픈 소스 인공지능을 활용하여 다양한 보안 문제를 해결하려는 시도도 증가하고 있다.

인공지능 도입의 필요성은 방대한 정보보안 관련 데이터 분석의 어려움과 정보보안 인력 부족 해소를 고려하고 있다. 정보보안 분야에는 위협 인텔리전스, 통합 보안 제어, 네트워크 패킷 분석, 악성 코드 분석, 사용자 이상 분석, 사용자 인증 및 사기탐지, 취약성 분석 및 시뮬레이션 해킹 등 이미 주요 영역에서 상용화된 서비스가 포함된다. 다양한 인공지능 기반 데이터의 관리, 인공지능 활용 방법, 투자 지원에 대한 자문을 받을 수 있는 전문가 풀 등이 있고 국내외에서는 인공지능을 활용한 보안 솔루션과 서비스가 더욱 활성화될 예정이다. 또한 인공지능은 다양한 서비스에 적용이 가능하다(그림 1.2).

1. 인공지능의 발전

인공지능의 개념은 1956년 미국 다트머스 대학의 존 매카시 교수가 개최한 다트머스 컨퍼런스에서 처음 등장했으며 최근 몇 년간 폭발적으로 성장하고 있다. 특히 빠르고 강력한 병렬 처리 성능을 제공하는 GPU를 도입하면서 2015년부터 가속화되고 있다. 또한 폭발적인 저장 용량과 이미지, 텍스트, 매핑 데이터를 포함한 모든 영역의 데이터가 넘쳐나는 '빅데이터' 시대의 추세가 이러한 성장에 큰 영향을 미쳤다. 1956년 인공지능의 선구자들이 꿈꾸던 것은 인간 지능과 유사한 특성을 가진 복잡한 컴퓨터를 만드는 것이었다. 인간의 감각과 사고력을 가진 인간처럼 생각되는 인공지능을 '일반 AI(General AI)'라고 하지만 현재의 기술 발전 수준에서 만들어질 수 있는 인공지능이 좁은 AI(Narrow AI)의 개념에 포함된다. 좁은 AI는 소셜 미디어의 이미지 분류 서비스 및 얼굴 인식 기능과 같이 인간의 능력을 넘어선 특정 작업을 수행할 수 있다는 특징이 있다. 일반 AI 수준에 도달하기 위해 인공지능은 인간의 뇌와 유사한 신경망을 가져야 하며, 이는 무수한 정보에서 판단해야 할 것을 즉시 선택할 수 있는 능력이라는 두 가지 영역에서 압도적으로 우월하다. 인공지능은 때때로 입력 정보를 저장하는 능력과 비교된다.

인공지능이 우리 삶에서 친숙하게 이야기되기 시작한 지 5~6년이 지났지만 인공지능의 탄생은 1950년대로 거슬러 올라간다. 미국의 컴퓨터 과학자이자 인지과학자인 John McCarthy 교수는 1956년 Dartmouth Society에서 처음으로 'AI'라는 용어를 만들었고 인간과 유사한 기계라는 개념이 등장했다.

당시에는 지금처럼 매우 색다른 개념이었다. 1950년대부터 1970년대까지 인공지능이 많은 주목을 받아 관련 연구와 투자가 활발해졌다. 초기 연구원인 Margin Minski는 1970년 미국 〈LIFE〉와의 인터뷰에서 인간과 유사한 지능의 기계가 1980년대 이전에 등장할 것이라고 예측했다. 그러나 컴퓨팅 성능과 저장 공간이 부족하여 실현되지 않았다.

이후 물러난 AI에 대한 관심은 1980년대에 다시 등장했다. 향상된 컴퓨팅 성능으로 엄청난 양의 데이터를 저장하고 필요한 정보를 찾을 수 있게 되었다. 컴퓨팅 파워의 발전은 AI에 새로운 가능성을 열었다.

의학, 법률, 금융 등 전문 분야에서 특정 질문을 하면 AI가 핵심 키워드를 이해하고 그에 따라 답을 찾을 수 있다. IBM의 AI 왓슨이 그 예이다.

눈, 피부, 코와 같은 감각 기관으로 외부 자극을 느끼고 이를 뇌에 전달하고 처리하는 신경망에 대한 연구도 다시 주목을 받았다. 사람들이 학습하는 방식에 기반한 인공 신경망이 연구되기 시작했다. 인공지능을 활용할 수 있는 분야와 산업에 대한 연구가 활발히 진행됐지만 저비용과 효율성으로 큰 진전이 없었다.

2005년경 AI는 세 번째 물결을 탔다. 이번에는 '진짜'라는 이야기도 있었다. 지난 20년 동안 컴퓨팅 파워는 이전 세대보다 빠르게 성장했으며 AI의 인프라인 클라우드 환경이

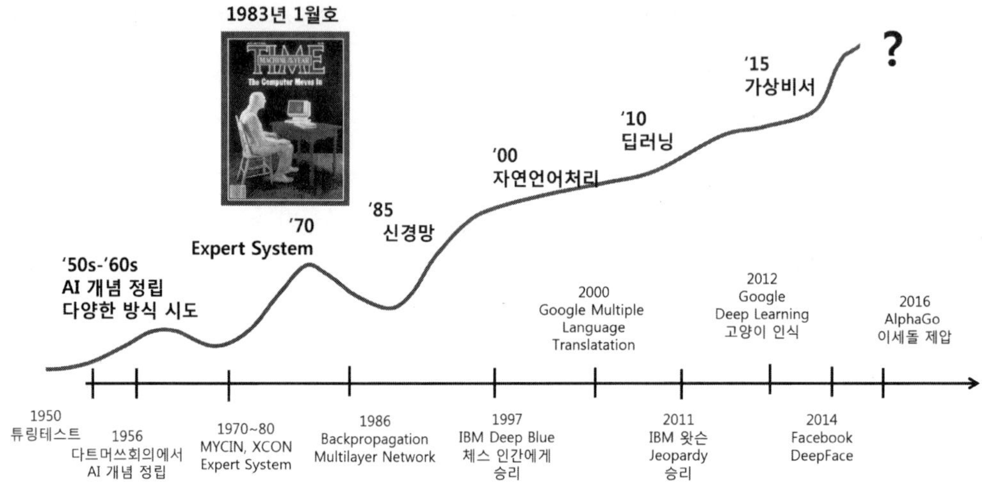

(출처 : 소프트웨어정책연구소(SPRI))

[그림 1.3] 인공지능의 발전

확장되고 있다. AI를 가르치는 음성인식 빅데이터도 많이 쌓였다. 인터넷 데이터 센터(IDC)가 인터넷 네트워크에 연결되면 방대한 양의 데이터를 수집하고 최상의 답변을 찾고 배울 수 있게 되었다(그림 1.3).

또한 세대별로는 1950년대 전문가 시스템을 도입하였고, 1980년대는 인공신경망, 1990년대에는 기계학습 및 2010년대 이후에는 딥러닝을 만들기에 이르렀다(그림 1.4).

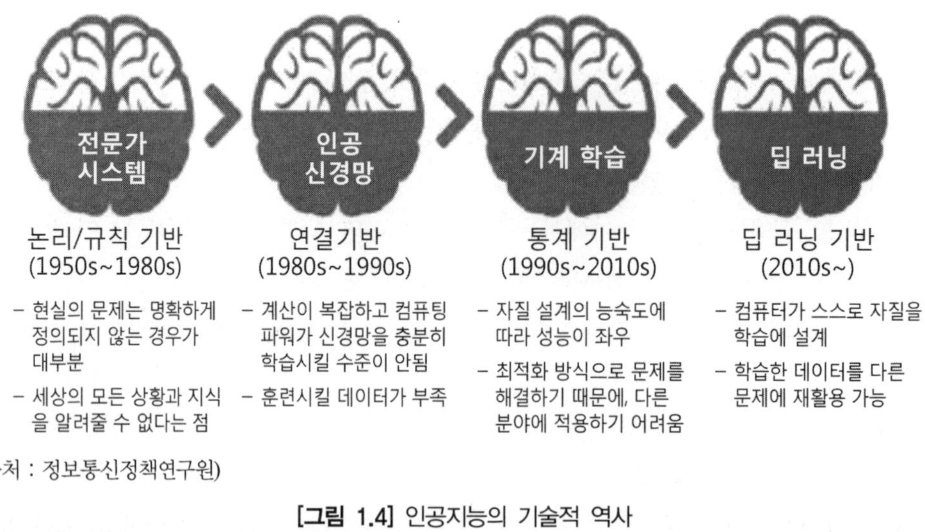

(출처 : 정보통신정책연구원)

[그림 1.4] 인공지능의 기술적 역사

2. 머신러닝(기계학습)

머신러닝은 기본적으로 알고리즘을 사용하여 데이터를 분석하고, 분석을 통해 학습하고, 학습한 내용을 기반으로 판단하거나 예측한다. 따라서 궁극적으로 목표는 특정 지침을 소프트웨어에 직접 코딩하는 대신 대량의 데이터와 알고리즘을 통해 컴퓨터 자체를 '학습'하여 작업을 수행하는 방법을 배우는 것이다. 기계학습은 초기 인공지능 연구자들이 직접 제안한 개념에서 비롯되며 알고리즘 방법에는 의사 결정 트리 학습, 유도 논리 프로그래밍, 클러스터링 강화 학습 및 베이지안 네트워크가 포함된다.

그러나 이 중 어느 것도 궁극적인 목표인 일반 AI를 달성하지 못했고, 좁은 AI조차도 초기 머신러닝 접근 방식으로 완료하기가 종종 어려웠던 것은 사실이다. 현재 머신러닝은 컴퓨터 비전과 같은 분야에서 큰 성과를 거두고 있지만, 구체적인 지침은 아니더라도 인공지능 구현 전 과정에 일정량의 코딩이 필요하다는 한계에 직면해 있다. 예를 들어 기계학습 시스템을 기반으로 정지 신호 이미지가 인식되면 개발자는 객체의 시작과 끝을 프로그래밍하는 경계 감지 필터, 객체의 얼굴을 식별하는 기능 감지와 같은 자체 코딩을 만들어야 한다. 'S-T-O-P'와 같은 문자 인식 분류기도 필요하다. 따라서 기계학습은 '코딩된' 분류기의 이미지를 인식하고 알고리즘을 통해 '학습' 정지 신호를 인식하는 방식으로 작동한다.

머신러닝의 이미지 인식률은 상용화를 위한 충분한 성능을 구현하지만 안개나 나무에 가려져 신호가 잘 보이지 않는 특정 상황에서는 이미지 인식률이 떨어질 수 있다. 최근까지 컴퓨터 비전 및 이미지 인식은 이러한 인식 문제와 빈번한 오류로 인해 인간 수준으로 상승하지 않았다. 이러한 머신러닝 분야는 인공지능 기술 분야에서 매우 빠르게 발전하고 있는 분야이며, 1996년부터 2015년까지 머신러닝 관련 분야의 연구 논문의 진행 상황을 보여준다. 머신러닝은 견고한 이론적 기반에서 신경망, 의사 결정 트리 학습, 딥러닝, 베이지안 네트워크, 유전 알고리즘 등을 포함한 다양한 형태로, 이러한 이론은 현재 금융, IT, 의료 및 교육을 포함한 광범위한 분야의 애플리케이션에 초점을 맞추고 있다.

인간이 컴퓨터에 데이터를 입력하고 학습하는 방식으로, AI는 다양한 알고리즘을 통해 스스로 학습하여 정확한 결과를 예측하기 위해 필요한 학습 데이터를 제공한다. 머신러닝은 특정 명령이 아닌 예측 또는 결정을 유도하기 위해 특정 모델을 기반으로 하는 모델을 구축하므로 입력하지 않은 정보에 대한 판단이나 결정을 내릴 수 있다.

기계학습은 현재 텍스트 인식, 얼굴 인식, 자동 번역, 챗봇과 같은 자연어 처리와 음성

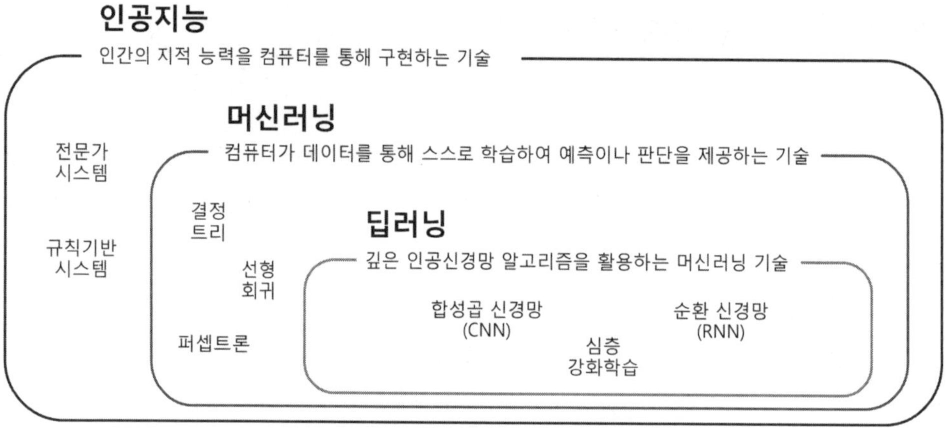

[그림 1.5] 인공지능과 머신러닝, 딥러닝과의 관계

인식, 필기 인식, 텍스트 마이닝, 스팸 필터 및 단백질 분류와 같은 정보 검색 엔진을 포함한 많은 분야에서 사용된다(그림 1.5).

3. 딥러닝(심화학습)

딥러닝은 여러 비선형 변환 기술의 조합을 통해 높은 수준의 추상화(대량의 데이터 또는 복잡한 데이터에서 주요 콘텐츠 또는 기능을 요약하는 작업)를 시도하는 일련의 기계학습 알고리즘으로 정의되며 사람의 사고를 컴퓨터에 가르치는 기계학습 분야는 인간 두뇌의 생물학적 특성, 특히 초기 기계학습 연구자들이 만든 인공 신경망에 영감을 준 뉴런의 연결 구조였다. 그러나 물리적으로 가까운 뉴런에 의해 상호 연결될 수 있는 뇌와 달리 인공 신경망은 레이어 연결 및 데이터 전파를 위한 일정한 방향을 가지고 있다. 예를 들어 이미지가 여러 타일로 잘려서 신경망의 첫 번째 레이어에 입력되면 뉴런은 마지막 레이어에서 최종 출력이 생성될 때까지 데이터를 다음 레이어로 전송하는 프로세스를 반복한다. 그리고 각 뉴런에는 수행하는 작업에 따라 입력의 정확도를 나타내는 가중치가 할당되며, 그 후 모든 가중치를 더하여 최종 출력이 결정된다. 정지 신호의 경우 팔각형 모양, 붉은색, 표시 문자, 크기 및 동작과 같은 이미지의 특성을 뉴런에서 미세하게 잘라내어 '검사'하며 신경망의 임무는 그것이 있는지 확인하는 것이다. 여기서는 충분한 데이터를 바탕으로 가중치에 따른 결과를 예측하기 위해 '확률 벡터'를 활용한다.

딥러닝은 뇌의 뉴런과 유사한 정보 입력 및 출력 레이어를 활용하여 데이터를 학습하는 이러한 인공신경망에서 인공지능의 고급 형태이다. 그러나 기본 신경망조차도 많은 양의 계산이 필요하기 때문에 딥러닝의 상용화는 처음부터 어려움에 직면해 있다. 그럼에도 불구하고 토론토 대학의 Jeffrey Hinton 연구원 팀과 같은 일부 기관은 연구를 계속했으며 슈퍼 컴퓨터를 기반으로 하는 딥러닝 개념을 보여주는 알고리즘을 병렬화하는 데 성공했다. 그리고 병렬 계산에 최적화된 GPU의 출현은 신경망의 계산 속도를 극적으로 가속화하고 진정한 딥러닝 기반 인공지능의 출현으로 이어졌다. 신경망은 '학습' 과정에서 수많은 오답을 줄 가능성이 있다. 정지 신호의 예로 돌아가서, 뉴런 입력의 가중치를 매우 정확하게 조정하여 날씨 조건이나 낮과 밤의 변화에 관계없이 항상 응답할 수 있도록 수백, 수천 또는 수백만 개의 이미지를 학습해야 할 수 있다. 이 정확도 수준에서 신경망은 정지 신호를 올바르게 학습했다. 2012년 Google과 Stanford University의 Andrew Ng 교수는 16,000대의 컴퓨터와 10억 개 이상의 신경망으로 구성된 Deep Neural Network를 구현했다. 이를 통해 유튜브에서 1천만 장의 이미지를 선별해 분석했고, 컴퓨터는 사람과 고양이 사진을 분류하는 데 성공했다. 컴퓨터는 비디오에서 고양이의 모양과 외모를 인식하고 판단하는 방법을 스스로 배웠다. 딥러닝으로 훈련된 시스템의 이미지 인식 기능은 이미 인간보다 앞서 있다. 딥러닝이 활용되는 영역에는 혈액 내 암세포, MRI 스캔에서 종양 식별 능력 등이 포함된다. 구글의 알파고는 바둑의 기초를 배우고 인공지능과 반복적으로 싸우는 과정에서 신경망을 강화했다.

또한 2000년대에는 인터넷과 모바일에서 많은 양의 데이터를 사용할 수 있었고 컴퓨팅 파워와 학습 알고리즘의 발달로 신경망 방공 인공지능인 딥러닝이 등장하기 시작했다. 2011년에 IBM의 슈퍼 컴퓨터 왓슨이 미국의 인기 퀴즈 쇼에 등장하여 인공지능 기술의 압도적인 성능을 보여 주면서 인간과 동등하거나 더 좋을 수 있음을 증명했다. 2016년대 알파고는 인공지능 기술로 인간을 이기기 어려웠던 바둑에서 이세돌을 물리쳐 세계적인 주목을 받았다.

기계학습의 형태로 학습하기 위해 데이터를 입력하지 않고도 스스로 학습하고 예측하는 모델도 있다. 이는 인간 신경망을 기반으로 한 인공 신경망에서 개발되었다. 딥러닝은 기계학습 기술 기능 학습(또는 프레젠테이션 학습) 중 하나이다. 딥러닝은 인공 신경망에서 개발된 딥 신경망(DNN)으로, 여러 신경이 신호를 다음 신경으로 전송하는 방법에 대한 모델이기 때문에 계층적 특징 학습(또는 반사 학습)이라고 한다.

인공 신경망은 기계학습의 하위 방법 중 하나이지만 빅데이터 붐에 인기 있는 회귀 분석 및 의사 결정 트리와 같은 기존 기계학습 기술과는 약간 다르다.

전통적인 기계학습 기술은 주로 구조화된 데이터를 다룬다. 관계형 데이터베이스 또는 Excel 테이블로 구성할 수 있는 테이블 데이터를 필요로 했을 때, 사람이 결정을 내리는 데 필요한 데이터를 구성하고 기계에 알리면 기계는 이 정보를 기반으로 결정 또는 예측을 내린다.

반면에 딥러닝은 주로 비정형 데이터를 다룬다. 비정형 데이터는 지정된 방식으로 구성되지 않은 정보이다. 간단히 말해, 이미지, 비디오, 텍스트 문장 또는 문서, 음성 데이터 등을 말한다.

딥러닝의 도래와 함께 머신러닝의 실용성이 강화되고 인공지능의 영역이 확장되었다. 컴퓨터 시스템에서 지원할 수 있는 모든 방식의 딥러닝을 기반으로 세분화된 작업에 이용되었다. 무인 자동차, 더 나은 예방 의학, 더 정확한 영화 추천과 같은 딥러닝 기반 기술은 이미 우리 일상 생활에서 사용 중이거나 실용화될 예정이다.

딥러닝은 공상 과학에서 등장한 공통 AI를 실현할 잠재력이 있는 인공지능의 현재와 미래로 간주된다(그림 1.6).

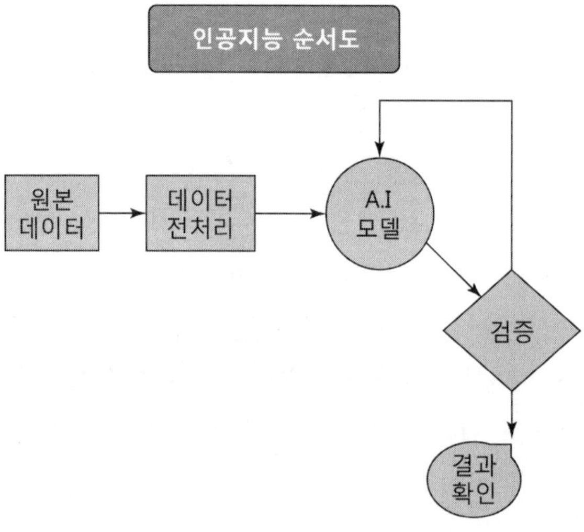

(출처 : 소프트웨어정책연구소(SPRI))

[그림 1.6] 딥러닝 자율학습

제 2 장

정보보호의 개요

정보보안이란 정보보호 및 보안을 의미하며 종종 정보보안과 동의어로 사용된다. 정보의 전체 흐름을 보호하는 개념이다. 물리적, 기술적 및 관리적 보호 범주로 나눌 수 있다.

정보보호의 정의 또한 당연히 '정보'의 정의와 그 가치에 선행해야 한다. 그래서 문서에 따라 많은 정의가 있다. 또한 '보호'라는 용어는 위험 관리 측면에서 정의해야 하므로 가볍게 정의할 수 없다.

대부분의 문서에서 인식되는 필수 속성은 기밀성, 무결성 및 가용성이다. 어떠한 정보를 볼 자격이 없다면, 그것을 보여주지 않고, 잘못된 정보를 다루지 않으며, 그것을 볼 자격이 있는 누군가가 당신에게 요구할 때 그것을 보여준다. 이 개념 자체는 고대 로마에 존재했다. 그러나 정보 유출에 대한 책임을 회피하는 등 많은 단점이 있다.

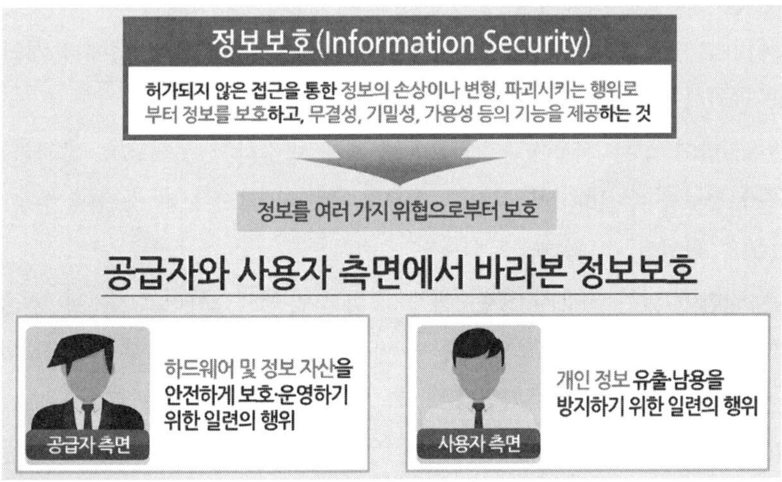

(출처 : 인터넷진흥원)

[그림 2.1] 정보보호 개요

정보보호 과학에서 위험은 일반적으로 자산, 위협 및 취약성의 세 가지 구성 요소로 구성된다. 다른 말로, 자산은 모두 가치가 있으며 위협은 자산에 악영향을 미치는 직간접적인 요소이며 취약성은 위협이 발생할 수 있는 결함 또는 상황으로 볼 수 있다. 전반적으로 위험은 취약성을 통한 자산 위협의 위험으로 정의된다(그림 2.1).

그래서 정보는 자산이므로 그에 따라 관리해야 한다. 독성이 될 위험을 감당할 수 없는 자산을 폐기하는 등 다양한 위험에 대처할 수 있다.

1. 정보보호의 특징

정보보호는 정보의 수집, 처리, 저장, 검색, 전송, 수신 과정에서 정보의 훼손, 변조, 유출을 방지하기 위한 관리 및 기술적 방법을 의미한다. 또한 정보를 제공하는 공급자와 사용자의 관점에서 이해된다.

정보에 대한 위협에는 무단 액세스, 수정, 노출, 손상 및 파괴가 포함된다. 정보 위협의 주체는 외부 해커 또는 내부자일 수 있다. 정보 위협이 날로 증가하고 있으므로 모든 위협을 나열할 수는 없지만 전통적으로 정보보안의 세 가지 주요 목표는 다음과 같다. 이는 정보보안에 관한 것뿐만 아니라 더 광범위한 보안 목표에 관한 것이기도 하다.

정보보안은 대부분 기밀성, 무결성 및 가용성을 다루고 있다.

기밀성은 권한이 없는 사용자나 개체가 정보의 내용을 알지 못하도록 방지하는 것이다. 비밀 보장이라고 할 수 있다. 원치 않는 정보의 공개를 방지한다는 점에서 개인 정보보호와 밀접한 관련이 있다.

무결성은 권한이 없는 사용자나 개체가 정보를 변경하지 못하도록 방지하는 것이다. 즉, 수신자가 정보를 수신하거나 저장된 정보를 추출할 때 정보가 중간에 수정 또는 수정되지 않았음을 확인할 수 있다.

가용성은 권한이 있는 사용자 또는 개체가 정보에 액세스하려고 할 때 중단되지 않는 것과 같다. 최근 네트워크의 발전으로 인해 널리 알려진 서비스 거부 공격(DDoS 공격)이 발생하여 이러한 가용성이 저하되었다.

또한 인터넷진흥원에서는 정보보안 실천 전략을 발표하여 생활 속의 보안을 이어나가고 있다(그림 2.2).

정보보안을 위해 물리적 및 비물리적(소프트웨어) 방법을 사용할 수 있다. 일반적인 물

(출처 : 인터넷진흥원)

[그림 2.2] 정보보호 실천전략

리적 방법에는 자물쇠 사용 또는 가드 사용이 포함된다. 가장 대표적인 비물리적 방법 중 두 가지는 암호화 기술을 사용하여 권한 있는 사람에게만 액세스를 허용하거나 모든 누출 경로를 모니터링 및 제어하여 누출 위험을 사전에 방지하는 것이다.

2. 정보보호의 필요성

인터넷의 급속한 성장, 인터넷을 통한 공격 기술의 개발, 암호화 또는 보안 장비를 비활성화하는 크래킹 기술의 개발, 정보 시스템 취약성의 증가 및 보안 조치의 부재로 인해 정보보호에 대한 인식과 기술이 증가했다.

정보보호의 중요성이 커짐에 따라 전자 상거래, 전자 정부 등 사이버 공간 활동의 안전 신뢰성을 확보하고 개인 및 기업의 민감한 정보에 대한 개인 정보 침해 및 범죄 예방이 필요하다. 세계화로 인한 국내 정보 유출과 국제 해커와 적국의 정보 테러리즘에 대한 우려도 있기 때문에 국가의 핵심 인프라를 보호하고 정보화 사회의 완성을 위해서는 정보보호가 필수적이다.

이것이 의미하는 바는 우선 기밀성 측면에서 정보에 액세스할 권한이 있는 사람이 없는지 확인하고 싶어 한다는 것이다. 예를 들어, 우리가 로그인 할 때 일반적으로 사용하는 ID와 비밀번호이다. 다음으로 우리는 합법적인 권한이 없는 사람에 의한 정보 변경, 삭제, 생성 등의 무결성을 보장하고자 한다. 정보보호는 사고 또는 재해 발생 시 사용자에게 빠르고 완벽하게 복구할 수 있는 기능, 사람 또는 개체가 현실과 일치한다고 주장하는 것을 확인하기 위한 인증, 데이터의 출처를 증명하는 기능을 제공하도록 설계되었다. 마지막으로 정보보호의 목적은 시스템 또는 정보의 사용을 허용하거나 거부하는 것을 구별하기 위해 액세스를 제어하는 것이다.

정보보호를 위해 액세스 제어를 수행해야 한다.

액세스 제어는 사용자 및 시스템의 제어 또는 시스템 및 기타 시스템 및 리소스와의 상호 작용이다. 프로그램이 파일에 액세스 할 때의 액세스란 무엇인지 예를 들어 보겠다. 액세스란 주체와 객체 간의 정보 흐름을 의미하며 프로그램을 주체로, 파일을 객체로 분류할 수 있다.

정보보호를 위해 액세스 제어를 수행해야 한다.

개체는 개체 및 개체 내의 데이터에 액세스해야 하는 활성 상태를 의미하며 개체는 파일, 디렉터리 또는 DB이며 정보 또는 시스템에 대한 액세스는 식별, 인증, 승인 및 승인 확인으로 구성된다. 이 액세스 제어 프로세스는 정보 기밀성, 무결성 및 가용성을 보호한다. 식별, 인증, 승인 및 검사에 대한 정보를 확인한다.

정보보호의 원칙은 CIA로 구분된다. 정보보호는 정보 위협 및 무단 공격자의 액세스, 수정, 노출, 손상 및 파괴로부터 정보를 보호하고 유지하는 것이 원칙이다. 이 원칙을 준수하기 위해 정보보호는 CIA를 대상으로 한다. C는 기밀성(Confidentiality), I는 무결성(Integrity), A는 가용성(Availability)이다. CIA를 자세히 살펴보겠다. 기밀성은 합법적인 엔터티만 읽을 수 있는 보호 기능으로, 메시지 콘텐츠를 암호화하고, 트래픽 흐름을 분석하고, 메시지 콘텐츠를 도청으로부터 보호하여 기밀성을 보장한다. 암호화 알고리즘 기술은 연결 간격, 콘텐츠 및 메시지 흐름의 기밀성을 위해 사용되며, 무결성은 연결된 무결성 서비스 및 연결 해제된 무결성 서비스를 포함하여 합법적인 주체만 수정으로부터 보호하는 서비스이다. 일반적으로 해시 함수, 디지털 서명 및 암호화 알고리즘을 사용한다. 마지막으로 가용성이란 정보에 대한 액세스 및 사용이 적시에 보장되고 정보 또는 정보 시스템이 원할 때 제공되는 상태를 말한다(그림 2.3).

그리고 정보보호를 위한 세 가지 주요 조치가 있다.

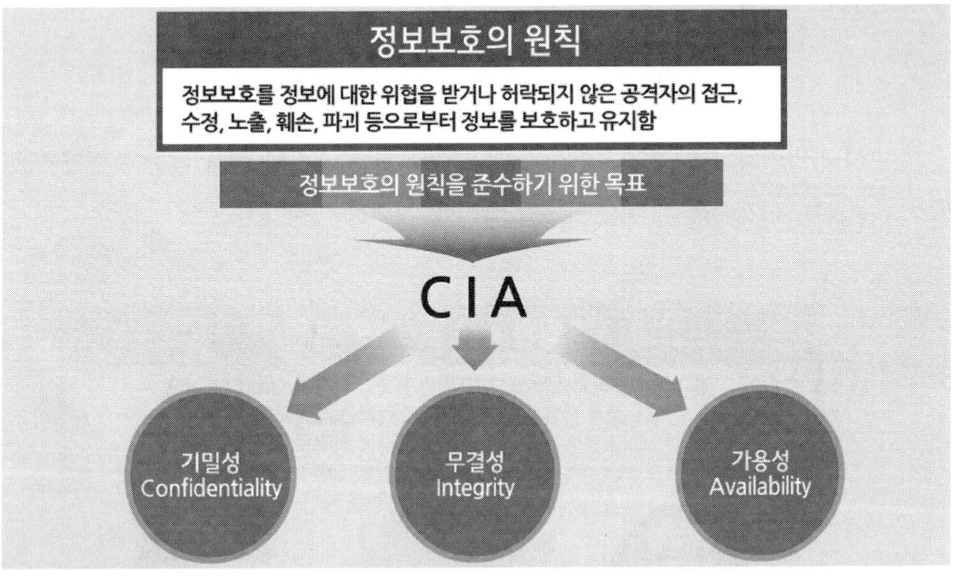

(출처 : 인터넷진흥원)

[그림 2.3] 정보보호의 원칙

첫째, 시설 또는 시스템 자체에 대한 물리적 조치가 있다. 물리적 보호 조치에는 액세스 제어 또는 중요 시설 도청이 포함된다. 기술적 조치는 정보 시스템, 서버 및 네트워크의 위험 및 취약성을 분석하고 필요한 보안기술을 적용하는 것을 말한다. 시스템 액세스 제어 또는 데이터 암호화를 통해 보안 강화이다. 관리 조치는 정보보호 및 관리를 위한 보안 정책이다. 시스템에 액세스하는 절차와 사고 대응 정책이 있다.

정보보호 조치 등의 조치도 물리적, 기술적, 행정적 조치로 나눌 수 있다.

물리적 조치는 중요한 시설 보호, 액세스 제어, 도청 방지 및 중요 자료 및 재해 복구 계획 백업을 포함할 수 있는 보안 위협 발생 시 정보 시스템에 대한 물리적 대책이다. 기술적 조치는 시스템, 네트워크 및 데이터에 대한 조치로 자세히 설명할 수 있다. 시스템 보호에는 시스템에 액세스하는 사용자 인증 강화, 침입 방지/탐지 시스템 적용, 보안 검사 도구를 통한 취약점 진단, 데이터 유출 시 데이터 탐지를 방지하는 암호화가 포함된다. 마지막으로 관리 조치에는 보안 담당자의 선발 및 교육, 보안 정책 및 지침에 대한 조치, 교육 및 홍보와 같은 보안 인식 제고 조치, 내부 감사 등 조직에 대한 조치가 포함된다.

3. 해킹의 개념

정보보안이 발전하게 된 것은 1950년대부터 전자적인 해킹에 대한 개념이 있었기 때문이다(그림 2.4). 이제부터 해킹의 시대별 특징에 대해서 알아보자.

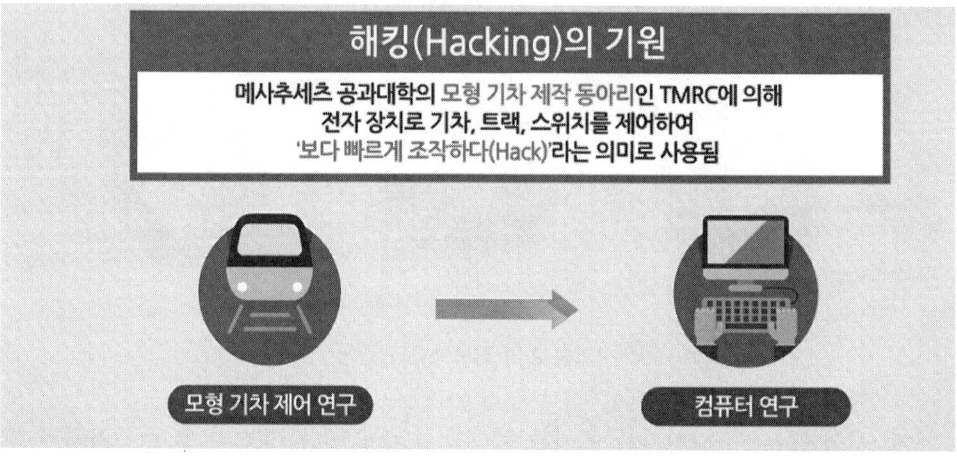

(출처 : 인터넷진흥원)

[그림 2.4] 해킹의 기원

1) 1950년대 이전 해킹

해킹 및 보안과 관련된 역사적 문제를 살펴보겠다. 먼저 1950년 이전의 해킹과 보안을 살펴보자. 1918년 폴란드 암호화 보안 전문가에 의해 일반 텍스트 메시지를 암호화된 메시지로 변환하는 기능을 하는 전기/기계 장치인 Enigma가 등장했다. 원래 은행의 통신 보안을 위해 개발된 이 컴퓨터는 제2차 세계 대전 당시 독일군이 군사 통신 보안을 위해 사용했으며 1943년 'Alan Turing'이 개발한 최초의 컴퓨터인 Colossus는 제2차 세계 대전에서 수수께끼를 해독하기 위해 만들어졌다. 3미터 높이의 진공관 2,400개가 사용되었다. 수수께끼를 해독하기 위해 수수께끼의 암호와 일치할 때까지 비교하는 방법을 사용했으며, 1950년대 이전에는 해킹, 해커 등에 사용되는 단어인 'Hack'이 사용되었다. 최초의 해커는 지금 우리가 알고 있는 컴퓨터의 취약점을 악용한 사용자가 아니다. 1948년 매사추세츠 공과 대학의 모형 열차 제작 클럽인 TMRC는 이를 '전기 열차, 선로 및 스위치를 더 빠르게 작동시킨다'는 의미로 사용했으며, 연구 주제는 컴퓨터 자체를 연구하고 프로그램을 개발하는 것으로 바뀌었다.

2) 1970년대 해킹

1970년대에 최초의 이메일이 발송되었다. Ray Tomlson은 1971년에 처음으로 이메일 프로그램을 개발했다. 문자를 사용한 최초의 이메일은 알파벳에서 생성되었으며 키보드 문자열의 맨 위 줄인 q에서 p는 Dei의 Dea-ten을 사용하여 전송되었다. 최초의 데스크톱 컴퓨터인 솔라리스의 출시와 Microsoft 및 Apple 컴퓨터의 탄생도 1970년대에 있었다.

3) 1980년대 해킹

1980년대부터 네트워크 해킹이 시작되었다. 1980년대 초 '네트워크 해커'라는 개념이 처음 등장했다. 원격 시스템 침투가 시작되었다. 대표적인 네트워크 해킹 사건은 414Gang이다. 미국 밀워키의 로널드 마크 오스틴을 포함한 6명의 해커 그룹이 암 센터와 로스 알 라모스 국립 연구소를 포함한 60개의 컴퓨터 시스템에 침입하여 중요한 파일을 삭제했다. 1981년 '캡틴 잽'이라는 별명을 가진 이안 아서 머피가 AT&T의 컴퓨터 시스템에 침입하여 전화 요금 관련 시계를 변경하여 저렴한 심야 요금을 일괄으로 조작하면서 1980년대에 해킹 관련 문화가 등장했다. 1985년, 7명의 미국 소년이 뉴저지에서 펜타곤 컴퓨터에 침입하여 1985년 최초의 해커 영화 전쟁 게임을 포함하여 극비 군사 통신 데이터를 얻었다. 1986년 해킹 잡지 〈2600〉이 정기적으로 발행되었으며 같은 해 미국에서 의회는 날로 증가하는 컴퓨터 사용 범죄에 대응하기 위해 '컴퓨터 사기 및 오용에 관한 조항'이라는 최초의 컴퓨터 범죄 관련 처벌 규정을 제정했으며 그 이후로 해커라는 단어가 사용되었고 가장 알려진 해커로는 Kevin Mittrick, Robert Tappan Morris, Loyd Brenckenship 등이 있다. Loyd Brenkenship은 '해커 선언문'의 저자이기도 하다.

4) 1990년대 해킹

1990년대 해킹과 보안의 역사를 살펴보겠다. 1990년 라스베이거스에서 최초의 해킹 대회인 데프콘이 열렸고, 자신의 팀을 보호하면서 상대의 시스템을 많이 공격하고 해킹한 팀이 승리했다. 1994년 'Nescape'라는 인터넷 브라우저가 개발되어 웹 정보에 접근할 수 있게 되었고 해커들은 과거의 노하우와 프로그램을 BBS의 웹 사이트로 옮겼다. 다양한 해킹 정보와 사용하기 쉬운 해킹 도구가 웹에 공개되었다. 1997년 미국(AOL) 침입

전용으로 설계된 무료 해킹 도구인 AOHell이 초보 해커에 의해 공개적으로 악용되어 수백만 명의 미국 온라인 사용자 사서함에 대한 대규모 메일 폭탄 공격이 발생했다. 1998년 'Back Orifice'라는 해킹 그룹이 데프콘(Defcon) 컨퍼런스에서 트로이 목마를 발표했으며 1998년 이스라엘의 10대 해커가 미국의 Pentacon 시스템에서 소프트웨어를 훔치기 위해 도적과 트로이 목마를 사용했다.

5) 2000년대 해킹

2000년대는 개인용 컴퓨터가 대중화된 시기였다. 최종 사용자는 PC에 방화벽이나 바이러스 백신 프로그램을 설치하여 바이러스를 인식하고 보호했다. 2000년 2월에 Yahoo, CNN 및 Amazon에서 분산 서비스 거부 공격이 발생했다.

ICMP 패킷을 사용한 스머프 공격은 몇 시간 동안 마비되었고 보안에 취약한 서버에 트로이 목마가 포함된 클라이언트 프로그램을 통해 DDoS 공격을 시도했다. 웜과 바이러스는 또한 경제적 손실을 초래했다. 2000년에 사랑의 벌레는 86억 5천만 달러의 경제적 손실을 가져 왔다. 악성 바이러스가 포함된 파일은 "ILOVEYOU"라는 제목으로 전송되어 첨부 파일 실행 시 메일이 다른 이메일 계정으로 복제되었다. 오후 2시 30분부터 2003년 1월 24일, 약 2개월 동안 MS-SQL2000 서버를 공격한 Slammer라는 웜이 나타났으며 2004년에는 Bagel 웜, My Dome 웜 및 Nesky 웜이 나타났다. 2005년 10월부터 2006년까지 수십만 개의 주민등록번호가 유출되었다. 유출된 개인 정보는 인터넷 게임 사이트에서 도난당했다. 중국에서 직접 연결하거나 국내 사설망을 통해 또는 중간 경유지를 사용하면 원인을 분석할 수 있었다. 2005년 11월에는 인터넷 피싱 사이트를 통해 정보를 이용하여 은행 계좌가 인출되는 사건이 발생했다.

개인 금융 정보도 도난당했다. 2006년 7월 안전 클릭의 허점을 이용한 해킹 사기가 발생했다. 불법적으로 획득한 개인의 카드 번호로 인터넷 신용 카드 결제 방법의 체계적이고 기술적 취약성을 이용하고, 인터넷 검색 엔진을 통해 개인 접근 정보를 수집했다. 그리고 부분적으로 표시된 카드 번호를 결합하여 실제 카드 번호를 추론했다. 2006년 3월 국내 대형 포털 사이트 검색 순위 자동 클릭, 2007년 2월 8일 공인 인증서 유출로 시중 은행 불법 탈퇴, 2008년 2월 11일 한국 씨티은행 해킹 등이 발생했다.

6) 2010년대 해킹

2010년대에는 보안 침해가 사회적 이슈가 되었고 보안 전문가의 필요성이 요구되기 시작했는데, 이때의 주요 사건 중 하나는 농협의 사이버 테러리즘이었다. 2011년 4월 농협의 컴퓨터 시스템 삭제는 북한의 사이버 테러로 인한 것으로 추정된다. 그 결과 개인 정보 유출 및 도난에 대한 우려도 늘어났다. 지능형 지속성 위협인 APT 공격도 있었다. 개인 정보 유출과 같이 장기간에 걸쳐 특정 사이트를 악용하는 사례도 늘고 있다. 마지막으로 스마트폰에 대한 보안 위협이 있다. 2009년에 출시된 애플의 스마트폰을 시작으로 현재 대부분의 사용자가 스마트폰을 사용하고 있으며, 스마트폰의 성능이 PC와 비슷해지면서 스마트폰 사용이 증가하고 있다. 무선 랜, 셀룰러, 블루투스, NFC 등 다양한 네트워크에 접속할 수 있어 해킹 툴로 사용된다. 사진, 메시지, 공인 인증서 등 사용자의 다양한 개인 정보가 유출되어 스마트폰을 이용한 해킹 공격이 발생하고 있다. 또한 이러한 악성코드가 스마트 폰에 저장되어 많은 해킹 피해를 입히고 있다.

제 3 장

암호학의 개념

암호학(cryptography)이란 그리스 신화에서 최초로 나온 개념이었다. 이것은 최초의 스테가노그래피(Steganography)라는 것에서 유래하여 나타나게 된 개념이다. 고대의 로마 시대에는 여러 전투가 있었는데 전쟁 도중에 통신을 할 수 있는 방법이 많지 않았다. 통신을 위해서는 '불꽃', '연기' 및 '사람'을 통해서 통신문을 전달하거나 암구호 등을 이용할 수밖에 없었던 것이다.

노예가 통신문을 제대로 전달해주면 전혀 문제가 되지 않았지만 이러한 노예가 아군에게 암호문을 전달하기 전에 적군에게 잡히면 아군의 군사 기밀이 노출되거나 암호문이 공개되었다. 이러한 문제점을 극복하기 위해서 노예의 머리를 삭발을 하고 그 머리 위에 문신으로 암호문을 새기고 다시 머리를 기르게 하여 노예가 적군에게 발각이 된다고 해서 암호문이 노출되지 않게 만들었다. 이러한 방법을 '스테가노그래피'라고 하고 이러한 방법을 최초의 암호학이라고 부른다. 고대에는 이러한 방법으로 많은 암호문을 만들었다면 그 이후에는 컴퓨터의 기술적인 연산 능력의 급성장으로 현대 암호학이 나타나게 되었다. 이러한 현대 암호학은 공개키, 비공개키를 기반으로 하여 생겨났으며 향후에는 수학을 기반으로 해커들이 안전하게 만드는 **해쉬 암호학**에 이르기까지 여러 가지 형태의 암호문이 생겨나게 된 것이다. 즉 중요한 평문을 그대로 전달하기에는 매우 위험한 일들이 나타나기 때문에 중간에 가로채기 공격을 당하였어도 그것을 방어하기 위한 방법으로 암호학은 대단히 많이 쓰이고 있다고 해도 과언이 아니다. 우리나라에서도 암호학에 대한 연구를 벌써 수년 동안 해오고 있다.

한편, 암호 시스템의 구성은 [그림 3.1]와 같이 평문을 보내는 송신자와 이러한 평문이 암호문으로 바뀐 정보를 받는 수신자 사이로 나누어서 볼 수 있다. 그리고 중간에 암호문을 만들어 중간에 중간자 공격을 통하여서 해킹 또는 가로채기를 하여도 되는 암호문을 말하는 것이다. 이렇게 암호문을 정당한 키를 가지고 복호화를 하는 과정을 암호화 복호

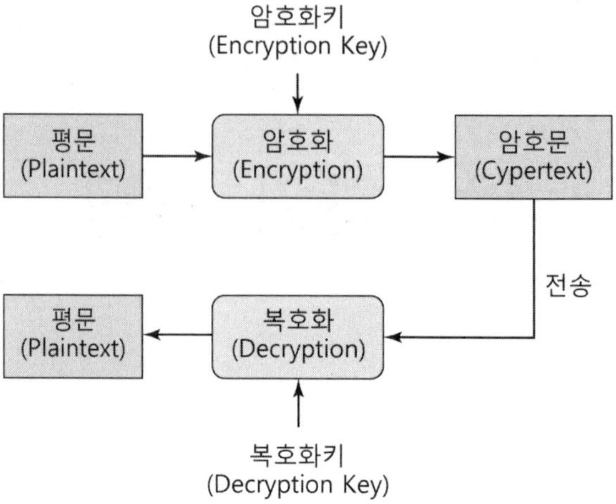

[그림 3.1] 암호 시스템의 구성

화라고 표현하고, **복호화**라는 과정을 거치지 않고 암호문을 평문으로 보기 위해서 하는 행위를 '해독'이라고 부른다. 암호화 복호화가 정상적인 절차에 의한 작업이라면 해독은 비정상적인 행위라고 할 수 있다.

1. 고대 암호학의 개념

고대 암호학은 컴퓨터가 개입이 되지 않은 암호학을 말한다. 이렇듯이 수학적인 개념이 들어가지 않은 방법을 택한 곳이 아주 많다. 왜냐하면 고대에는 **치환** 및 **전치** 등을 활용하여 암호화를 하는 것이 대부분이었다. 음악의 악보를 바꾸는 방법이나 평문의 알파벳의 위치를 바꾸는 등의 전치와 치환의 방법을 통하여 암호문을 만들어 사용하게 된 것이다. 그러나 고대의 암호학에서는 많은 암호학의 개념이 나왔지만 해커의 입장에서는 대입 또는 예측을 기반으로 하여 이러한 암호문을 해독할 수가 있었다. 물론 3,000년 동안의 오랜 역사를 가지고 암호화를 만들었지만 결국은 이러한 암호문에 허점이 나타나게 되어 고대의 암호학은 이제 문제가 많은 것으로 판명이 되어 추후에 현대 암호학이 등장하는 계기가 되었다.

2. 현대 암호학의 개념

현대 암호학은 Alan Turing의 Enigma 해독기로 암호학의 기반을 다지고, 컴퓨터 공학의 출발선이었으며 비트코인 이후 인공지능의 확장에 영향을 미쳤다고 볼 수 있다. Apple의 창업주 Steve Jobs도 Alan Turing을 존경하여 회사 로고를 그와 관련된 것으로 만든 것은 유명하다. 그리고 ACM(Association for Computing Machinery) 학회에서는 컴퓨터 과학에 최고의 업적을 남긴 학자에게 튜링상을 매년 시상하고 있다(그림 3.2).

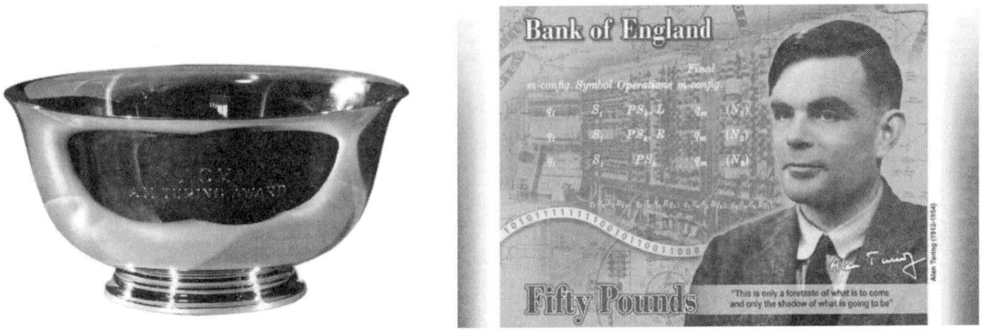

[그림 3.2] 튜링상(왼쪽)과 2021년부터 사용될 영국 50파운드 지폐(오른쪽)

한편, 현대 암호학은 컴퓨터의 개입이 많은 단계에서 나타나게 된 개념이다. 이러한 현대 암호학은 최초의 미국의 스탠포드 공대의 Diffie 교수와 Hellman 교수가 〈New Directions in Cryptography〉라는 논문을 발표하면서 탄생하게 되었다. 이 논문은 암호화 중 키 관리가 매우 중요하고 공개키라는 개념을 만들어서, 하나의 키는 오픈을 함으로써 조금 더 강한 암호화 알고리즘으로 탈바꿈을 할 수 있다는 현대 암호학의 공개키 기반 암호학의 시초라고 할 수 있는 것이다. 그 뒤에 MIT 공대의 리베스트, 샤미르, 알더만이라는 3명의 교수에 의하여 수학의 이산대수의 문제를 기반으로 하는 암호학(RSA)을 만들어서 나타나게 된 것이다(그림 3.3). 그 뒤로 IBM이라는 미국의 대표적인 ICT 기업에서 공모하여 개발한 DES, 3DES, 최근에 AES, ARIA 등의 암호화 같은 알고리즘은 현대의 암호화 알고리즘의 표준으로 자리매김을 하고 있는 실정이다.

그리고 국내에서는 2004년 암호화 알고리즘을 발행하는 국가로 인정이 되었다. 또한 SEED, ARIA 같은 국내에서 표준을 가져가는 현대암호화 제조국으로 이미 위상을 떨치고 있다.

(출처 : BIRMINGHAM University 홈페이지)

[그림 3.3] RSA 암호 창시자

제 4 장

정보보안에서 인공지능이 필요한 이유

빅데이터는 전체 데이터의 70% 이상을 차지한다. 이는 현재 보안 산업에서 인공지능에 대한 관심이 뜨겁다는 사실에 대한 반박이다. 제4차 산업혁명의 핵심 기술인 인공지능, 빅데이터, 데이터 사이언스 등 나머지 기술 중 많은 부분이 실제로 적용되고 있으며 적용되는 신제품에는 사용자 편의를 위한 솔루션이 포함된다. 특히 신기술의 도입으로 보안 솔루션은 단순히 악성 코드나 해킹을 방지하는 것에서, 효율적으로 분석하고 수집된 로그를 통합하여 사용자에게 시각화하는 능력을 갖추는 것으로 진화하고 있다. 보안 분야에 인공지능을 적용하면 보안 시스템을 찾는 공격자와 방어자 모두에게 동등한 개발 기회를 제공한다. 과거의 사이버 공격은 주로 자신을 과시하는 것이 목적이었지만 최근에는 금융, 교통, 권력과 같은 사람들의 생명과 재산뿐만 아니라 정치적, 경제적, 군사적 의도를 가진 특정 표적에 대한 공격으로 변형되었다. 최근에 디지털 트랜스 포메이션을 통해 지능화된 사이버 위협이 정교해지고 다양해지면서 기존 방어 시스템을 지능적이고 자동화된 보안 솔루션으로 전환해야 한다고 경고했다.

또한 국가와 기관이 최첨단 보안 장비 및 솔루션을 채택하여 운영하고 있으며, 오랜 노하우에도 불구하고 진화를 예방할 수 없어 피해 사례가 급증하고 있음을 부인할 수 없다. 공격 탐지 및 대응 시간 단축을 위해 많은 데이터를 수집하고 있지만, 그만큼 증가한 다양한 보안 장비의 로그를 신속하게 분석하기 어렵기 때문에 인공지능의 도입은 불가피하다(그림 4.1).

또한 머신러닝에는 과적합 오류와 성향 오류가 있어 보안 전문가로서 완벽한 역할을 할 수 없다. 이를 극복하려면 먼저 인공지능이 인간의 경험과 지식을 기반으로 한 보안 데이터의 장기 분석을 통해 학습할 수 있도록 해야 하며, 이런 과정을 거친 후에야 점점 더 발전하는 보안 위협을 보다 효율적이고 빠르게 감지하고 대응할 수 있다. 또한 인공지능이 인간의 경험과 지식을 습득할 수 있는 환경을 제공하기 위해 다중 보안 프로세스를 자

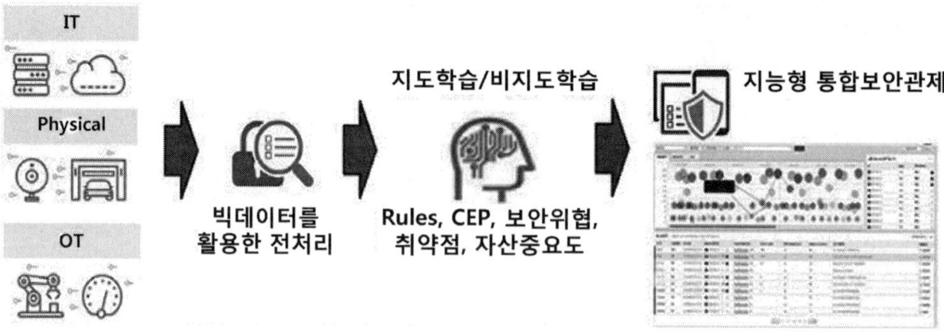

(출처 : 정보통신 기획평가원)

[그림 4.1] 인공지능에서의 정보보안기능

동화해야 하며, 지금까지 방대한 양의 보안 데이터를 분석하여 인간의 개입과 오탐을 최소화할 필요가 있다. 또한 제4차 산업혁명, IoT, 인공지능, 클라우드, 빅데이터 등의 핵심 기술로 시그니처 분석, 행동 분석 기술을 적용하고 지능형 공격에 대한 자동 탐지 및 대응을 제공해야 한다. 그래야 인공 보안에 대비할 수 있다.

연습문제 EXERCISES

1. 다음의 논문 요약을 읽고 설명하여라.

healthcare MDPI

Article

Consistency of Medical Data Using Intelligent Neuron Faster R-CNN Algorithm for Smart Health Care Application

Seong-Kyu Kim [1] and Jun-Ho Huh [2,*]

1 Department of Information Technology, Sungkyunkwan University, Seoul 03063, Korea
2 Department of Data Informatics, Korea Maritime and Ocean University, Busan 49112, Korea
* Correspondence: 72networks@kmou.ac.kr

Received: 21 May 2020; Accepted: 19 June 2020; Published: 25 June 2020

Abstract: The purpose of this study is to increase interest in health as human life is extended in modern society. Hence, many people in hospitals produce much medical data (EMR, PACS, OCS, EHR, MRI, X-ray) after treatment. Medical data are stored as structured and unstructured data. However, many medical data are causing errors, omissions and mistakes in the process of reading. This behavior is very important in dealing with human life and sometimes leads to medical accidents due to physician errors. Therefore, this research is conducted through the CNN intelligent agent cloud architecture to verify errors in reading existing medical image data. To reduce the error rule when reading medical image data, a faster R-CNN intelligent agent cloud architecture is proposed. It shows the result of increasing errors of existing error reading by more than 1.4 times (140%). In particular, it is an algorithm that analyses data stored by actual existing medical data through Conv feature map using deep ConvNet and ROI Projection. The data were verified using about 120,000 databases. It uses data to examine human lungs. In addition, the experimental environment established an environment that can handle GPU's high performance and NVIDIA SLI multi-OS and multiple Quadro GPUs were used. In this experiment, the verification data composition was verified and randomly extracted from about 120,000 medical records and the similarity compared to the original data were measured by comparing about 40% of the extracted images. Finally, we want to reduce and verify the error rate of medical data reading.

Keywords: Intelligent agent; neuron computer; health care system; electronic medical record; cloud architecture; artificial intelligence

---

(출처 : MDPI/Healthcare 논문)

2. 다음의 논문 조감도를 읽고 설명하여라.

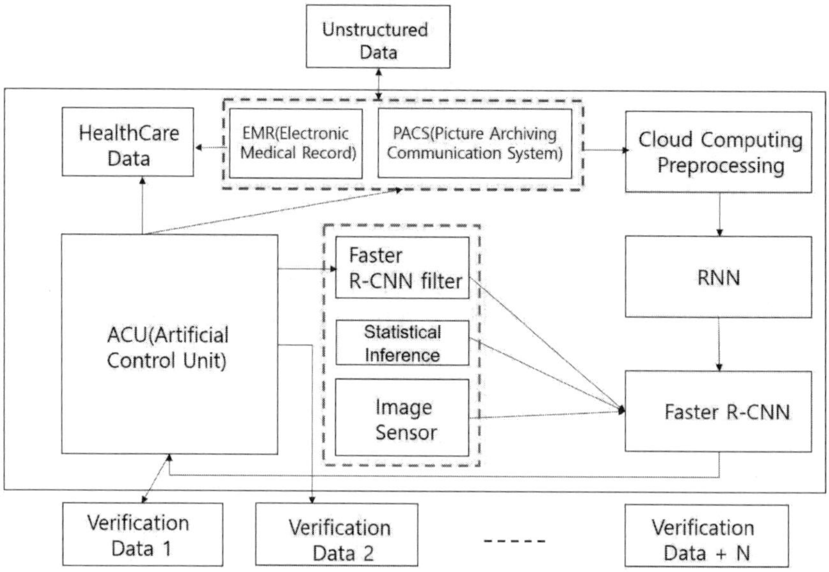

(출처 : mdpi.com/2227-9032/8/2/185)

3. 다음의 참고문헌을 찾아 각각을 요약하여라.

References

1. Doan, A.H.; Pedro, D.; Alon, Y.H. Reconciling schemas of disparate data sources: A machine-learning approach. In *Proceedings of the 2001 ACM SIGMOD International Conference on Management of Data*; ACM: NY, USA, 2001.
2. Kim, B.G.; Park, D.J. Novel target segmentation and tracking based on fuzzy membership distribution for vision-based target tracking system. *Image Vis. Comput.* **2006**, *24*, 1319–1331.
3. Silver, D.; Huang, A.; Maddison, C.J.; Guez, A.; Sifre, L.; Van Den Driessche, G.; Dieleman, S. Mastering the game of Go with deep neural networks and tree search. *Nature* **2016**, *529*, 484.
4. Chen, M.; Shiwen, M.; Yunhao, L. Big data: A survey. In *Mobile Networks and Applications*; Springer: Oxford, UK, 2014; Volume 19, pp. 171–209.
5. Huh, J.H.; Seo, Y.S. Understanding Edge Computing: Engineering Evolution with Artificial Intelligence. *IEEE Access* **2019**, *7*, 164229–164245.
6. Jordan, M.I.; Mitchell, T.M. Machine learning: Trends, perspectives, and prospects. *Science* **2015**, *349*, 255–260.
7. Wang, M.; Lu, H.; Liu, S.; Zhu, Z. How to Mislead AI-assisted Network Automation in SD-IPoEONs: A Comparison Study of DRL- and GAN-based Approaches. *J. Light. Technol.* **2020**.
8. DeepMind. Capture the Flag: The Emergence of Complex Cooperative Agents. Available online: (accessed on 27 March 2020).
9. Mnih, V.; Kavukcuoglu, K.; Silver, D.; Rusu, A.A.; Veness, J.; Bellemare, M.G.; Petersen, S. Human-level control through deep reinforcement learning. *Nature* **2015**, *518*, 529–533.
10. Silver, D.; Schrittwieser, J.; Simonyan, K.; Antonoglou, I.; Huang, A.; Guez, A.; Chen, Y. Mastering the game of go without human knowledge. *Nature* **2017**, *550*, 354–359.
11. DeepMind. AlphaGo Zero: Learning from the Scratch. Available online: (accessed on 27 March 2020).
12. Bengio, Y.; Courville, A.; Vincent, P. Representation learning: A review and new perspectives. *IEEE Trans. Pattern Anal. Mach. Intell.* **2013**, *35*, 1798–1828.
13. Wachsmuth, I.; Lenzen, M.; Knoblich, G. *Embodied Communication in Humans and Machines*; Oxford University Press: Oxford, UK, 2008.

4. 제4차 산업혁명에서 인공지능이란 무엇인가?

5. 머신러닝과 딥러닝의 차이점은 무엇인가?

6. 정보보호의 3요소인 기밀성, 무결성, 가용성이란 무엇인가?

7. 해킹의 역사에 대하여 조사하여라.

8. 암호학은 최근에 어디에 쓰이고 있는지 조사하여라.

9. 정보보안 입장에서 인공지능이 중요한 이유를 조사하여라.

PART II

인공지능 연구를 위한 기초수학

 artificial intelligence and information protectio

제 1 장

방정식과 부등식

이 장에서는 방정식과 부등식에 관해 설명한다.

1. 변수와 수식

변수와 수식

변수(variable)는 그 크기가 변할 수 있는 것, 즉 여러 가지 값을 취할 수 있는 것을 말한다. 보통 함수를 표현할 때 입력 값을 x라 표현하고 출력 값을 y로 표현한다. 한편, 수식(mathematical expression)은 수학표기와 수학 기호를 사용하여 수학적 관계를 나타내는 것이다. 수학의 개념들은 수식으로 정리를 하여 표현한다. 수식의 대표적인 예로서 등식, 부등식, 논리식, 방정식 등이 있다. 수식의 사용은 아라비아 숫자의 사용, 미지수의 도입, 연산기호의 도입 등 여러 사건들이 점진적으로 이루어지면서 일반화되었다.

$x^2+16x+24=0$, $x^2-2x \geq 0$ 등이 모두 수식의 예이다.

2. 방정식과 부등식

방정식

변수들은 독립적으로 존재하기도 하지만 등식이나 부등식, 그리고 방정식에 의해 서로 관련된 경우로 표현된다. 방정식(equation)은 미지수가 포함된 식에서 그 미지수에 특정한 값을 주었을 때만 성립하는 등식을 말한다. 이때, 방정식을 참이 되게 하는 특정 문자의 값을 해(solution) 또는 근(root)이라 한다. 방정식의 해는 유일한 경우, 해가 없는 경우(불능), 해가 무한히 많은 경우(부정)로 나눌 수 있다. 예를 들어 $x^2 + 16x + 24 = 0$은 2차 방정식의 예라 할 수 있다. 방정식은 대수방정식과 초월 방정식으로 구분되고 대수방정식은 유리방정식과 무리방정식으로 나눌 수 있다. 유리 방정식은 다항방정식과 분수방정식으로 나눌 수 있다. 위에서 제시한 예는 2차 다항식이라 할 수 있다. 초월방정식에는 삼각방정식, 지수 및 로그 방정식 등이 있다.

부등식

부등식(inequality)은 두 수 및 두 식의 크기 비교를 나타내는 식이다. 부등식은 두 수 및 그 사이의 부등호로 나타낸다. 예를 들어 $a > b$는 a가 b보다 크다는 뜻이다. 반대로 $a < b$는 a가 b보다 작다는 뜻이다. $\le$ 와 $\ge$ 는 두 수가 같은 경우를 포함하는 부등호이다. 부등식에는 조건부등식, 절대부등식 등이 있고 유명한 부등식에는 코시-슈바르츠 부등식, 산술-기하평균 부등식, 마르코프 부등식 등이 있다.

예제 1-1 다음 방정식의 해를 구하여라.

(1) $x^2 - 4x + 3 = 0$

(2) $Z_2 = \{0, 1\}$ 위에서 $x^2 + 1 = 0$

(3) $x + \sqrt{x-1} = 3$

(4) $2\cos^2 x - \cos x - 1 = 0$

(5) $\log_2 x - 2 = \log_2 (x-3)$

풀이

(1) $x^2 - 4x + 3 = (x-3)(x-1) = 0$이므로 $x = 1$ 또는 $x = 3$

(2) $Z_2 = \{0, 1\}$ 위에서 $x^2 + 1 = 0$을 만족하는 $x = 1$

(3) $\sqrt{x-1} = 3 - x$이므로 양변을 제곱하면 $x - 1 = 9 - 6x + x^2$이다. 정리하면 $x^2 - 7x + 10 = 0$. 따라서 $x = 2$ 또는 $x = 5$

(4) $2\cos^2 x - \cos x - 1 = (2\cos x + 1)(\cos x - 1) = 0$이므로 $\cos x = -\dfrac{1}{2}$ 또는 $\cos x = 1$이다. 따라서

$$x = (2n+1)\pi \pm \frac{\pi}{3},\ (n = 0, 1, 2, \cdots) \text{ 또는 } x = 2n\pi,\ (n = 0, 1, 2, \cdots)$$

(5) $\log_2 x - 2 = \log_2(x-3) \Leftrightarrow \log_2 x - \log_2 2^2 = \log_2(x-3)$

$$\Leftrightarrow \log_2 \frac{x}{4} = \log_2(x-3) \Leftrightarrow \frac{x}{4} = x-3$$

따라서 $4x - 12 = x$ 이므로 $x = 4$ 이다. (이는 $x > 3$ 에 만족한다) ▮

3. 인수분해

인수분해

인수분해(factorization)는 곱이 정의된 집합 내의 어떤 원소를 다른 원소들의 곱으로 표현하는 것을 말한다. 특히 정수 집합에서 어떤 주어진 정수를 소수들의 곱으로 표현하는 것을 소인수 분해라고 하고 이는 인수분해의 일종이라 할 수 있다. 다항식의 경우 두 개 이상의 다항식 인수(factor)의 곱으로 나타내는 것을 말한다. 예를 들어 2차 다항식 $x^2 + 7x + 12$ 의 경우 이 식을 $(x+3)(x+4)$ 로 표현하는 것을 말한다. 반대로 $(x+3)(x+4)$ 을 $x^2 + 7x + 12$ 로 표현하는 것을 '전개(expansion)한다'라고 말한다. 정수에서의 소인수분해는 약수의 개수를 구하는 문제나 소인수분해의 어려움을 이용하여 공개열쇠암호를 설계하는 데도 이용된다. 다항식에서의 인수분해는 근을 구하거나 암호 체계에서 다양하게 사용된다.

예제 1-2 다음 식을 인수분해 하여라.

(1) 실수 위에서 $x^3 - y^3$

(2) $Z_2 = \{0, 1\}$ 위에서 $x^2 + 1$

(3) 복소수 위에서 $x^2 + 1$

풀이

(1) $x^3 - y^3 = (x-y)(x^2 + xy + y^2)$

(2) $x^2 + 1 = (x+1)(x+1) = (x+1)^2$

(3) $x^2 + 1 = (x+i)(x-i)$ ▮

제 2 장

함 수

이 장에서는 좌표평면과 함수 전반에 대하여 설명한다.

1. 좌표평면

좌표평면

데카르트 좌표계(Cartesian coordinate system)는 임의의 차원의 유클리드 공간(혹은 좀 더 일반적으로 내적 공간)을 나타내는 좌표계 중 하나이다. 천장을 날아다니며 옮겨 붙는 파리를 통해 영감을 얻어 해당 좌표계를 발명한 프랑스의 철학자이자 수학자인 르네 데카르트의 이름을 따서 지어졌다. 2차원 데카르트 좌표계는 좌표평면(coordinate plane), 3차원 데카르트 좌표계는 좌표공간(coordinate space)이라고도 한다. 직교 좌표계(orthogonal coordinate system)는 데카르트 좌표계를 포함하여 극좌표계, 원통좌표계, 구면좌표계 등 좌표축과 평행한 단위벡터끼리 항상 서로 수직한 모든 좌표계를 총칭하는 표현이다. 데카르트 좌표계는 극 좌표계 등 다른 좌표계와 달리, 임의의 차원으로 쉽게 일반화할 수 있다. 데카르트 좌표계는 나타내는 대상이 평행 이동에 대한 대칭을 가질 때 유용하나, 회전 대칭 등 다른 꼴의 대칭은 쉽게 나타내지 못한다. 일반적으로 주어진 유클리드 공간에 기저와 원점이 주어지면 이를 이용하여 데카르트 좌표계를 정의할 수 있다.

특히 좌표평면은 집합의 정보, 함수의 정보, 다항식의 정보, 행렬의 정보들을 한 공간에서 표현할 수 있는 정보의 통일된 규칙이 적용된다는 점에서 중요한 의미가 있다. 오늘날에 사용하는 좌표평면은 xy평면을 이루는 서로 직교하는 x축(수평 방향)과 y축(수직

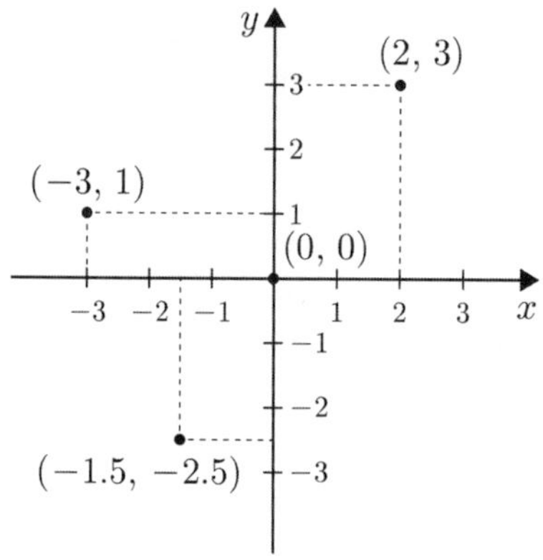

[그림 2.1]

방향)으로 정의한다. x축과 y축이 만나는 점을 **원점**이라고 부른다. 좌표평면의 **사분면**(quadrant)은 x축, y축으로 나뉘는 좌표평면상의 네 부분을 말한다. 제1사분면~제4사분면으로 나뉜다. [그림 2.1]은 좌표평면의 예를 나타낸 것이다.

2. | 기울기

기울기

기울기(slope 또는 gradient)는 직선이 기울어진 정도를 나타내는 수이다. 직교좌표계에서 직선의 기울기 m은 대수적으로 다음 [그림 2.2]와 같이 표현될 수 있다.

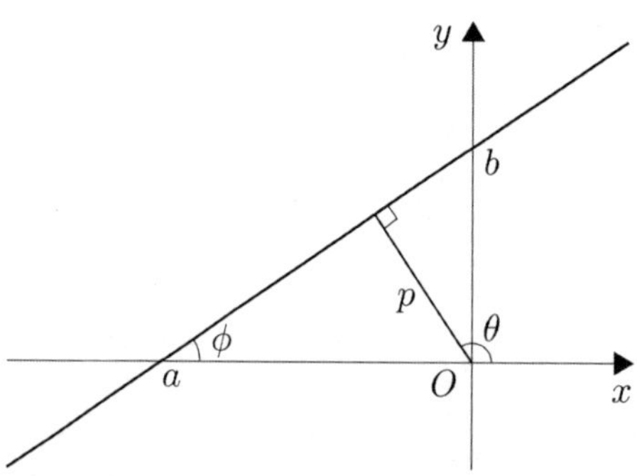

[그림 2.2]

$$m = \frac{b-0}{0-a} = \tan\phi$$

유클리드 기하학에서 직선은 두 점 사이를 지나는 가장 짧은 경로인 선분의 양 끝을 무한히 연장한 개념이다. 아르키메데스가 제시한 이러한 개념은 오랫동안 기하학의 공리로서 취급되어왔다. 17세기 데카르트는 기하학이 제반 개념을 대수적으로 해결하려 하였고 직선 역시 직교좌표계에서 1차방정식으로 나타내게 되었다. 삼각형의 닮음 조건에 따라, 직교좌표계에서 임의의 1차방정식이 나타내는 직선에서 x의 변화량에 대한 y의 변화량의 비는 언제나 일정하기 때문에, 기울기는 직선의 고유량이라고 할 수 있다.

3. 함수와 그래프

함수

두 집합 X와 Y에서 X의 임의의 원소 x가 Y의 단 하나의 원소 y에 대응되는 규칙 f를 X에서 Y로의 **함수**(function) 또는 **사상**(mapping)이라 하고 $f : X \rightarrow Y$로 나타낸다. 이때, X를 함수 f의 **정의역**(domain), Y를 **공변역**(codomain)이라 하고 $f[X]$를 **치역**(range)이라 한다. 또, 각 $x \in X$에 대응하는 Y의 유일한 원소를 $f(x)$로 나타내고, 이 $f(x)$를 x에서의 함숫값 또는 f에 의한 x의 **상**(image)이라고 한다. 일반적으로 치역은 공변역의 부분집합임을 알 수 있다. 즉,

$$f[X] = \{f(x) \mid x \in X\} \subset Y.$$

w가 t의 함수 f라 하면

$$w = f(t)$$

라 표현할 수 있다. 함수를 나타내는 기호로는 일반적으로

$$f,\ g,\ h,\ \cdots,\ \phi,\ \psi,\ \varphi,\ \cdots,\ F,\ G,\ H$$

등이 자주 쓰인다.

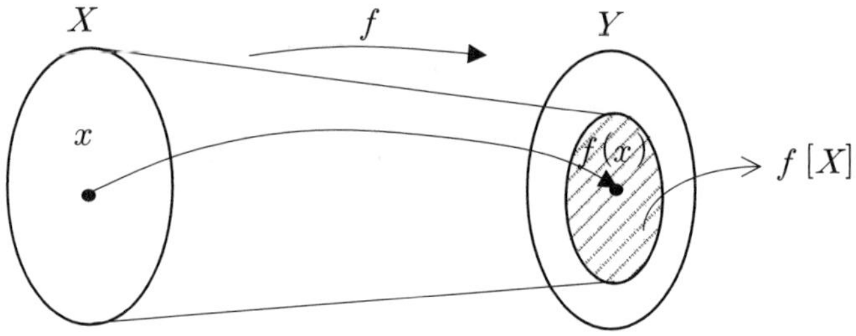

[그림 2.3]

예제 2-1 자연수 전체의 집합 N에서 N으로의 대응규칙 $f(n)$을 다음과 같이 정의하면 어느 것이 함수가 되는가?

(1) $f(n)$은 n의 약수의 개수

(2) $f(n)$은 n의 약수

풀이

(1) $f(10)=4,\ f(11)=2,\ f(12)=6$ 등이 되어 함수가 된다.

(2) $f(10)=1,\ 2,\ 5,\ 10$ 등 두 개 이상이 대응이 되므로 함수가 아니다. ∎

함수의 연산

두 함수 $f : X \to Y$와 $g : X \to Y$가 정의되었다고 하자. 임의의 $x \in X$에 대하여 $f(x)=g(x)$일 때 두 함수 f와 g는 같다(equal)라고 말하고 $f=g$로 나타낸다. 만약 $f \neq g$이기 위해서는 적당한 $x \in X$가 존재하여 $f(x) \neq g(x)$가 되는 것이다. 또한, 두 함수 f와 g를 더하여 새로운 함수 $f+g$를 만들 수 있다. 즉, $f+g$의 함숫값은 임의의 $x \in X$에 대하여

$$(f+g)(x)=f(x)+g(x)$$

로 정의하면 된다. 같은 방법으로

$$(f-g)(x)=f(x)-g(x)$$
$$(f\times g)(x)=f(x)\times g(x)$$
$$(f\div g)(x)=\frac{f(x)}{g(x)},\quad g(x)\neq 0$$

로 정의할 수 있다. 이때 주의해야 할 사항은 두 함수의 덧셈, 뺄셈, 곱셈, 나눗셈에 의해

정의되는 새로운 함수는 두 함수의 정의역이 같아야 정의될 수 있다는 점이다. 또 f가 함수이고 k가 실수일 때, 함수 kf는

$$(kf)(x) = kf(x)$$

로 정의한다. 역시 함수 kf의 정의구역은 f의 정의구역과 같다.

일변수함수

집합 R에서 집합 R로의 함수 f에서 각 실수 $x \in R$에 대하여 x의 f에 의한 함숫값을 y로 나타내면 $y = f(x)$가 된다. 이때, x가 R의 모든 원소를 택하면서 변하면 이 x값에 따라 y의 값이 변한다. 이러한 의미에서 x를 **독립변수**(independent variable)라 하고 y를 f의 **종속변수**(dependent variable)라 하며, f를 한 개의 독립변수 x를 가진 **일변수함수**(one variable function)라고 한다. 이 함수를 간단히 함수 $f(x)$ 또는 함수 $y = f(x)$와 같이 나타낸다. 앞에서 언급한 함수들은 이러한 의미에서 일변수함수라 할 수 있다.

함수의 그래프

방정식이나 부등식에서 그래프를 정의한 것과 마찬가지로 함수에 있어서도 그래프의 개념을 생각할 수 있다. 함수 $f : X \to Y(X,\ Y \subset R)$에 대하여 집합

$$G_f = \{(x,\ f(x)) \mid x \in X\}$$

가 주어진다. 이 집합 G_f를 함수 f의 **그래프**(graph)라 한다. 그래프를 나타내는 집합 G_f는 곱집합 $X \times Y$의 부분집합임을 알 수 있다.

일변수함수의 모든 그래프는 반드시 존재하며 그릴 수만 있다면 좌표평면에 나타낼 수가 있다. 그러나 실제로는 그릴 수도 없고 상상하기 곤란한 경우의 함수도 있다. 이를테면 디리클레의 함수는 비록 그릴 수는 있지만 하나의 곡선으로 연결되지 않는다. 또,

$$sgn\, x = \begin{cases} 1, & x > 0 \\ 0, & x = 0 \\ -1, & x < 0 \end{cases}$$

으로 정의되는 함수 $y = sgn\, x$의 그래프는 [그림 2.4]와 같이 서로 떨어져 있는 경우도 있음을 알아 두어야 한다.

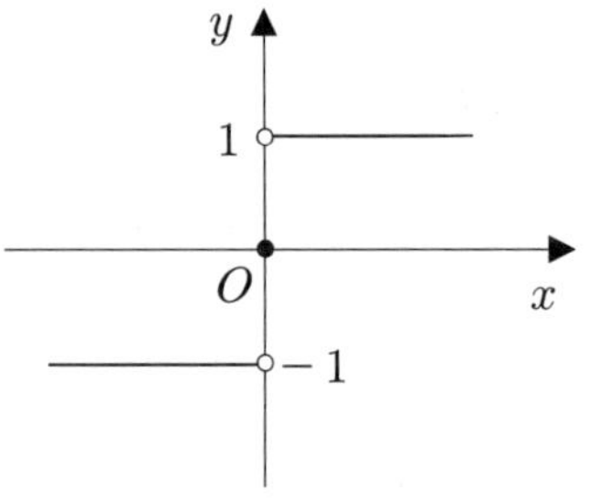

[그림 2.4]

예제 2-2 다음 함수의 그래프를 그려라.

(1) $y = |x|$　　(2) $y = [x]$, ([ ]는 가우스 기호임)

(3) $y = x - [x]$　　(4) $y = x + \dfrac{1}{x}$

풀이

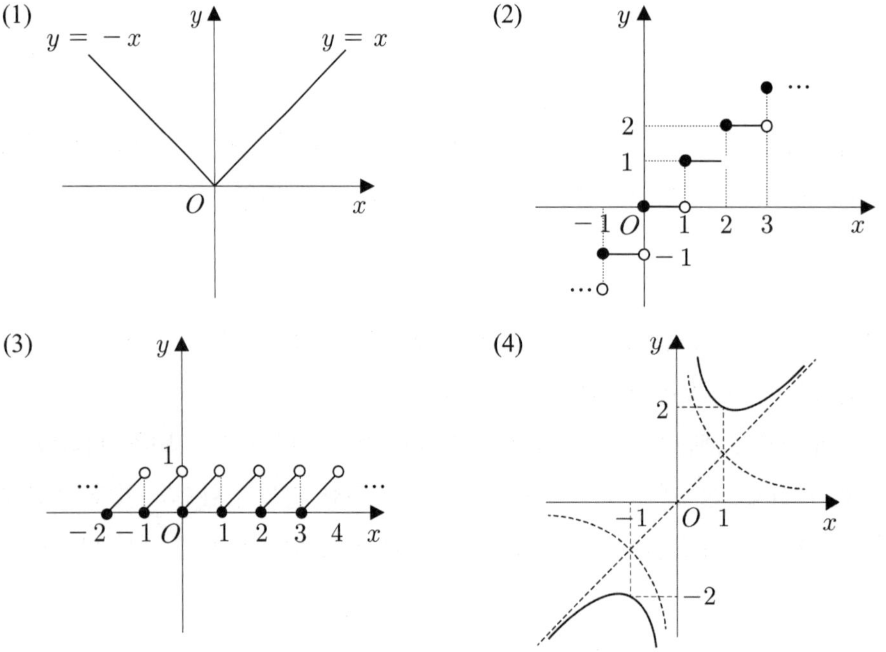

[그림 2.5]

4. 대수함수

함수를 분류하면 크게 대수함수와 초월함수가 있다. 대수함수에는 유리함수와 무리함수가 있고 유리함수에는 다항함수와 분수함수가 있다. 초월함수에는 지수와 로그함수, 삼각함수 그리고 쌍곡선 함수 등이 있다. 인공지능에서 사용되는 알고리즘에서 프로그램의 인식은 대부분 함수식으로 표현되는 경우가 많다.

다항함수

집합 R에서 집합 R로의 함수 f에서 $f(x)$의 값이 다항식의 형태로 나타날 때, 함수 f를 **다항함수**(polynomial function)라고 한다. 즉,

$$f(x) = a_n x_n + a_{n-1}x^{n-1} + \cdots + a_1 x + a_0$$

(단, n은 음이 아닌 정수, a_i는 상수)

의 형태를 말한다. 특히, $a_n \neq 0$인 경우에 이 함수를 n**차 다항함수**라 하고 상수다항식

$$f(x) = c$$

에 의하여 정의되는 함수를 **상수함수**(constant function)라 한다.

유리함수

두 다항식 $P(x)$, $Q(x)$에서 분수식 $\dfrac{Q(x)}{P(x)}$를 유리식이라고 한다. 또, 위에서 정의한 함수 f가 유리식에 의하여 정의되는 함수

$$f(x) = \frac{Q(x)}{P(x)} \ (\text{단, } P(x) \neq 0)$$

를 **유리함수**(rational function)라고 한다. 특히, 두 다항식 $P(x)$, $Q(x)$가 모두 1차 다항식일 때, 즉

$$f(x) = \frac{ax+b}{cx+d} \ (c \neq 0,\ ad - bc \neq 0)$$

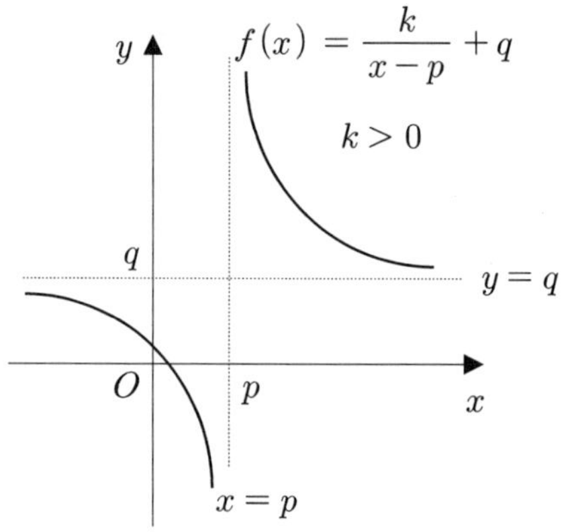

[그림 2.6]

는 $f(x) = \dfrac{k}{x-p} + q$의 형태로 변형된다. 이때, 이 함수의 그래프는 [그림 2.6]과 같은 형태로서 이를 직각쌍곡선(rectangular hyperbola)이라 한다. 여기서 두 직선 $x = p$와 $y = q$를 수직점근선(vertical asymptote)이라 한다.

무리함수

집합 R에서 집합 R로의 함수 f에서 $f(x)$의 값이 무리식의 형태로 나타날 때, 함수 f를 무리함수(irrational function)라고 한다. 즉,

$$f(x) = \sqrt[n]{P(x)} \quad (n\text{은 2 이상의 자연수})$$

의 형태를 말한다. 특히, 함수 $f : [0, \infty) \to R$에서

$$f(x) = \sqrt{x}$$

를 제곱근함수(square root function)라 한다. 이 함수의 그래프는 [그림 2.7]과 같다.

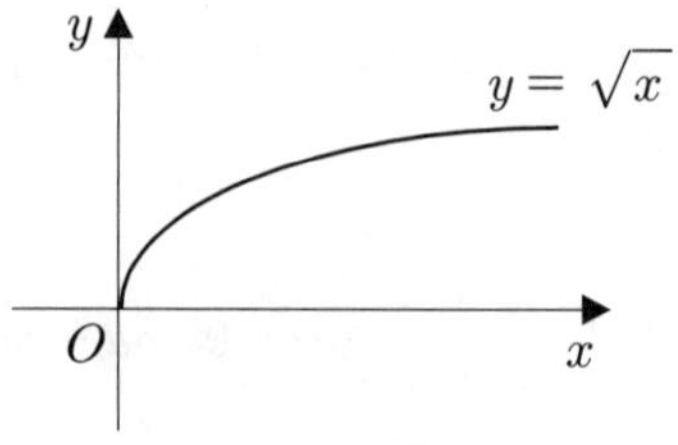

[그림 2.7]

5. 초월함수

초월함수에는 지수함수, 로그함수, 그리고 삼각함수 등이 있다. 대수식으로 표현할 수 없는 함수식을 총칭하여 초월 함수라고 한다.

지수함수

집합 R에서 $(0, \infty)$로의 함수 f가

$$f(x) = a^{p(x)} \text{ (단 } a > 0,\ a \neq 0,\ p(x)\text{는 다항식)}$$

의 형태로 정의될 때, 함수 f를 a를 밑(base)으로 하는 **지수함수**(exponential function)라고 한다. 특히, $p(x) = x$일 때, 즉

$$f(x) = a^x$$

는 $a > 1$이면 단조증가함수이고 $0 < a < 1$이면 단조감수함수이다.

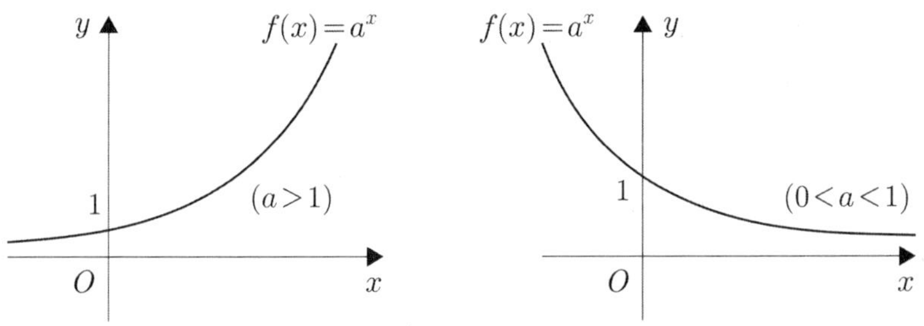

[그림 2.8]

로그함수

지수함수 $f(x)=a^x$는 R에서 $(0, \infty)$로의 전단사함수(전단사함수 정의 참조)이므로 이 지수함수는 역함수를 갖는다. 이 지수함수의 역함수를 a를 밑(base)으로 갖는 **로그함수**(logarithmic function)라 하고, 이를 $\log_a$로 나타낸다. 즉, $(0, \infty)$에서 R로의 로그함수 $\log_a$는

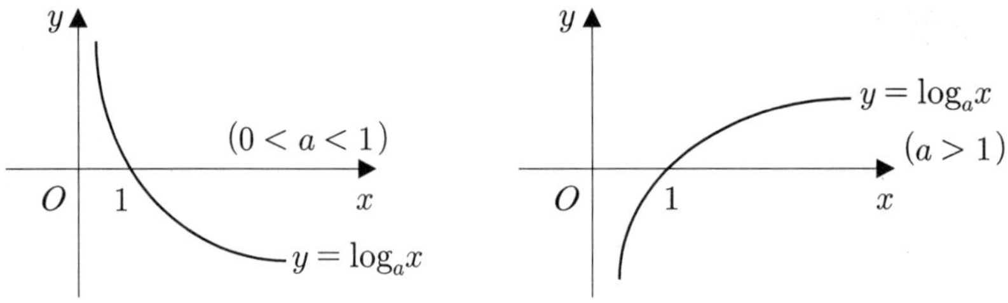

[그림 2.9]

$$y = \log_a x \Leftrightarrow x = a^y$$

에 의하여 정의된 함수이다(그림 2.9 참조). 일반적으로, 로그함수는

$$y = \log_a p(x) \ (a > 0,\ a \neq 0,\ p(x)\text{는 다항식})$$

의 형태로 정의되고, $p(x) > 0$을 만족하는 x의 범위가 정의역이 된다.

삼각함수

삼각함수를 정의하기 위해 직교좌표상에서, 중심이 원점이고 반지름이 r인 원을 생각하자. 이때, 길이가 r인 반지름이 원점을 중심으로 하여 양의 x축에서 시작(시초선)하여 시계반대방향으로 돌아가면서 생긴 시초선과 반지름 사이의 각을 **양의 각**(positive angle)이라고 정의하고 시계방향으로 돌아가면서 생긴 시초선과 반지름 사이의 각을 **음의 각**(negative angle)이라고 정의하자. [그림 2.10]에서 보는 바와 같이 일반각은 완전하게 한 바퀴 이상을 돌아서 만들어질 수도 있다.

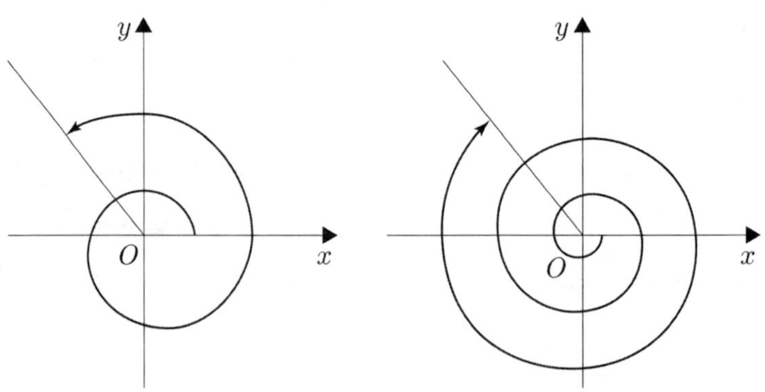

[그림 2.10]

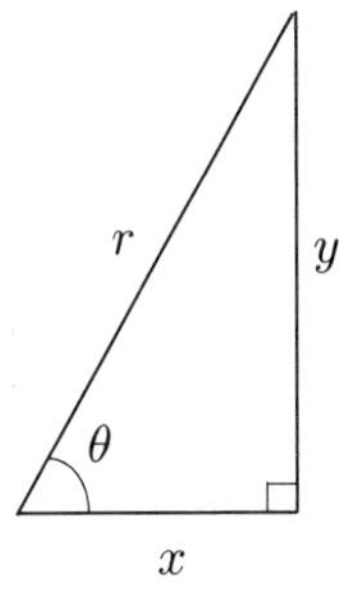

[그림 2.11]

양의 예각 θ의 sine, cosine, tangent, cosecant, secant, cotangent를 [그림 2.11]과 같은 직각 삼각형의 변의 비로써 다음과 같이 정의할 수 있다.

$$\begin{aligned}
\sin\theta &= \frac{\theta\text{에 마주보는 변}}{\text{직각 삼각형의 빗변}} = \frac{y}{r}\\
\cos\theta &= \frac{\theta\text{에 인접한 변}}{\text{직각 삼각형의 빗변}} = \frac{x}{r}\\
\tan\theta &= \frac{\theta\text{에 마주보는 변}}{\theta\text{에 인접한 변}} = \frac{y}{x}\\
\csc\theta &= \frac{\text{직각 삼각형의 빗변}}{\theta\text{에 마주보는 변}} = \frac{r}{y}\\
\sec\theta &= \frac{\text{직각 삼각형의 빗변}}{\theta\text{에 인접한 변}} = \frac{r}{x}\\
\cot\theta &= \frac{\theta\text{에 인접한 변}}{\theta\text{에 마주보는 변}} = \frac{x}{y}
\end{aligned}$$

그런데 앞의 정의로는 90° 이상의 일반각에 대하여 정의하기 곤란하다. 따라서 일반각에 대한 삼각함수를 정의하기 위해 직교좌표상에서 중심이 원점이고 반지름이 r인 원을 생각하자. 또, $P(x,\ y)$를 각 θ의 종선(terminal side)과 원과 만나는 점이라 하자(그림 2.12). 그러면 각 θ의 sine, cosine, tangent, cosecant, secant, cotangent를 다음과 같이 정의할 수 있다.

$$\sin\theta = \frac{y}{r},\ \cos\theta = \frac{x}{r},\ \tan\theta = \frac{y}{x}$$

$$\csc\theta = \frac{r}{y},\ \sec\theta = \frac{r}{x},\ \cot\theta = \frac{x}{y}$$

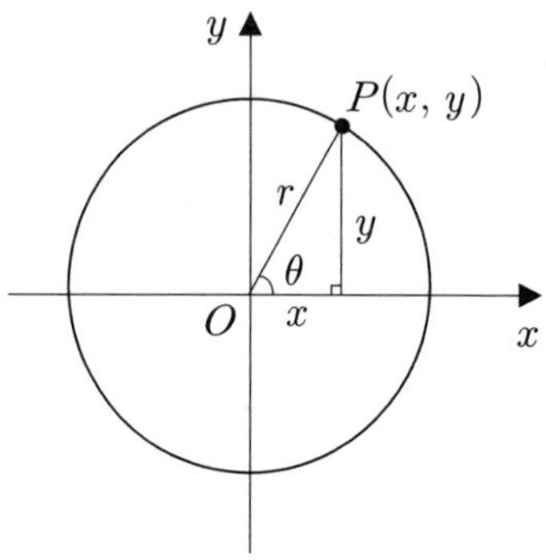

[그림 2.12]

이와 같이 정의를 하면 모든 각에 대한 삼각함수의 값을 구할 수 있다.

▌예제 2-3 [그림 2.12]에서 $x = -3$, $y = 4$이고 $r = 5$일 때, 다음 삼각함수의 값을 구하여라.

(1) $\sin\theta$ (2) $\tan\theta$

(3) $\sec\theta$

풀이

(1) $\sin\theta = \frac{4}{5}$ (2) $\tan\theta = -\frac{4}{3}$

(3) $\sec\theta = -\frac{5}{3}$ ▮

연습문제 EXERCISES

1. $\phi(x) = \begin{cases} \dfrac{1}{x}, & x \geq 3 \\ 2x, & x < 3 \end{cases}$ 일 때 다음을 구하여라.

(1) $\phi(2)$

(2) $\phi(+4)$

(3) $\phi(2.9)$

2. 다음 주어진 함수의 정의역을 구하여라.

(1) $f(x) = \dfrac{1}{x-3}$

(2) $f(x) = \sqrt{x^2 - 3}$

(3) $g(x) = \sqrt{(x+1)(x-2)}$

(4) $g(x) = \dfrac{(x-1)(x-3)}{x-3}$

3. 다음 함수의 그래프를 그려라.

(1) $\phi(x) = \begin{cases} x^2, & x > 1 \\ 2, & x \leqq 1 \end{cases}$

(2) $f(x) = \dfrac{x}{|x|}$

(3) $g(x) = \sqrt{x^2 + 3x}$

(4) $h(x) = |x^2 - 3x + 5|$

제 3 장

지수와 제곱근

이 장에서는 지수, 거듭제곱과 거듭제곱근, 로그에 대하여 설명한다.

1. 지수와 거듭제곱

지수 · 거듭제곱

임의의 실수 a와 양의 정수 n에 대하여

$$a^n = a \times a \times \cdots \times a$$

를 a의 n**제곱**이라 한다. 이때, a^n에서 a를 **밑**이라 하고 n을 **지수**라 한다. 또, $n(n=2, 3, 4, \cdots)$제곱해서 실수 a가 되는 수를 a의 n**제곱근**이라 한다. 즉, $x^n = a$ (n은 2 이상의 정수)일 때 x를 a의 n제곱근이라 한다.

예제 3-1 다음을 구하여라.

(1) 4의 제곱근

(2) 64의 세제곱근

(3) -125의 세제곱근

풀이

(1) $x^2 = 4 \Rightarrow x = \pm 2$

(2) $x^3 = 64 \Rightarrow x = 4$

(3) $x^3 = -125 \Rightarrow x = -5$

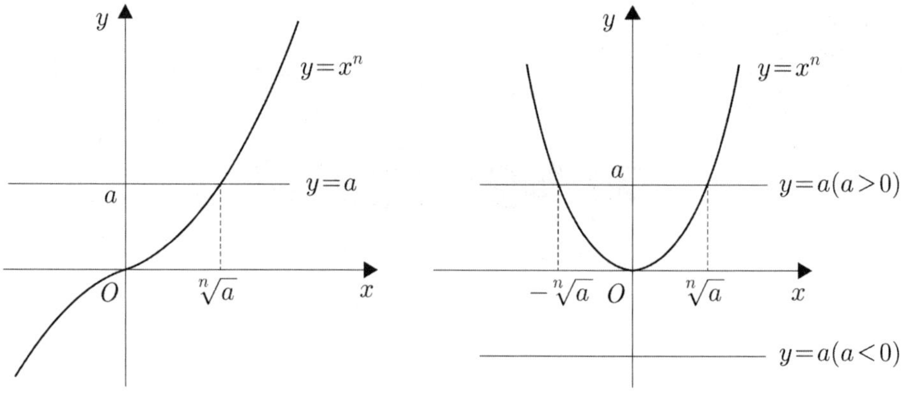

[그림 3.1]

한편, $x^n = a$에서

i) n이 홀수일 때는 a의 n제곱근 중에 실수는 오직 한 개 있으며 이것을 $\sqrt[n]{a}$ 로 나타낸다. 또,

ii) n이 짝수일 경우에서 $a > 0$일 때 a의 n제곱근 중에서 실수인 것을 두 개 있으며 양수인 것을 $\sqrt[n]{a}$로 , 음수인 것을 $-\sqrt[n]{a}$로 나타낸다. 그러나, $a < 0$일 때 a의 n제곱근 중에서 실수인 것은 없다(그림 3.1 참조).

위의 [예제 3-1]에서 4의 제곱근은 ± 2이다. 여기서 2는 $\sqrt{4}$를 -2는 $-\sqrt{4}$를 의미하고 64의 세제곱근 중 실수 $4 = \sqrt[3]{64}$를 의미한다. 또, $-5 = \sqrt[3]{-125}$를 뜻한다.

예제 3-2 27의 세제곱근을 구하여라.

풀이

27의 세제곱근을 x라 하면

$$x^3 = 27 \Rightarrow x^3 - 27 = 0 \Rightarrow (x-3)(x^2+3x+9) = 0$$

$$\therefore\ x = 3,\ \text{또는}\ \frac{-3 \pm \sqrt{3}\,i}{2}$$

따라서, $3 = \sqrt[3]{27}$로 나타내며 나머지 두 개의 x의 값은 허근이다. ▮

거듭제곱근의 성질

거듭제곱근은 다음과 같은 성질이 있다.

거듭제곱근의 성질

$a>0, b>0$이고 m, n은 2 이상의 정수일 때,

❶ $\sqrt[m]{a}\sqrt[n]{b}=\sqrt[n]{ab}$

❷ $\dfrac{\sqrt[n]{a}}{\sqrt[n]{b}}=\sqrt[n]{\dfrac{a}{b}}$

❸ $(\sqrt[n]{a})^m=\sqrt[n]{a^m}$

❹ $\sqrt[m]{\sqrt[n]{a}}=\sqrt[n]{\sqrt[m]{a}}$

❺ $\sqrt[np]{a^{mp}}=\sqrt[n]{a^m}$ (단, p는 양의 정수)

확장된 지수법칙

$a>0, b>0$이고 m, n이 유리수일 때

❶ $a^m \times a^n = a^{m+n}$

❷ $a^m \div a^n = a^{m-n}$

❸ $(a^m)^n = a^{m+n}$

❹ $(ab)^n = a^n b^n$

위와 같이 정의함으로써 지수 m, n을 유리수 범위까지 확장해도 그대로 성립한다.

예제 3-3 다음 식을 간단히 하여라.

(1) $-\sqrt[4]{81}$

(2) $\sqrt[4]{\sqrt[3]{16}}\times\sqrt{\sqrt[3]{16}}$

(3) $\sqrt[3]{\dfrac{\sqrt{a}}{\sqrt[4]{a}}}\times\sqrt{\dfrac{\sqrt[6]{a}}{\sqrt[3]{a}}}$ $(a>0)$

(4) $a^{\frac{3}{2}}\times a^2\div a^{\frac{1}{4}}$

(5) $\sqrt{a^3\times\sqrt{a}}$

(6) $\sqrt{5}\times\sqrt[3]{5^4}\times\sqrt[6]{5}$

풀이

(1) $-\sqrt[4]{81}=-3$

(2) $\sqrt[4]{\sqrt[3]{16}}\times\sqrt{\sqrt[3]{16}}=\sqrt[3]{\sqrt[4]{16}}=\sqrt[3]{2}\times\sqrt[3]{4}=\sqrt[3]{8}=2$

(3) $\sqrt[3]{\dfrac{\sqrt{a}}{\sqrt[4]{a}}}\times\sqrt{\dfrac{\sqrt[6]{a}}{\sqrt[3]{a}}}=\dfrac{\sqrt[3]{\sqrt{a}}}{\sqrt[3]{\sqrt[4]{a}}}\times\dfrac{\sqrt{\sqrt[6]{a}}}{\sqrt{\sqrt[3]{a}}}=\dfrac{\sqrt[6]{a}}{\sqrt[12]{a}}\times\dfrac{\sqrt[12]{a}}{\sqrt[6]{a}}=1$

(4) $a^{\frac{1}{2}} \times a^2 \div a^{\frac{1}{4}} = a^{\frac{3}{2}+2-\frac{1}{4}} = a^{\frac{13}{4}}$

(5) $\sqrt{a^3 \times \sqrt{a}} = \left(a^3 \times a^{\frac{1}{2}}\right)^{\frac{1}{2}} = \left(a^{3+\frac{1}{2}}\right)^{\frac{1}{2}} = a^{\frac{7}{2}\times\frac{1}{2}} = a^{\frac{7}{4}}$

(6) $\sqrt{5} \times \sqrt[3]{5^4} \times \sqrt[6]{5} = 5^{\frac{1}{2}} + 5^{\frac{4}{3}} + 5^{\frac{1}{6}} = 5^{\frac{1}{2}+\frac{4}{3}+\frac{1}{6}} = 5^2 = 25$ ▮

2. | 로그

로그

$a > 0, a \neq 1$이고 $x > 0$일 때, $a^y = x$를 만족시키는 y를 a를 **밑(base)**으로 하는 x의 **로그(logarithm)**라 하며 $y = \log_a x$로 나타낸다. 이때, x를 y의 **진수(anti-log)**라 한다. 즉, $a > 0, a \neq 1,\ x > 0$일 때,

$$a^y = x \quad \Leftrightarrow \quad y = \log_a x$$

로 정의한다. $y = \log_a x$에서 a는 1이 아닌 양수라는 것이다. 곧, $a \neq 1,\ a > 0$이어야 한다. 따라서 $\log_1 3,\ \log_{-2} 4,\ \log_2 x$ 따위는 무의미하다. 진수 x는 양수이어야 한다. 그러므로 $\log_a 0,\ \log_4(-3), \log_3(-2)^5$에서는 무의미하다. 그래서 $y = \log_a x$라고 쓸 때에는 $a > 0, a \neq 1,\ x > 0$이어야 한다. 로그에서 이러한 조건은 밝히지 않더라도 이것을 내포하고 있다고 보면 된다. 이러한 조건은 지수함수와 로그함수가 역함수관계가 되도록 하기 위해 지수와 로그관계를 정의하였다.

예제 3-4 다음 문제에서 지수 값을 로그 식으로, 로그표현에서 진수 값을 지수 식으로 나타내어라.

(1) $3^2 = 9$　　(2) $10^{-3} = 0.001$

(3) $\log_2 16 = 4$　　(4) $\log_{\sqrt{2}} 4 = 4$

풀이

(1) $2 = \log_3 9$　　(2) $-3 = \log_{10} 0.001$

(3) $16 = 2^4$　　(4) $4 = (\sqrt{2})^4$ ▮

로그의 성질

로그에 관한 법칙은 지수법칙으로부터 다음과 같이 유도되는 성질이 있다.

로그의 성질

1. $a>0, a\neq 1,\ M>0, N>0$이라 할 때

❶ $\log_a a=1,\ \log_a 1=0$

❷ $\log_a MN=\log_a M+\log_a N$

❸ $\log_a \dfrac{M}{N}=\log_a M-\log_a N$

❹ $\log_a M^n=n\log_a M$(n은 실수)

2. $a>0, a\neq 1,\ b>0$일 때

❶ $\log_a b=\dfrac{\log_c b}{\log_c a}\quad(c>0, c\neq 1)$　　❷ $\log_a b=\dfrac{1}{\log_b a}\quad(b\neq 1)$

$a^1=a,\ a^0=1$로부터 $\log_a=1$이고 $\log_a 1=0$임을 쉽게 알 수 있다.

연습문제 EXERCISES

1. 다음에서 x의 값을 구하여라.

(1) $\log_3 9 = x$

(2) $\log_9 x = \dfrac{3}{2}$

(3) $2\log_{10}\left(\dfrac{x}{3}\right) = 1$

(4) $\log_2(x+1) - \log_2 x = 3$

(5) $2^x = 19$

(6) $4^{3x+1} = 5$

2. 다음 각 식에서 x를 y로 나타내어라.

(1) $y = e^{x^2}$

(2) $y = \dfrac{e^x + e^{-x}}{2}$

(3) $y = \log(x \pm \sqrt{x^2 - 1})$

(4) $y = \log 3x$

제 4 장

미 분

이 장에서는 도함수의 전반에 대하여 설명한다. 도함수의 개념으로부터 최대, 최솟값의 문제는 최적화 문제와 매우 밀접한 관계가 있다. 인공지능에서 최적화 문제는 매우 중요한 문제로 다루고 있다.

1. 함수의 극한과 연속

함수의 극한

함수 $y=f(x)$에 있어서 변수 x가 어떤 값 a에 한없이 가까이 갈 때 그 가까워지는 방법 여하에 관계없이 함수 $f(x)$의 값이 일정한 값 b에 한없이 가까워지면, x가 a에 가까워질 때(수렴할 때) $f(x)$는 b에 **수렴한다**(converge)라고 말하고 b를 $f(x)$의 **극한값**(limit value)이라 한다. 이것을 기호로는

$$f(x) \to b \ (x \to a) \ \text{또는} \ \lim_{x \to a} f(x) = b$$

로 나타낸다.

일변수함수에서 x가 a에 가까워지는 방법에는 오른쪽에서 a에 가까워지는 경우를 **우극한**(right-side limit), 왼쪽에서 a에 가까워지는 경우를 **좌극한**(left-side limit)이라 하고 다음과 같이 나타낸다.

$$\text{우극한} : \lim_{x \to a^+} f(x)$$

$$\text{좌극한 : } \lim_{x \to a^-} f(x)$$

따라서 좌극한 값과 우극한 값이 같아질 때, 즉

$$\lim_{x \to a^+} f(x) = \lim_{x \to a^-} f(x) = b$$

일 때, $\lim_{x \to a} f(x) = b$라고 정의한다. 다시 말해서, $\lim_{x \to a} f(x) = b$란 의미는 변수 x를 a에 한없이 가까이 잡으면 함수 $f(x)$는 얼마든지 b에 가까운 값을 잡을 수 있다는 뜻이다.

예제 4-1 극한값 $\lim_{x \to 2}(2x+3)$을 구하여라.

풀이

x가 실직선을 따라 좌, 우측에서 2에 한없이 가까이 가면 함숫값 $2x+3$은 7에 한없이 가까워짐을 알 수 있다. 따라서

$$\lim_{x \to 2}(2x+3) = 7$$

이다(그림 4.1 참조).

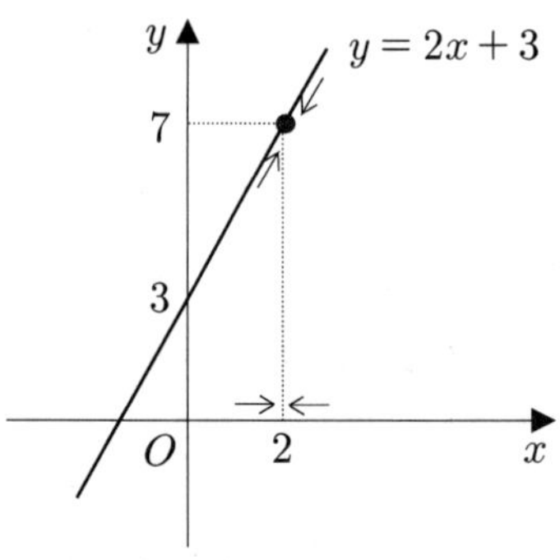

[그림 4.1]

수렴 · 발산

$y = f(x)$에 있어서 x가 한없이 커질 때 $f(x)$의 값이 일정한 값 b에 한없이 가까워지면 $f(x)$는 극한값 b에 **수렴한다**(converge)고 말하고 기호로는

$$f(x) \to b \ (x \to \infty) \ \text{ 또는 } \lim_{x \to \infty} f(x) = b$$

로 나타낸다.

x가 어떤 값 a에 가까워질 때 그 가까워지는 방법 여하에 불구하고 $f(x)$가 한없이 커질 때 $f(x)$는 무한대로 **발산한다(diverge)**고 말하고 기호로는

$$f(x) \to \infty \ (x \to a) \text{ 또는 } \lim_{x \to a} f(x) = \infty$$

로 나타낸다.

위의 정의로부터

$$\lim_{x \to -\infty} f(x) = b, \ \lim_{x \to a} f(x) = -\infty$$

$$\lim_{x \to \infty} f(x) = \infty, \ \lim_{x \to -\infty} f(x) = -\infty$$

등도 정의할 수 있다.

예제 4-2 다음 극한값을 구하여라.

(1) $\lim_{x \to 1+0} \frac{1}{x-1}$ (2) $\lim_{x \to 1-0} \frac{1}{x-1}$

(3) $\lim_{x \to \pm\infty} \frac{1}{x-1}$

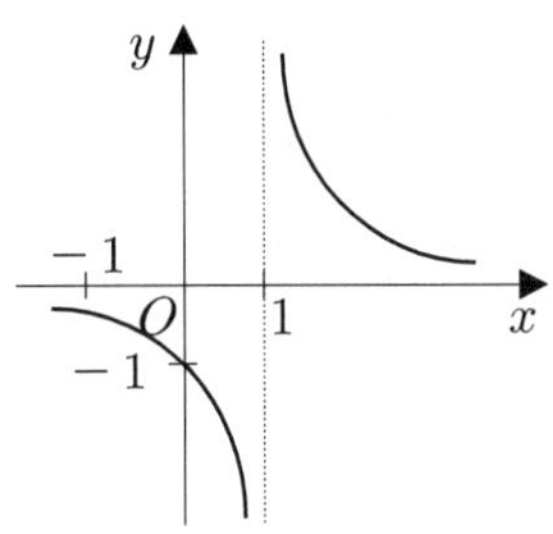

[그림 4.2]

풀이

[그림 4.2]에 의해,

(1) $\lim_{x \to 1+0} \frac{1}{x-1} = +\infty$ (2) $\lim_{x \to 1-0} \frac{1}{x-1} = -\infty$

(3) $\lim_{x \to \pm\infty} \frac{1}{x-1} = 0$

극한의 정리

다음 극한의 정리들은 $\varepsilon-\delta$ 방법을 사용하지 않고 극한값이 존재하는 것을 증명하는 데 도움이 될 것이다. 거의 모든 극한에 관한 문제는 이 정리들을 사용하여 증명할 수 있다.

정리 4.1

n은 양의 정수, k는 상수 그리고 f, g는 $x \to a$ 또는 $x \to b$일 때 극한값이 존재하는 함수라 하자. 그러면

(1) $\lim_{x \to a} k = k$

(2) $\lim_{x \to a} x = a$

(3) $\lim_{x \to a} kf(x) = k \lim_{x \to a} f(x)$

(4) $\lim_{x \to a} [f(x) \pm g(x)] = \lim_{x \to a} f(x) \pm \lim_{x \to a} g(x)$

(5) $\lim_{x \to a} [f(x) \cdot g(x)] = \lim_{x \to a} f(x) \cdot \lim_{x \to a} g(x)$

(6) $\lim_{x \to a} \frac{f(x)}{g(x)} = \frac{\lim_{x \to a} f(x)}{\lim_{x \to a} g(x)}$ (단, $\lim_{x \to a} g(x) \neq 0$)

(7) $\lim_{x \to a} \{f(x)\}^n = [\lim_{x \to a} f(x)]^n$

(8) $\lim_{x \to a} \sqrt[n]{f(x)} = \sqrt[n]{\lim_{x \to a} f(x)}$ (단, $\lim_{x \to a} f(x) > 0,\ n = 2m$)

(9) $f(x) \geqq g(x) \Rightarrow \lim_{x \to a} f(x) \geqq \lim_{x \to a} g(x)$

(10) $\lim_{x \to a} f(x) = b,\ \lim_{x \to b} g(x) = c \Rightarrow \lim_{x \to a} g(f(x)) = c$

정리 4.2 치환정리

f가 다항식함수 또는 유리함수이면

$$\lim_{x \to a} f(x) = f(a)$$

이다. 단, 유리함수의 경우 분모는 $x = a$에서 0이 아니다.

예제 4-3 $\lim_{x \to 2} \frac{x^2+3x-10}{x^2+x-6}$을 구하여라.

풀이

$$\lim_{x \to 2} \frac{x^2+3x-10}{x^2+x-6} = \lim_{x \to 2} \frac{(x-2)(x+5)}{(x-2)(x+3)} = \lim_{x \to 2} \frac{x+5}{x+3} = \frac{7}{5}$$

초월함수의 극한

이제 초월함수로 이루어진 형태의 극한값 계산에 대해서 알아보자. 다음 정리는 초월함수에 관련된 극한값 계산에 도움을 줄 것이다.

정리 4.3

x가 라디안이고, $\log x$는 자연로그일 때,

(1) $\lim_{x \to 0} \frac{\sin x}{x} = 1$

(2) $\lim_{x \to 0} \frac{\sin(\sin x)}{x} = 1$

(3) $\lim_{x \to 0} \frac{\tan(\tan x)}{x} = 1$

(4) $\lim_{x \to 0+} \frac{\log(\sin x)}{\log x} = 1$

(5) $\lim_{x \to \infty} a^x = \begin{cases} \infty & (a>1) \\ 1 & (a=1) \\ 0 & (0<a<1) \end{cases}$

(6) $\lim_{x \to -\infty} a^x = \begin{cases} 0 & (a>1) \\ 1 & (a=1) \\ \infty & (0<a<1) \end{cases}$

(7) $\lim_{x \to 0+} \log_a x = \begin{cases} -\infty & (a>1) \\ \infty & (0<a<1) \end{cases}$

(8) $\lim_{x \to \infty} \left(1+\frac{1}{x}\right)^x = \lim_{x \to 0}(1+x)^{\frac{1}{x}} = e$

(9) $\lim_{x \to 0} \frac{\log(x+1)}{x} = 1$

(10) $\lim_{x \to 0} \frac{e^x-1}{x} = 1$

(11) $\lim_{x \to 0} \frac{1-\cos x}{x} = 0$

예제 4-4 $\lim_{x \to 0} \frac{1-\cos x}{x^2}$를 구하여라.

풀이

$$\lim_{x \to 0} \frac{1-\cos x}{x^2} = \lim_{x \to 0} \frac{(1-\cos)(1+\cos x)}{x^2(1+\cos x)} = \lim_{x \to 0} \frac{1-\cos^2 x}{x^2(1+\cos x)}$$

$$= \lim_{x \to 0} \frac{\sin^2 x}{x^2(1+\cos x)} = \lim_{x \to 0} \left\{ \left(\frac{\sin x}{x} \right)^2 \times \frac{1}{(1+\cos x)} \right\} = \frac{1}{2}$$ ■

함수의 연속

함수 $y = f(x)$가 다음 세 조건을 만족할 때, 함수 $f(x)$는 $x = a$에서 **연속**(continuous)이라고 한다. 즉,

(1) $\lim_{x \to a} f(x)$가 존재
(2) $f(a)$가 존재
(3) $\lim_{x \to a} f(x) = f(a)$

이들 중 하나라도 만족하지 않으면 함수 $f(x)$는 $x = a$에서 **불연속**(discontinuous)이라고 한다. $y = f(x)$가 $x = a$에서 연속, 곧 $\lim_{x \to a} f(x) = f(a)$ (단, $f(a)$는 유한 확정값)는 다음과 같이 말할 수도 있다.

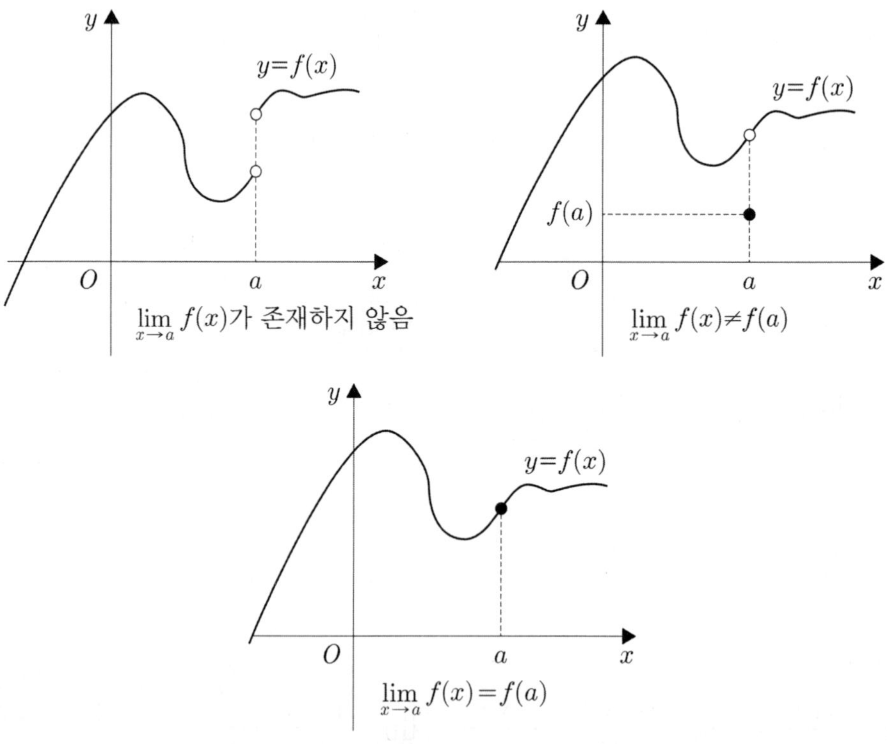

[그림 4.3]

$$\lim_{h \to 0} f(a+h) = f(a)$$

또는

$$\lim_{h \to 0} \{f(a+h) - f(a)\} = 0$$

일 때 $f(x)$는 $x = a$에서 연속이라고 한다.

예제 4-5 $f(x) = \dfrac{x^2-4}{x-2}$ $(x \neq 2)$라 하자. $f(x)$를 $x = 2$에서 정의하여 연속이 되려면 $f(2)$를 어떻게 정의하여야 하는가?

풀이

$$\lim_{x \to 2} \frac{x^2-4}{x-2} = \lim_{x \to 2} \frac{(x+2)(x-2)}{x-2} = \lim_{x \to 2}(x+2) = 4$$

따라서 $f(2) = 4$로 정의하면 된다. ▮

정리 4.4

$x = a$에서 두 함수 $f(x)$, $g(x)$가 모두 연속일 때 다음 함수는 모두 $x = a$에서 연속이다.

(1) $f(x) \pm g(x)$ (2) $f(x) \cdot g(x)$ (3) $\dfrac{f(x)}{g(x)}$ $(g(a) \neq 0)$

2. 도함수와 미분

접선

유클리드는 접선을 곡선의 한 점에 접하는 직선으로 정의하였다. 이것은 원에 대해서는 옳은 정의가 되겠지만 거의 모든 곡선에 대해서는 옳다고 볼 수 없다. 지금 P, Q는 곡선 상의 점으로서 P는 고정점이고 Q는 P 근방에서 움직이는 점이라고 하자. 이때, P와 Q를 지나는 직선을 **할선**(secant line)이라고 한다. 또, Q가 곡선을 따라서 P를 향하여 접근

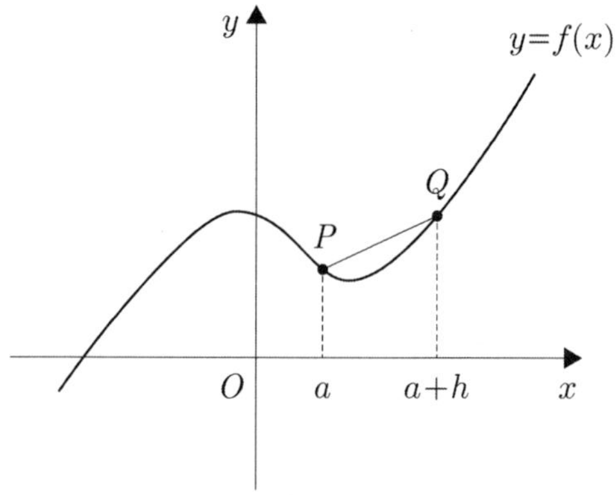

[그림 4.4]

할 때 할선의 극한값이 만약 존재한다면 이를 점 P에서의 **접선**(tangent line)이라고 한다.

[그림 4.4]의 곡선을 $y=f(x)$라 하자. 점 P의 좌표를 $(a,\ f(a))$라 하고 근방에 있는 점 Q의 좌표를 $(a+h,\ f(a+h))$라 하면 두 점 P, Q를 지나는 할선의 기울기 m은 다음과 같다.

$$m = \frac{f(a+h)-f(a)}{h}$$

평균변화율

일반적으로 함수 $y=f(x)$에서 x가 a에서 b까지 변할 때 $f(x)$는 $f(b)-f(a)$만큼 변한다. 이때, 변화량의 비

$$\frac{f(b)-f(a)}{b-a}$$

를 x가 a에서 b까지 변할 때의 함수 $f(x)$의 **평균변화율**이라 한다.

변수 x의 변화량을 Δx 또는 $h=b-a$라 두고 이에 대응하는 $f(x)$의 변화량을

$$\Delta y = f(a+\Delta x) - f(a) = f(a+h) - f(a)$$

라 둘 때, Δx를 x의 **증분**(increment)이라 하고 Δy를 Δx에 대한 함수 $y=f(x)$의 증분이라 한다. 이때, 평균변화율은

$$\frac{\Delta y}{\Delta x} = \frac{f(a+\Delta x)-f(a)}{\Delta x} = \frac{f(a+h)-f(a)}{h} \qquad (1)$$

와 같이 나타낼 수도 있다.

결국 평균변화율의 기하학적 의미는 앞의 [그림 4.4]에서 보는 바와 같이 두 점 P와 Q를 잇는 직선의 기울기와 같다.

순간변화율(미분계수)

평균변화율 $\frac{\Delta y}{\Delta x}$의 극한값

$$\lim_{\Delta x \to 0} \frac{\Delta y}{\Delta x} = \lim_{\Delta x \to 0} \frac{f(a+\Delta x) - f(a)}{\Delta x} = \lim_{h \to 0} \frac{f(a+h) - f(a)}{h}$$

가 존재해서 유한확정일 때, $f(x)$는 $x=a$에서 **미분가능**(differentiable)이라 하고 이 극한값을 $f(x)$의 $x=a$에서의 **순간변화율** 또는 **미분계수**(differential coefficient)라 하고 $f'(a)$로 쓴다. 즉,

$$f'(a) = \lim_{\Delta x \to 0} \frac{f(a+\Delta x) - f(a)}{\Delta x} = \lim_{h \to 0} \frac{f(a+h) - f(a)}{h} \tag{2}$$

이다.

함수 $f(x)$가 구간 I의 모든 점에서 미분가능일 때, $f(x)$는 구간 I에서 **미분가능**이라 한다. 미분계수의 기하학적 의미는 [그림 4.4]에서 $\Delta x \to 0$인 것은 점 Q가 점 P로 무한히 접근한다는 것이고 이것은 결국 점 P에서의 **접선의 기울기**가 된다. 즉, $f'(a)$는 점 P에서의 접선의 기울기이다.

예제 4-6 서울에서 부산까지 약 420 km라고 하자. KTX 열차로 약 3시간이 소요된다면 이 열차의 평균속도는 얼마인가?

풀이

서울에서 부산까지의 열차의 시각 t에서의 위치를 $s = f(t)$라 하면 $t_0 = 0$에서 $t_1 = 4$까지 변할 때, 평균변화율(평균속도) Δv를 구하는 문제이다. 따라서

$$\Delta v = \frac{\Delta s}{\Delta t} = \frac{f(t_1) - f(t_0)}{t_1 - t_0} = \frac{420 - 0}{3 - 0} = 140\,(\mathrm{km/h})$$

이다. ∎

도함수

미분계수 $f'(a)$는 $x=a$에서의 순간변화율이다. 이때, 주어진 구간 I의 모든 점에서 미분가능일 때의 임의의 점 x에 대하여 그 미분계수 $f'(x)$을 대응시키면 새로운 함수가 정의되는데, 이 함수를 $y=f(x)$의 **도함수**(derived function, derivative)라 하고

$$y',\ f'(x),\ \frac{dy}{dx},\ \frac{d}{dx}f(x)$$

등으로 나타낸다. 즉, 도함수의 정의를 다음과 같이 나타낼 수 있다.

$$f'(x)=\lim_{\Delta x\to 0}\frac{f(x+\Delta x)-f(x)}{\Delta x}=\lim_{h\to 0}\frac{f(x+h)-f(h)}{h} \tag{3}$$

결국 (3)의 식은 (1)과 (2)에 의해서 구할 수 있다는 뜻이고 (3)의 기하학적 의미는 주어진 구간 I에서의 함수 $y=f(x)$가 주어졌다면 각 점 x에서의 접선의 기울기가 된다. 속도에서 말하는 순간속도나 유기물의 성장속도(생물학), 생산비나 겨우 나올 정도의 이윤(경제학), 철사의 밀도(물리학), 용해속도(화학) 등은 동일한 도함수의 개념을 달리 표현한 것이다.

미분한다

함수 $f(x)$의 도함수 $f'(x)$를 구하는 것을 $f(x)$를 **미분한다**(differentiate)고 말한다. $x=a$에 있어서의 미분계수는

$$[y']_{x=a},\ f'(a),\ \left[\frac{dy}{dx}\right]_{x=a},\ \frac{d}{dx}f(a)$$

등으로 나타낸다. 즉 $x=a$에서 미분계수를 구하려면 먼저 도함수 $f'(x)$를 구하여 x에 a를 대입하여 구해도 된다.

예제 4-7 다음 함수의 도함수를 구하여라.

(1) $y=\dfrac{1}{x}\ (x\neq 0)$

(2) $y=\sqrt{x}\ (x>0)$

풀이

(1) $f'(x) = \lim_{h\to 0}\dfrac{f(x+h)-f(x)}{h} = \lim_{h\to 0}\dfrac{1}{h}\left(\dfrac{1}{x+h}-\dfrac{1}{x}\right)$

$= \lim_{h\to 0}\dfrac{1}{h}\left(\dfrac{-h}{(x+h)x}\right) = \lim_{h\to 0}\left(-\dfrac{1}{(x+h)x}\right) = -\dfrac{1}{x^2}$

(2) $f'(x) = \lim_{h\to 0}\dfrac{\sqrt{x+h}-\sqrt{x}}{h} = \lim_{h\to 0}\dfrac{h}{h(\sqrt{x+h}+\sqrt{x})}$

$= \lim_{h\to 0}\dfrac{1}{\sqrt{x+h}+\sqrt{x}} = \dfrac{1}{2\sqrt{x}}$ ▮

예제 4-8 어떤 상품의 x단위 생산비용은 $C(x) = 5000 + 10x + 0.05x^2$이다.

(1) 생산량이 $x = 100$에서 $x = 105$로 변할 때, x에 관한 C의 평균변화율을 구하여라.

(2) $x = 100$일 때, x에 관한 C의 순간변화율을 구하여라.

풀이

(1) 평균변화율

$$\begin{aligned}\frac{\Delta C}{\Delta x} &= \frac{C(105)-C(100)}{105-100}\\ &= \frac{(5000+1050+551.25)-(5000+1000+500)}{5}\\ &= \frac{101.25}{5} = 20.25\end{aligned}$$

(2) 순간변화율

$$\begin{aligned}C'(100) &= \lim_{\Delta x\to 0}\frac{\Delta C}{\Delta x} = \lim_{\Delta x\to 0}\frac{C(100+\Delta x)-C(100)}{\Delta x}\\ &= \lim_{\Delta x\to 0}\frac{10\Delta x+0.05(200\Delta x+\Delta x^2)}{\Delta x}\\ &= 10+10 = 20\end{aligned}$$ ▮

좌 · 우 미분계수

$x = a$에서의 미분계수 $f'(a)$는 $x = a$ 근방에서의 평균변화율의 극한값을 나타낸다. 극한값이 존재한다는 것은 좌 극한값과 우 극한값이 같고 유한확정이라는 뜻이다. 여기서

평균변화율의 좌 극한값을 좌 미분계수, 우 극한값을 우 미분계수라 한다. 즉,

$$f'(a) = \lim_{h \to 0^+} \frac{f(a+h) - f(a)}{h} = \lim_{h \to 0^-} \frac{f(a+h) - f(a)}{h}$$
$$= \lim_{h \to 0} \frac{f(a+h) - f(a)}{h}$$

임을 의미한다.

$$\lim_{h \to 0^+} \frac{f(a+h) - f(a)}{h}$$

를 $x = a$에서 $y = f(x)$의 우 미분계수,

$$\lim_{h \to 0^-} \frac{f(a+h) - f(a)}{h}$$

를 $x = a$에서 $y = f(x)$의 좌 미분계수라고 하고 각각 $f'_+(a)$, $f'_-(a)$로 나타낸다. 좌 미분계수와 우 미분계수가 $x = a$에서 같을 때, $x = a$에서 함수 $f(x)$는 **미분가능**하다고 한다. 즉, $f'_+(a) = f'_-(a) = f'(a)$일 때 $x = a$에서 미분가능하다.

연속함수와 그 도함수의 존재가능성

어떤 주어진 구간 I에서 함수 $y = f(x)$가 각 점에서 미분가능하면, 구간 I에서 함수 $f(x)$는 연속이다. 그러나 연속함수라고 해서 각 점에서 좌 미분계수와 우 미분계수가 반드시 같은 것은 아니다. 다시 말하면 연속함수라고 해서 미분가능한 함수가 반드시 되는 것은 아니다.

예제 4-9 $y = |x - 2|$의 $x = 2$에서의 연속성과 미분가능성을 조사하여라.

풀이

$f(x) = |x-2|$라고 하면

$$x \geqq 2\text{일 때 } f(x) = x - 2,$$
$$x < 2\text{일 때 } f(x) = -x + 2\text{이고 } f(2) = 0$$

또,

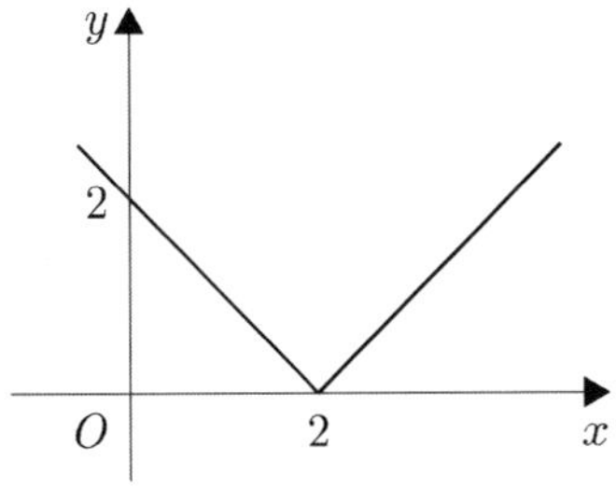

[그림 4.5]

$$\lim_{x\to 2^+} f(x) = \lim_{x\to 2^+}(x-2) = 0,$$
$$\lim_{x\to 2^-} f(x) = \lim_{x\to 2^-}(-x+2) = 0$$

따라서 연속의 정의로부터 $f(x)$는 $x=2$에서 연속이다. 그러나 $x=2$에서 $f(x)$의 좌, 우 미분계수는 각각

$$f'_-(2) = \lim_{h\to 0^-}\frac{f(2+h)-f(2)}{h} = \lim_{h\to 0^-}\frac{|h|}{h} = \frac{-h}{h} = -1,$$
$$f'_+(2) = \lim_{h\to 0^+}\frac{f(2+h)-f(2)}{h} = \lim_{h\to 0^+}\frac{|h|}{h} = \frac{h}{h} = 1$$

로 되어 좌, 우 미분계수가 서로 다르다. 따라서 $f(x)$는 $x=2$에서 미분계수를 갖지 않는다. ▮

정리 4.5

함수 $y=f(x)$가 $x=a$에서 미분가능하면 $f(x)$는 $x=a$에서 연속이다.

[그림 4.6]을 통해서 함수의 연속성과 미분가능성을 이해하도록 하자. $x=c$에서의 접선이 수직이면 c점에서 미분계수가 존재하지 않는다. 이것은 $\dfrac{f(c+h)-f(c)}{h}$가 $h\to 0$이면 얼마든지 커지기 때문이다.

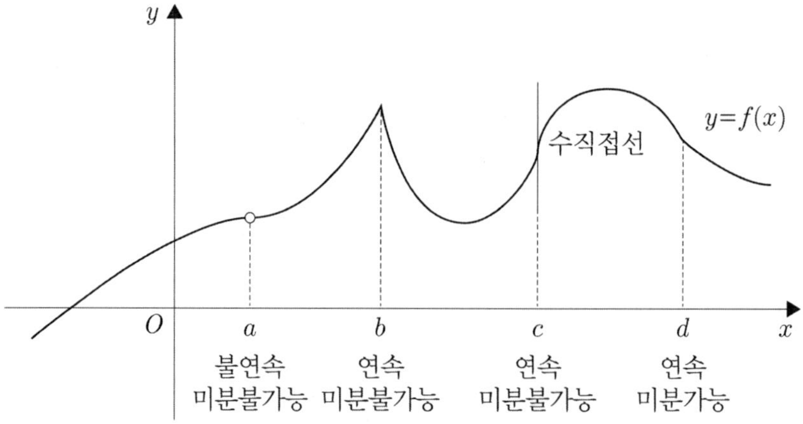

[그림 4.6]

대수함수의 미분

대수함수의 가장 기본적인 형태의 미분과 대수함수뿐만 아니라 모든 함수의 일반적인 형태에 대한 미분법을 소개한다.

정리 4.6 **대수함수의 미분법**

(a) $y = f(x) = k$ (상수)이면 $y' = f'(x) = 0$이다.

(b) $y = f(x) = x^n$ (n은 실수)이면 $y' = f'(x) = n\,x^{n-1}$이다.

또, 함수 $y = f(x)$, $y = g(x)$가 미분가능한 함수라고 하면 다음 미분공식이 성립한다.

(a) $y = kf(x)$ (k는 상수)이면 $y' = kf'(x)$이다.

(b) $y = f(x) \pm g(x)$이면 $y' = f'(x) \pm g'(x)$이다.

(c) $y = f(x) \cdot g(x)$이면 $y' = f'(x)g(x) + f(x)g'(x)$이다.

(d) $y = \dfrac{f(x)}{g(x)}$ $(g(x) \neq 0)$이면 $y' = \dfrac{f'(x)g(x) - f(x)g'(x)}{[g(x)]^2}$이다.

예제 4-10 다음 함수들의 도함수를 구하여라.

(1) $y = 3x^4 - 5x^3 + x^2 - 7x + 2$ (2) $y = (3x-5)(x^2+1)$

(3) $y=x(x^2+5)(2x^3-3x^2+7)$　　　　(4) $y=\dfrac{5x^2+1}{3x-7}$

풀이

(1) $y'=12x^3-15x^2+2x-7$

(2) $y'=3(x^2+1)+(3x-5)2x=9x^2-10x+3$

(3) $y'=1(x^2+5)(2x^3-3x^2+7)+x(2x)(2x^3-3x^2+7)+x(x^2+5)(6x^2-6x)$

$=12x^5-15x^{4+}40x^3-31x^2+35$

(4) $y'=\dfrac{10x(3x-7)-(5x^2+1)3}{(3x-7)^2}=\dfrac{15x^2-70x-3}{(3x-7)^2}$ ∎

합성함수의 미분

정리 4.7 연쇄법칙

함수 $y=f(u)$와 $u=g(x)$가 합성함수 $y=(f\circ g)(x)=f(g(x))$를 결정한다고 가정하자. 함수 g가 x에서 미분가능하고 함수 f는 $u=g(x)$에서 미분가능하면 $f\circ g$는 x에서 미분가능하고

$$\frac{df(g(x))}{dx}=\frac{df(u)}{du}\cdot\frac{dg(x)}{dx}$$

이다. 즉,

$$\frac{dy}{dx}=\frac{dy}{du}\cdot\frac{du}{dx} \text{ 또는 } \frac{dy}{dx}=f'(u)g'(x)$$

예제 4-11 다음 함수들의 도함수 $\dfrac{dy}{dx}$를 구하여라.

(1) $y=(x^3+7x+2)^{25}$　　　　(2) $y=\dfrac{1}{3x^4-x^2+1}$

풀이

(1) $y=(x^3+7x+2)^{25}$에서 $u(x)=x^3+7x+2$라 놓자. 그러면 $y=\{u(x)\}^{25}$이 되어 연쇄법칙에 의해

$$\begin{aligned}\frac{dy}{dx} &= \frac{dy}{du} \cdot \frac{du}{dx} \\ &= \frac{d}{du}[u^{25}] \cdot \frac{d}{dx}[x^3+7x+2] \\ &= 25u^{24}(3x^2+7) \\ &= 25(x^3+7x+2)^{24}(3x^2+7).\end{aligned}$$

(2) $y = \dfrac{1}{3x^4 - x^2 + 1} = (3x^4 - x^2 + 1)^{-1}$에서 $u(x) = 3x^4 - x^2 + 1$이라 놓자. 그러면 $y = \{u(x)\}^{-1}$이 되어 연쇄법칙에 의해

$$\begin{aligned}\frac{dy}{dx} &= \frac{dy}{du} \cdot \frac{du}{dx} \\ &= \frac{d}{du}[u^{-1}] \cdot \frac{d}{dx}[3x^4 - x^2 + 1] \\ &= -u^{-2}(12x^3 - 2x) \\ &= -(3x^4 - x^2 + 1)^{-2}(12x^3 - 2x) \\ &= -\frac{12x^3 - 2x}{(3x^4 - x^2 + 1)^2}.\end{aligned}$$

∎

정리 4.8 역함수의 미분

함수 $y = f(x)$가 구간 $[a, b]$에서 연속이고 증가(감소)한다고 하자. 또 함수 f가 한 점 $x \in (a, b)$에서 미분가능하고 $f'(x) \neq 0$이라 하자. 이때, $x = f^{-1}(y)$의 도함수

$$(f^{-1})'(y) = \frac{df^{-1}(y)}{dy} = \frac{1}{\dfrac{df(x)}{dx}} = \frac{1}{f'(x)}$$

즉,

$$\frac{dx}{dy} = \frac{1}{\dfrac{dy}{dx}}$$

이다.

정리 4.9 지수함수와 로그함수의 미분

함수 $y = f(x) = a^x\ (a > 0)$은 모든 점 x에서 미분가능하며 그 도함수는 다음과 같다.

$$\frac{d}{dx}(a^x) = a^x \log a$$

또, 함수 $y = f(x) = \log_a x\ (a > 0,\ a \neq 1,\ x > 0)$는 모든 점 x에서 미분가능하며 그 도함수는 다음과 같다.

$$\frac{d}{dx}(\log_a x) = \frac{1}{x \log a}$$

예제 4-12 다음 함수들에서 $\dfrac{dy}{dx}$를 구하여라.

(1) $y = \pi^{x^3}$

(2) $y = x^3 e^{x^2}$

(3) $y = \log_{10}(x^3 + 15)$

(4) $y = 2^x \log(3^{2x} + 4)$

풀이

(1) 정리 4.9와 합성함수의 미분법에 의하여

$$\frac{dy}{dx} = (\pi^{x^3} \log \pi) \cdot 3x^2 = 3x^2 \pi^{x^3} \log \pi.$$

(2) (1)과 같은 방법으로 하면

$$\begin{aligned}\frac{dy}{dx} &= 3x^2 e^{x^2} + x^3 \cdot 2x e^{x^2} \\ &= 3x^2 e^{x^2} + 2x^4 e^{x^2} = x^2 e^{x^2}(3 + 2x^2).\end{aligned}$$

(3) 정리 4.9와 합성함수의 미분법에 의하여

$$\begin{aligned}\frac{dy}{dx} &= \frac{1}{(x^3 + 15)\log 10} \times \frac{d}{dx}(x^3 + 15) \\ &= \frac{3x^2}{(x^3 + 15)\log 10}.\end{aligned}$$

(4) $$\frac{dy}{dx} = (2^x \log 2) \times \log(3^{2x}+4) + 2^x \times \frac{1}{(3^{2x}+4)} \times \frac{d}{dx}(3^{2x}+4)$$
$$= (2^x \log 2) \log(3^{2x}+4) + \frac{2^{x+1} \cdot 3^{2x} \log 3}{(3^{2x}+4)}$$ ∎

예제 4-13 방사능 물질은 붕괴하며 그 붕괴율은 그 당시 물질의 양에 비례한다고 한다. 이것을 미분방정식으로 나타내면 $\frac{dy}{dt} = ky$ 임이 알려져 있다(단, k는 음의 상수, y는 물질의 양, t는 시간을 나타낸다). 이 미분방정식을 풀면 $y = y_0 e^{kt}$ (y_0는 $t = 0$일 때 y의 값)이라고 한다. 탄소의 세 가지 동위원소 중의 하나인 탄소 14는 방사능 물질이다. 주어진 양의 50%가 감소되는 기간을 그 물질의 반감기라 하는데, 탄소 14의 반감기는 5,570년이다. 원래 탄소 14의 양이 10g이었다면 2,000년 후에는 얼마나 남아 있겠는가?

풀이

먼저 비례상수 k를 구해보자. 반감기가 5,570년이므로 $y = y_0 e^{kt}$에서 $t = 0$에서 초기량 y_0를 1이라 했을 때 $t = 5570$을 대입하면 $y = \frac{1}{2}$이 되므로

$$\frac{1}{2} = 1 e^{k(5570)}$$

이 된다. 상수 k값을 구하기 위해 양변에 자연로그를 취하면

$$-\log 2 = 5570k$$

이고 로그표에 의하면 $\log 2 = 0.6931$이므로

$$k = -\frac{\log 2}{5570} = -\frac{0.6931}{5570} \fallingdotseq -0.000124$$

이다. 따라서 원래 탄소량 $y_0 = 10$이므로 준 식은 $y = 10e^{-0.000124t}$이고 $t = 2000$을 대입하면

$$y = 10e^{-0.000124(2000)} \fallingdotseq 7.80\text{g}.$$ ∎

정리 4.10 삼각함수의 미분

함수 $f(x) = \sin x$, $g(x) = \cos x$는 모든 점에서 미분가능하며 그 도함수는 다음과 같다.

(a) $\dfrac{d}{dx}\sin x = \cos x$

(b) $\dfrac{d}{dx}\cos x = -\sin x$

예제 4-14 $y = \tan x$ 의 도함수를 구하여라.

풀이

$$\begin{aligned}\frac{d}{dx}\tan x &= \frac{d}{dx}\left(\frac{\sin x}{\cos x}\right)\\ &= \frac{\cos x \cdot \left(\frac{d}{dx}\sin x\right) - \sin x \cdot \left(\frac{d}{dx}\cos x\right)}{\cos^2 x}\\ &= \frac{\cos^2 x + \sin^2 x}{\cos^2 x} = \frac{1}{\cos^2 x} = \sec^2 x\end{aligned}$$ ∎

나머지 삼각함수들에 대한 미분공식도 위의 [예제 4-14]와 같이 유도해낼 수 있다. 즉,

(a) $\dfrac{d}{dx}\cot x = -\csc^2 x$

(b) $\dfrac{d}{dx}\sec x = \sec x \tan x$

(c) $\dfrac{d}{dx}\csc x = -\csc x \cot x$

이다.

예제 4-15 $y = 4\sin 3x$ 의 그래프 위의 점 $\left(\dfrac{\pi}{3}, 0\right)$에서의 접선의 방정식을 구하여라.

풀이

주어진 함수의 도함수를 구하여 $(x, y) = \left(\dfrac{\pi}{3}, 0\right)$을 대입하여 접선의 기울기를 구한다. 즉,

합성함수의 미분법에 의하여

$$\frac{dy}{dx} = 4(\cos 3x) \cdot 3 = 12\cos 3x$$

이고 $x = \frac{\pi}{3}$에서 미분계수는 -12이다. 이것이 그 점에서의 접선의 기울기이므로 구하는 접선의 방정식은

$$y - 0 = -12\left(x - \frac{\pi}{3}\right) = -12x + 4\pi$$

이다. 정리하면 $y = -12x + 4\pi$. ∎

연습문제 EXERCISES

1. 다음 극한값을 구하여라.

(1) $\lim_{x \to 1} \frac{x^2+4x-5}{3x^2+x-4}$　　(2) $\lim_{x \to 0} \frac{\sin 4x}{\sin 3x}$

(3) $\lim_{\theta \to 0} \frac{\sin 3\theta}{\tan\theta}$　　(4) $\lim_{x \to \pm\infty} \frac{3x^2+5}{5x^3+8x+1}$

2. 다음 함수의 연속성을 조사하여라. 불연속인 경우에는 그 이유를 말하여라.

(1) $f(x) = x^2 - 4x + 5$　　(2) $g(x) = \frac{x^2}{x-2}$

3. 함수 $y = 3 - x^2$에서,

(1) 그래프를 그려라.

(2) 점 $(3,\ -6)$에서 접선을 그리고 접선의 기울기를 구하여라.

(3) 계산기를 사용하여 $(3,\ -6)$과 $(3.01,\ 3-(3.01)^2)$을 잇는 할선의 기울기를 구하여라.

(4) 극한을 사용하여 $(3,\ -6)$에서의 접선의 기울기를 구하여라.

4. x가 3에서 5로 증가할 때, 변의 길이가 x인 정사각형의 면적 S의 평균변화율을 구하여라. 또, 일반적으로 x에서 $x+\Delta x$로 증가할 때, 면적의 평균변화율을 구하여라.

5. 다음 각 곡선 위에 지정된 점에서의 접선의 기울기를 구하여라.

(1) $y = x^2 + 2x - 6$; $(2,\ 2)$　　(2) $y = x^3 - 4x$; $(1,\ -3)$

6. 다음 함수들에 대하여 $x = 0$에서의 미분가능성을 조사하여라.

(1) $y = x|x|$　　(2) $y = \begin{cases} x\sin\frac{1}{x}, & x \neq 0 \\ 0, & x = 0 \end{cases}$

7. 다음 함수들의 도함수를 구하여라.

(1) $y = 4x^7$

(2) $y = \sqrt{5}\,x + \dfrac{1}{\sqrt{3}}$

(3) $y = (x^5 + 2x)^3$

(4) $y = \dfrac{x^2 + 1}{3x}$

(5) $y = 5\log x^3$

(6) $y = e^{7x}$

(7) $y = \log_{10}(e^x)$

(8) $y = \dfrac{e^x}{\log x}$

제 5 장

도함수의 응용

이 장에서는 고계도함수와 미분, 근삿값과 오차, 변화율과 접선, 함수의 변화와 극값, 그래프의 추적 등을 다룬다.

1. 고계도함수와 미분

고계도함수

함수 $y = f(x)$의 x에 관한 도함수는 x값에 따라서 변화하는 것이기 때문에 이 또한 x의 함수이다. 원래 도함수라는 용어는 $y = f(x)$에서 또 하나의 유도된 함수라는 뜻이다. 그러므로 이 도함수가 다시 x에 대하여 미분가능하면 이 미분한 함수를 x에 관한 2계도함수(second derivative)라고 부른다. 마찬가지로 2계도함수의 도함수가 존재하면 이를 3계도함수라 한다. 즉, $y = f(x)$의 도함수는

$$f'(x) = \lim_{\Delta x \to 0} \frac{f(x + \Delta x) - f(x)}{\Delta x}$$

이고 $f'(x)$가 미분가능하면 $y = f(x)$의 2계도함수를

$$f''(x) = \lim_{\Delta x \to 0} \frac{f'(x + \Delta x) - f'(x)}{\Delta x}$$

로 나타낸다. 이와 같은 방법으로 $y = f(x)$의 3계도함수가 존재하면 이를

$$f'''(x) = \lim_{\Delta x \to 0} \frac{f''(x+\Delta x) - f''(x)}{\Delta x}$$

와 같이 나타낸다. 따라서 주어진 함수 $y = f(x)$가 n번 미분가능하면 $f^{(n)}(x)$를 $y = f(x)$의 n계도함수라 하고 다음과 같이 나타낸다. 2계 이상의 도함수를 $y = f(x)$의 **고계도함수**라고 한다.

$$f^{(n)}(x) = \lim_{\Delta x \to 0} \frac{f^{(n-1)}(x+\Delta x) - f^{(n-1)}(x)}{\Delta x}$$

예제 5-1 다음 함수들의 n계도함수를 구하여라.

(1) $y = 3x^4 + 2x^3 - 4x^2 + 15x + 7$ (2) $y = \dfrac{1}{x}$

(3) $y = \sqrt{x}$ (4) $y = \sin x$

풀이

(1) $y' = 12x^3 + 6x^2 - 8x + 15,\ y'' = 36x^2 + 12x - 8,\ y''' = 72x + 12,$

$y^{(4)} = 72,\ y^{(5)} = 0,\ \cdots,\ y^{(n)} = 0$

(2) $y' = -\dfrac{1}{x^2},\ y'' = \dfrac{2}{x^3},\ y''' = -\dfrac{2 \times 3}{x^4},\ \cdots,$

$y^{(n)} = (-1)^n \dfrac{2 \times 3 \times \cdots \times n}{x^{n+1}} = (-1)^n \dfrac{n!}{x^{n+1}}$

(3) $y' = \dfrac{1}{2}x^{-\frac{1}{2}},\ y'' = \dfrac{1}{2}\left(-\dfrac{1}{2}x^{-\frac{3}{2}}\right),\ y''' = \dfrac{1}{2}\left(\dfrac{1}{2} \times \dfrac{3}{2}x^{-\frac{5}{2}}\right),\ \cdots,$

$y^{(n)} = (-1)^{n+1} \dfrac{1 \times 3 \times \cdots \times (2n-3)}{2^n} x^{\frac{-2n+1}{2}} \quad (n \geq 2)$

(4) $y' = \cos x = \sin\left(x + \dfrac{\pi}{2}\right),\ y'' = -\sin x = \sin\left(x + \dfrac{2\pi}{2}\right),$

$y''' = -\cos x = \sin\left(x + \dfrac{3\pi}{2}\right),\ y^{(4)} = \sin x = \sin\left(x + \dfrac{4\pi}{2}\right),\ \cdots,$

$y^{(n)} = \sin\left(x + \dfrac{n\pi}{2}\right)$ ∎

미분

한 변수 x가 x_0에서 x_1까지 변한다면 $x_1 - x_0$를 x의 **증분**(increment)이라 하고 Δx로 나타낸다. 즉, $\Delta x = x_1 - x_0$로 나타낸다. 만약 $y = f(x)$에서 x가 x_0에서 x_1까지 변한다면 y의 값은 $y_0 = f(x_0)$에서 $y_1 = f(x_1)$까지 변하게 된다. 다시 말해서 x의 증분 $\Delta x = x_1 - x_0$는 y에 대응되는 증분

$$\Delta y = y_1 - y_0 = f(x_1) - f(x_0)$$

를 생성해낸다. 이제 x_0와 x_1 대신에 x와 $x + \Delta x$로 나타내기로 하자. 물론 y_0와 y_1도 y와 $y + \Delta y$로 나타내기로 한다.

[그림 5.1]에서 점 P와 Q를 잇는 직선의 기울기는 $\dfrac{\Delta y}{\Delta x}$이다. 여기서 $\Delta x \to 0$이면 점 Q는 곡선 $y = f(x)$를 따라 점 P에 접근해 가고 직선 PQ의 기울기는 결국 점 P에서의 접선의 기울기에 접근해 간다. 즉, 점 P에서의 접선의 기울기는

$$\frac{dy}{dx} = \lim_{\Delta x \to 0} \frac{\Delta y}{\Delta x} = \lim_{\Delta x \to 0} \frac{f(x + \Delta x) - f(x)}{\Delta x} \qquad (1)$$

이다. 종속변수 y 대신 f를 사용하여 $\Delta f = f(x + \Delta x) - f(x)$로 쓰고

$$f'(x) = \lim_{\Delta x \to 0} \frac{\Delta f}{\Delta x} \qquad (2)$$

로 나타내기도 한다. 지금까지는 함수 $y = f(x)$의 도함수를 라이프니츠의 표기법인 $\dfrac{dy}{dx}$로, 하나의 기호로서 사용하여 왔다. 이것에 대해 dy와 dx를 **미분**(differentials)이라고 말

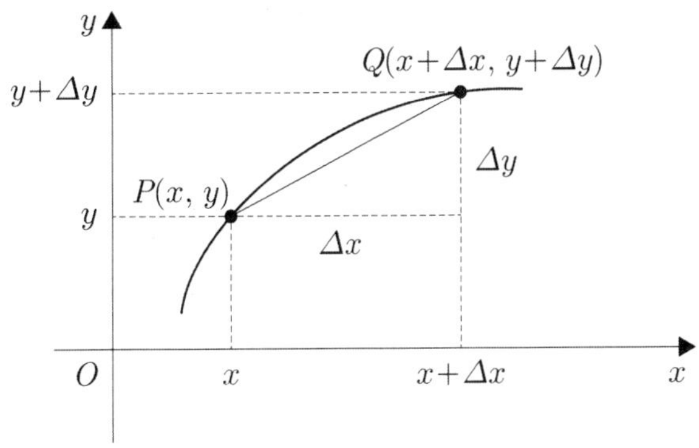

[그림 5.1]

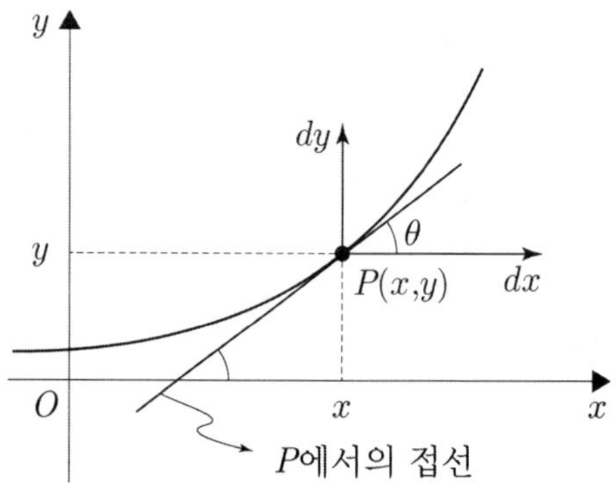

[그림 5.2]

한다. 이것들은 그 자체로서는 의미가 없다. $\frac{dy}{dx}$가 dy와 dx의 비로서 간주될 수 있도록 이 기호들에 대하여 살펴보자.

[그림 5.2]에서 곡선 $y=f(x)$ 위의 고정점을 $P(x,\ y)$라 하고 점 P를 원점으로 하고 이 점에서 x, y축과 평행한 직선을 각각 dx, dy축이 되는 새로운 직교좌표를 $(dx\text{-}dy)$ 좌표라고 하자. 그러면 $y=f(x)$ 위의 점 P에서의 접선의 방정식은 기울기를 m이라 할 때

$$dy=m\,dx \tag{3}$$

이다.

한편, xy 좌표축과 $(dx\text{-}dy)$ 좌표축은 평행하기 때문에 어느 좌표계에서도 접선은 같은 크기의 경사각 θ를 가지고 있으므로 기울기는 같다. 따라서 식 (3)은

$$dy=f'(x)\,dx \tag{4}$$

로 다시 나타낼 수 있다. 그러므로 $dx\neq 0$이면 식 (4)의 양변을 dx로 나누어

$$\frac{dy}{dx}=f'(x) \tag{5}$$

로 나타낼 수 있다. 기하학적으로 식 (4)에서 미분 dy는 점 $P(x,\ y)$에서 출발했을 때 발생하는 y에서의 변화를 나타내고 x에서 dx만큼 변화할 때까지 점 P에서의 접선을 따라 움직인다(그림 5.3 참조).

반면에 Δy는 점 $P(x,\ y)$에서 출발했을 때 발생하는 y의 변화를 나타내되 x에서 dx만큼 변화할 때까지 $y=f(x)$를 따라 움직인다(그림 5.4 참조).

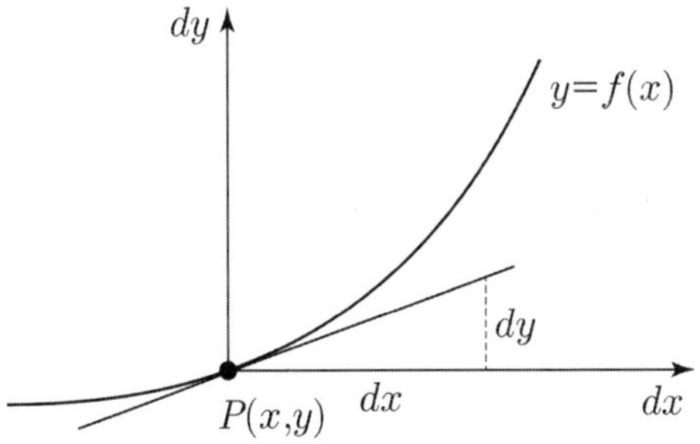

[그림 5.3]

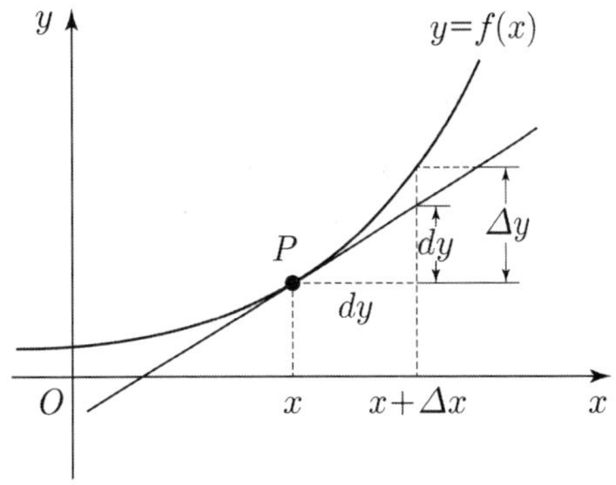

[그림 5.4]

[그림 5.4]는 $dx = \Delta x$인 경우 dy와 Δy의 값을 잘 비교하여 표현해 놓은 것이다.

앞의 개념들은 다음에 나오는 근삿값 계산에 유용하게 활용되니 잘 이해해 두어야 한다. 〈표 5.1〉에서 도함수의 법칙과 미분의 법칙을 잘 대비시켜 놓았다. 이것은 도함수의 법칙에 대응되는 미분의 법칙은 각 도함수의 법칙에 'dx'를 곱하여 얻을 수 있음을 알 수 있다.

〈표 5.1〉

도함수의 법칙	미분의 법칙
1. $\dfrac{dk}{dx} = 0$	1. $dk = 0$
2. $\dfrac{d}{dx}(kf) = k\dfrac{df}{dx}$	2. $d(kf) = kdf$
3. $\dfrac{d}{dx}(f+g) = \dfrac{df}{dx} + \dfrac{dg}{dx}$	3. $d(f+g) = df + dg$
4. $\dfrac{d}{dx}(f \times g) = f\dfrac{dg}{dx} + g\dfrac{df}{dx}$	4. $d(f \times g) = fdg + gdf$
5. $\dfrac{d}{dx}\left(\dfrac{f}{g}\right) = \dfrac{g\dfrac{df}{dx} - f\dfrac{dg}{dx}}{g^2}$	5. $d\left(\dfrac{f}{g}\right) = \dfrac{gdf - fdg}{g^2}$
6. $\dfrac{d}{dx}(f^n) = nf^{n-1}\dfrac{df}{dx}$	6. $d(f^n) = nf^{n-1}df$

▌예제 5-2 다음 함수들의 미분 dy를 구하여라.

(1) $y = x^n$　　(2) $y = x \sin x$

풀이

(1) $dy = d(x^n) = nx^{n-1}dx$

(2) $dy = d(x\sin x) = x\,d(\sin x) + (\sin x)d(x)$

$= x(\cos x)dx + (\sin x)1\,dx = x(\cos x)dx + (\sin x)dx$

$= (x\cos x + \sin x)dx$ ∎

2. 근삿값과 오차

근삿값

미분은 이 교재에서 여러 가지 역할을 한다. 그러나 여기서는 주로 근삿값을 계산하는 데 사용하려고 한다. [그림 5.4]의 함수에서 Δx는 x의 증분이고 여기에 대응하는 y의 증분을 Δy라 할 때 Δy를 dy로 근사시킬 수 있다. 즉, $\Delta y = f(x+\Delta x) - f(x)$이므로

$$f(x+\Delta x) = \Delta y + f(x) \fallingdotseq f(x) + dy$$

이다. 따라서

$$f(x+\Delta x) \fallingdotseq f(x) + dy = f(x) + f'(x)\Delta x \tag{6}$$

로 근사시킬 수 있다. 다음 예제들을 풀어보자.

예제 5-3 계산기를 사용하지 않고 다음 식의 근삿값을 구하여라.

(1) $\sqrt{4.6}$ (2) $\sqrt{8.3}$

풀이

(1) $y = f(x) = \sqrt{x}$라 놓자. 이때 $x = 4$, $\Delta x = 0.6$이라 놓으면

$$f(x+\Delta x) = f(4.6) = \sqrt{4.6}$$

이므로 위의 공식 (6)을 사용한다. 한편,

$$dy = \frac{1}{2\sqrt{x}}dx = \frac{1}{2\sqrt{x}}\Delta x$$

이므로

$$dy = \frac{1}{2\sqrt{4}}(0.6) = \frac{0.6}{4} = 0.15.$$

따라서

$$\sqrt{4.6} = f(4+0.6) \fallingdotseq f(4) + dy = \sqrt{4} + 0.15 = 2.15.$$

그러므로

$$\sqrt{4.6} \fallingdotseq 2.15.$$

(2) (1)과 같은 방법으로 $y = f(x) = \sqrt{x}$라 놓고 $x = 9$, $\Delta x = -0.7$이라 하면

$$dy = \frac{1}{2\sqrt{9}}(-0.7) = -\frac{0.7}{6} \fallingdotseq -0.117.$$

따라서

$$\sqrt{8.3} \fallingdotseq f(9) + dy = 3 - 0.117 = 2.883.$$ ∎

주의 예제 5-3의 (2)에서는 dx와 dy가 모두 음수임을 주의하라. 실제로 계산기에 의한 $\sqrt{4.6}$과 $\sqrt{8.3}$의 값은 각각 2.1448과 2.8636이다. Δx가 작으면 작을수록 $\Delta y - dy$는 거의 0으로 접근해 간다. 즉, $\Delta y \fallingdotseq dy$이다.

예제 5-4 $y = x^3$일 때 다음의 경우에 Δy와 dy를 구하여 $\Delta y - dy$를 계산하여라.

(1) $x = 1$, $\Delta x = 0.1$　　　　(2) $x = 1$, $\Delta x = 0.01$

풀이

$y = x^3$에서

$$\Delta y = (x + \Delta x)^3 - x^3 = 3x^2 \Delta x + 3x(\Delta x)^2 + (\Delta x)^3$$

$$dy = 3x^2 \Delta x$$

$$\Delta y - dy = 3x(\Delta x)^2 + (\Delta x)^3$$

이다. 따라서

(1) $x=1$, $\Delta x=0.1$일 때

$$\Delta y=3(0.1)+3(0.1)^2+(0.1)^3=0.331$$
$$dy=3(0.1)=0.3$$
$$\Delta y-dy=0.331-0.3=0.031$$

(2) $x=1$, $\Delta x=0.01$일 때

$$\Delta y=3(0.01)+3(0.01)^2+(0.01)^3=0.030301$$
$$dy=3(0.01)=0.03$$
$$\Delta y-dy=0.030301-0.03=0.000301$$ ∎

예제 5-5 비눗방울의 반지름이 3 cm에서 3.025 cm로 증가할 때 겉넓이 증가의 근삿값을 구하여라.

풀이

비눗방울의 겉넓이를 $S=f(r)=4\pi r^2$으로 놓았을 때 ΔS의 근삿값을 구하는 문제이다. $\Delta S \fallingdotseq dS$이므로 dS로서 ΔS의 근삿값을 구하면 된다. 따라서 S를 미분하면

$$dS=8\pi r\,dr.$$

주어진 문제에 의해 $r=3$, $dr=\Delta r=0.025$이므로

$$dS=8\pi(3)(0.025)\fallingdotseq 1.885\,(\mathrm{cm}^2)$$ ∎

참고 위 문제는 $\Delta S=f(r+\Delta r)-f(r)=f(3.025)-f(3)$을 구하는 문제이다.

오차

만약 $dx=\Delta x$이면 $\Delta x\to 0$에 따라 $\Delta y-dy\to 0$임은 [그림 5.4]로부터 분명하다. 이것은 $\Delta y \fallingdotseq dy$임을 보여준다. 이 근삿값은 오차전달(error propagation) 연구에서 많이 응용된다. 어떤 연구자가 물리적인 양을 측정할 때 기구사용과 다른 어떤 환경요소에서 발생할 수 있는 잘못 때문에 정확한 양 x값을 얻지 못하는 경우가 있다. 그러나 만약 Δx를 측정오차라 할 때 $x+\Delta x$의 값은 얻을 것이다. 이 값은 어떤 다른 양 y를 계산

하는 데 사용될 수도 있다. 이러한 방법으로 측정오차 Δx는 y값 계산에서 오차 Δy를 생성해 낸다. 다음 예제를 풀어보자.

예제 5-6 구의 반지름이 최대측정오차 $\pm 0.02\,\mathrm{cm}$를 허용하여 $50\,\mathrm{cm}$로 측정되었다고 하자. 그러면 구의 체적의 오차를 계산하여라.

풀이

구의 반지름을 r, 체적을 V라 하면

$$V = \frac{4}{3}\pi r^3$$

이다. r에서의 오차 Δr은 체적 V의 오차 ΔV를 생성하게 한다. 즉,

$$\Delta V = \frac{4}{3}\pi(r + \Delta r)^3 - \frac{4}{3}\pi r^3.$$

만약, $dr = \Delta r$이라 놓고 Δr이 아주 작으면

$$\Delta V \fallingdotseq dV = 4\pi r^2 dr = 4\pi r^2 \Delta r$$

이므로 $r = 50$, $\Delta r = \pm 0.02$를 대입하면

$$\Delta V \fallingdotseq 4\pi(2500)(\pm 0.02) \fallingdotseq \pm 628.32.$$

그러므로 체적의 최대오차는 약 $\pm 628.32\,(\mathrm{cm}^3)$이다. ▮

[예제 5-6]에서 r은 구의 정확한 반지름 값이다. 그러나 r의 정확한 값은 알지 못하기 때문에 ΔV를 얻기 위해 측정된 값 $r = 50$을 대입하였다. 이것은 오차 Δr이 아주 작기 때문에 가능하다. 일반적으로 질량의 정확한 값이 q이고 측정값에 대한 오차가 Δq일 때 $\frac{\Delta q}{q}$를 측정값에 대한 **상대오차**(relative error)라고 한다. 이것이 백분율로 표현될 때 **백분오차**(percentage error)라고 한다. 실질적인 문제에 있어서 정확한 값 q는 보통 알려지지 않는다. 그래서 q 대신 측정된 값이 사용된다. 그리고 상대오차는 $\frac{dq}{q}$에 의해 근사된다. [예제 5-6]의 구의 측정된 반지름은 최대오차 $\pm 0.02\,\mathrm{cm}$를 갖는 $50\,\mathrm{cm}$였다. 따라서 반지름에 대한 상대오차는 거의 $\pm \frac{0.02}{50} = \pm 0.0004$이고 백분오차는 대략 $\pm 0.04\%$이다.

3. 변화율과 접선

변화율

$y = f(x)$의 접선의 기울기로서 그의 도함수 $\frac{dy}{dx}$를 설명하겠다. 도함수는 역시 변화율로서 설명된다.

[그림 5.5]에서 $y = f(x)$ 위의 점 P에서 Q까지 곡선을 따라 가면 y값이 처음에는 천천히 증가하다가 조금씩 빨라지고 그러고 나서 다시 천천히 증가한다. 어쨌든 점 P에서 Q까지 움직이는 동안 x가 $\Delta x = 8$만큼 변할 때 y값의 변화량은 $\Delta y = 6$만큼 변했다. 따라서 $\frac{\Delta y}{\Delta x} = \frac{3}{4}$이다. 이것은 x가 단위량만큼 변할 때 y의 값이 각 단위량의 $\frac{3}{4}$씩 평균적으로 증가한다는 의미이다.

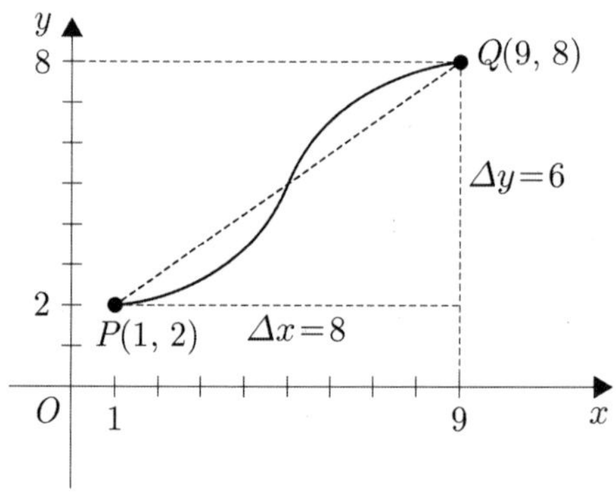

[그림 5.5]

예제 5-7 원뿔 모양의 물통에 $8\,\text{m}^3/\text{min}$의 일정한 비율로 물을 채우고 있다. 물통의 깊이가 $12\,\text{m}$이고 윗부분의 반지름이 $6\,\text{m}$이면 물의 깊이가 $4\,\text{m}$일 때, 물 표면은 어떤 속도로 오르겠는가?

풀이

[1단계] t분 후의 물의 깊이를 h, 물 표면의 반지름을 r, 물의 부피를 V라 하자.

[2단계] 이 문제는 시간 t에 대한 깊이의 변화율을 구하는 문제이므로 $\frac{dh}{dt}$를 구해야 한다. 한편, $V = \frac{1}{3}\pi r^2 h$이므로 V를 h만의 식으로 표현해야 한다. 따라서 [그림 5.6]에서 $6 : 12 = r : h$이므로 $r = \frac{h}{2}$이다. 그러므로

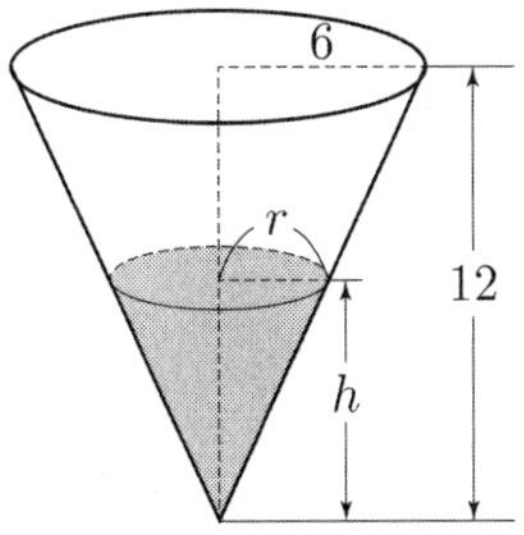

[그림 5.6]

$$V = \frac{1}{3}\pi\left(\frac{h}{2}\right)^2 h = \frac{1}{12}\pi h^3 \qquad (1)$$

[3단계] 식 (1)의 양변을 t에 관하여 매개변수함수를 미분하면

$$\frac{dV}{dt} = \frac{3\pi h^2}{12} \times \frac{dh}{dt}$$

이다. 따라서

$$\frac{dh}{dt} = \frac{4}{\pi h^2} \times \frac{dV}{dt} \qquad (2)$$

[4단계] $h = 4$이고 $\frac{dV}{dt} = 8$일 때 $\frac{dh}{dt}$를 구하는 문제이므로 이 값을 식 (2)에 대입하면

$$\frac{dh}{dt} = \frac{4}{16\pi} \times 8 = \frac{2}{\pi} \fallingdotseq 0.637\,(\mathrm{m/min})$$ ▮

▍예제 5-8 반지름이 1.5cm인 단면이 원인 동맥의 벽에 지방침전물이 원형으로 규칙적으로 생긴다고 하자. 지방침전물이 0.5cm만큼 두꺼워졌을 때 지방침전물의 두께에 대한 동맥 단면의 영역은 어떤 비율로 열려져 있겠는가?

풀이

[1단계] 열려 있는 동맥의 단면적(cm^2)을 A라 하고 지방침전물의 두께를 h(cm)라 놓자.

[2단계] 지방침전물의 두께에 대한 열려 있는 동맥의 단면적이 변할 때의 비율은 $\frac{dA}{dh}$이다.

[그림 5.7]에서 열려 있는 동맥의 반지름은 $(1.5-h)$이므로 동맥의 단면적은

$$A = \pi(1.5-h)^2 \qquad (1)$$

이다.

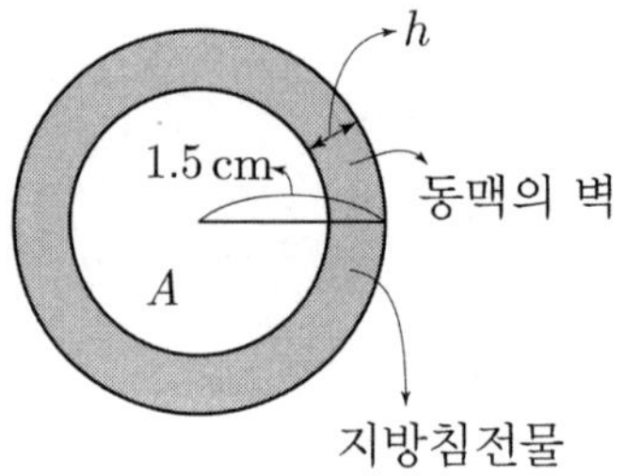

[그림 5.7]

[3단계] 식 (1)의 양변을 h에 관하여 미분하면

$$\frac{dA}{dh} = -2\pi(1.5-h) \tag{2}$$

이다.

[4단계] 따라서 이 문제는 $h = 0.5\,(\text{cm})$일 때 지방침전물에 대한 열린 동맥 단면의 변화율을 구하는 문제이므로 식 (2)에 $h = 0.5\,(\text{cm})$를 대입하면

$$\left.\frac{dA}{dh}\right]_{h=0.5} = -2\pi(1.5-0.5) = -2\pi \fallingdotseq -6.28\,(\text{cm}^2/\text{cm})$$ ▮

▪ 곡선의 접선과 법선

곡선 C 위의 한 점 P를 지나는 접선을 다음과 같이 생각해 본다. 점 P 가까이에 곡선 위의 다른 점 Q를 택하여 직선 PQ를 긋는다. 다음에 점 Q를 곡선을 따라 점 P에 가까이 보낸다. 이렇게 했을 때 직선 PQ의 극한의 위치가 있으면, 그 위치의 직선을 점 P를 지나는 곡선 C의 **접선**이라고 말한다.

점 P와 Q의 좌표를 각각 (x_1, y_1), $(x_1+\Delta x, y_1+\Delta y)$라 하자. Q의 좌표에 Δx, Δy를 쓴 것은 점 P와의 좌표의 차가 작다는 것을 암시하는 것이다. 그러면 곡선 C를 $y = f(x)$라 할 때, [그림 5.8]에서 $PR = \Delta x$, $RQ = \Delta y$가 되어 직선 PQ의 기울기는 $\frac{RQ}{PR} = \frac{\Delta y}{\Delta x}$가 된다. 이제 $y = f(x)$가 미분가능하다면 $\Delta x \to 0$일 때 $\Delta y \to 0$이므로 점 Q는 점 P에 곡선을 따라서 가까이 갈 것이고, 직선 PQ는 마침내 $\lim_{\Delta x \to 0}\frac{\Delta y}{\Delta x} = f'(x_1)$을 기울기로 하는 직선에 가까이 갈 것이다. 다시 말하면 점 $P(x_1, y_1)$을 지나고 기울기가 $f'(x_1)$인 직선이 그 점을 지나는 곡선의 접선이 된다. 한편, 점 (x_1, y_1)을 지나고 기울기가 m인 직선의 방정식은 $y - y_1 = m(x - x_1)$이라 했으므로 (x_1, y_1)을 지

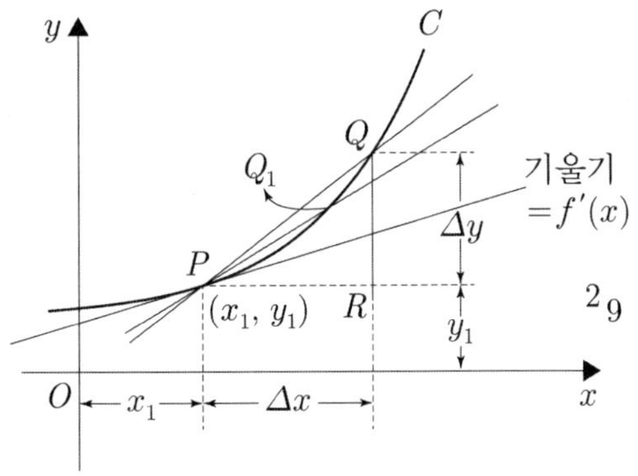

[그림 5.8]

나는 접선의 방정식은

$$y - y_1 = f'(x_1)(x - x_1) \quad (1)$$

이 된다. 또, **법선**이라 함은 점 P를 지나는 접선에 수직인 직선을 말한다. 즉, 법선의 기울기와 접선의 기울기의 곱은 -1이 된다. 따라서 [그림 5.8]에서 점 $P(x_1, y_1)$를 지나는 법선의 방정식은

$$y - y_1 = -\frac{1}{f'(x_1)}(x - x_1) \quad (2)$$

이다.

❙ 예제 5-9 곡선 $y = 4x - x^3$ 위의 점 $(2, 0)$에서의 접선과 법선의 방정식을 구하여라.

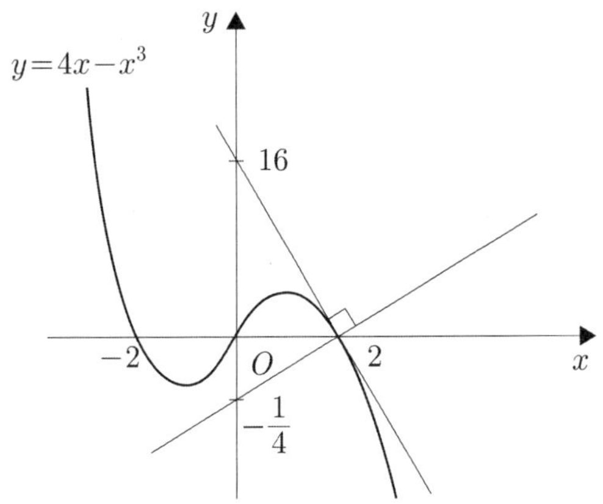

[그림 5.9]

풀이

점 $(2,\ 0)$에서의 접선의 기울기는 $f'(2) = 4 - 3(2)^2 = -8$이므로 접선의 방정식은

$$y - 0 = -8(x-2)$$

이다. 따라서 정리하면 $8x + y - 16 = 0$이고 같은 방법으로 법선의 방정식을 구할 수 있다. ▮

4. 함수의 극값과 그 응용

함수의 단조성

함수 $y = f(x)$가 구간 I에서 정의되었다고 하고 I 내의 임의의 두 점 x_1, x_2에 대하여

i) $x_1 < x_2$일 때 $f(x_1) < f(x_2)$이면 $f(x)$는 구간 I에서 **단조증가한다**고 하고 이러한 함수를 **단조증가함수**라고 한다.

ii) $x_1 < x_2$일 때 $f(x_1) > f(x_2)$이면 $f(x)$는 구간 I에서 **단조감소한다**고 하고 이러한 함수를 **단조감소함수**라고 한다.

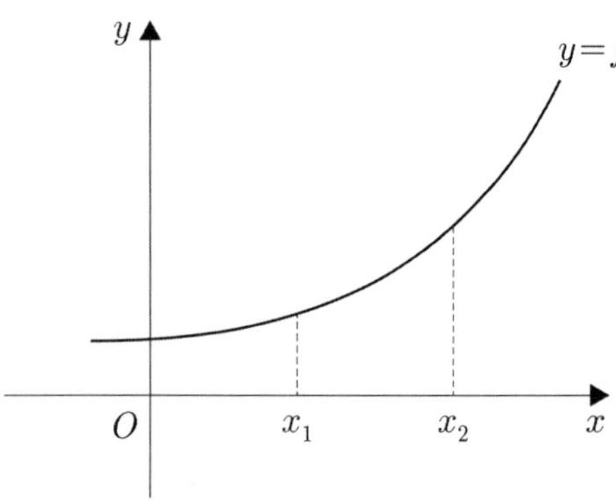

[그림 5.10]

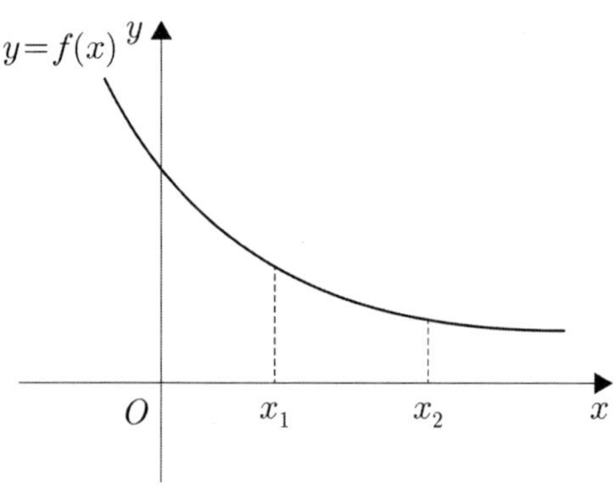

[그림 5.11]

또, 충분히 작은 모든 양수 h에 대하여

$$f(a-h) < f(a) < f(a+h)$$

가 성립하면 함수 $f(x)$는 $x=a$에서 **증가상태에 있다**고 하며

$$f(a-h) > f(a) > f(a+h)$$

가 성립하면 함수 $f(x)$는 $x=a$에서 **감소상태에 있다**고 한다.

예제 5-10 다음 함수가 단조증가함수인지 단조감소함수인지를 보여라.

(1) $y=3x+1$ (2) $y=3^{-x}$

풀이

(1) 임의의 실수 x_1, x_2에 대하여 $x_1 < x_2$이면

$$\begin{aligned} f(x_1) - f(x_2) &= (3x_1+1) - (3x_2+1) \\ &= 3(x_1 - x_2) < 0 \end{aligned}$$

이므로 $3x_1 + 1 < 3x_2 + 1$이다. 따라서 $f(x_1) < f(x_2)$이므로 정의에 의하여 단조증가함수이다.

(2) 임의의 실수 x_1, x_2에 대하여 $x_1 < x_2$이면

$$\frac{f(x_1)}{f(x_2)} = \frac{3^{-x_1}}{3^{-x_2}} = 3^{-(x_1 - x_2)} > 1$$

이므로 $f(x_1) > f(x_2)$이다. 따라서 정의에 의하여 단조감소함수이다. ■

함수의 단조성 판정

다음 두 정리는 미분을 이용하여 함수의 단조성을 판정하는 중요한 정리이다.

정리 5.1

함수 $f(x)$가 구간 (a, b)에서 미분가능할 때, 그 구간 안의 모든 점 x에 대하여

(1) $f'(x) > 0$이면 $f(x)$는 (a, b)에서 단조증가

(2) $f'(x) < 0$이면 $f(x)$는 (a, b)에서 단조감소

한다.

예제 5-11 다음 함수의 증감상태를 조사하여라.

(1) $f(x) = x^3 - 3x^2 - 9x$ (2) $f(x) = \sin^2 x \ (0 \leq x \leq \pi)$

풀이

(1) 함수의 단조성 판정법에 의해 증감상태를 조사해보자. 먼저,

$$f'(x) = 3x^2 - 6x - 9 = 3(x-3)(x+1)$$

이므로 $f'(x) = 3(x-3)(x+1) > 0$인 구간에서는 함수 $f(x)$는 단조증가하므로 증가상태에 있고 $f'(x) = 3(x-3)(x+1) < 0$인 구간에서는 감소상태에 있다. 그러므로 $3(x-3)(x+1) > 0$을 계산하면 $x < -1$, $x > 3$에서 함수 $f(x)$는 증가상태에 있고 $3(x-3)(x+1) < 0$을 계산하면 $-1 < x < 3$에서 감소상태에 있다.

(2) (1)과 같은 방법으로 하면

$$f'(x) = 2\sin x \cos x = \sin 2x$$

이다. $\sin 2x > 0$이면 단조증가하므로 $0 < 2x < \pi$, 즉 $0 < x < \frac{\pi}{2}$에서 증가상태에 있고 $\sin 2x < 0$이면 단조감소하므로 $\pi < 2x < 2\pi$, 즉 $\frac{\pi}{2} < x < \pi$에서 감소상태에 있다. ∎

정리 5.2

함수 $f(x)$가 구간 (a, b)에서 미분가능할 때, 그 구간 안의 모든 점 x에 대하여

(1) $f(x)$가 단조증가하면, (a, b)에서 $f'(x) \geq 0$

(2) $f(x)$가 단조감소하면, (a, b)에서 $f'(x) \leq 0$

이다.

정리 5.3 **함수의 단조성 판정**

함수 $f(x)$가 구간 (a, b)에서 미분가능할 때, 그 구간 안의 모든 점 x에 대하여

(1) $f(x)$가 단조증가할 필요충분조건은 구간 (a, b)에서 $f'(x) \geq 0$이다. (단, 등호는 셀 수 있는 점에서만 성립한다.)

(2) $f(x)$가 단조감소할 필요충분조건은 구간 (a, b)에서 $f'(x) \leq 0$이다. (단, 등호는 셀 수 있는 점에서만 성립한다.)

곡선의 요철

지금까지 함수 $f(x)$의 증가, 감소에 대하여 살펴보았다. 그러나 $f'(x)$는 함수 $f(x)$의 그래프상에서 진동상태가 잘 나타나지 않을 수도 있다. 만약에 함수의 진동이 위아래로 충분히 크면 그의 도함수는 부호가 변한다(그림 5.12 참조). 반면에 함수의 진동이 미약하다면 그의 도함수의 부호가 변하지 않을 수도 있다. 예를 들어, [그림 5.13]에서 곡선에 대한 접선은 모두가 양의 기울기를 가지고 있다. 따라서 함수 $f(x)$의 도함수는 비록 $f(x)$가 진동하더라도 부호가 변하지 않는 경우이다.

이외에, 함수의 그래프에서 확신성을 가지고 진동여부를 결정할 수 있는 방법은 직관적인 관찰에 있다. 아무리 함수의 진동이 미약할지라도 두 부분으로 구성되어 있다. 한 부분은 위로 오목한, 즉 '물을 담는 부분'과 아래로 오목한, 즉 '물을 엎지르는 부분'이다(그림 5.14).

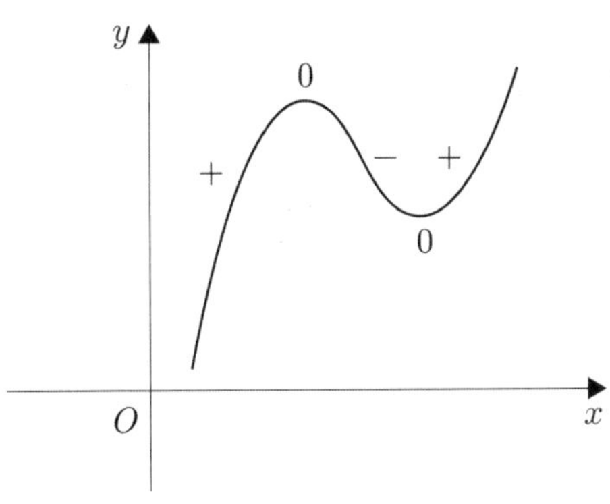

[그림 5.12]

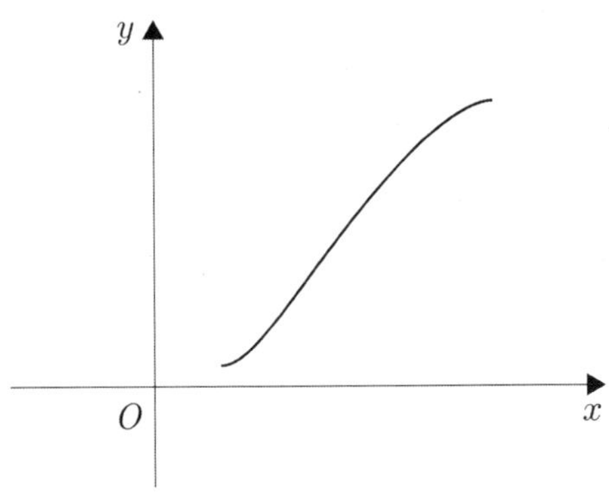

[그림 5.13]

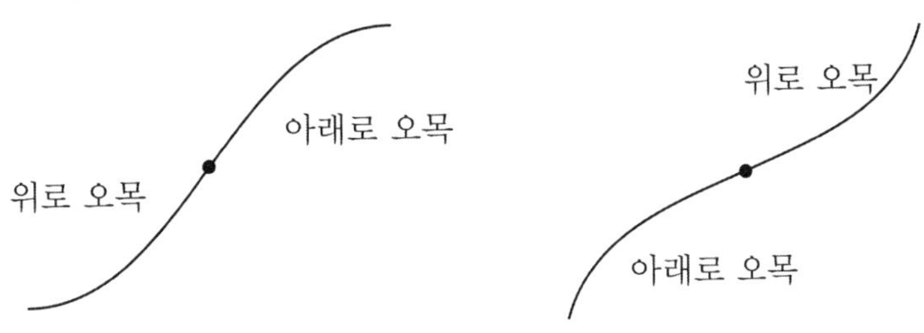

[그림 5.14]

함수 $f(x)$의 도함수 $f'(x)$가 어떤 구간에서 증가한다면 $f(x)$는 주어진 구간에서 위로 오목(아래로 볼록)하다고 하고 $f'(x)$가 어떤 구간에서 감소한다면 $f(x)$는 주어진 구간에서 아래로 오목(위로 볼록)하다고 한다. $f''(x)$를 $f'(x)$의 도함수라 하자. 그러면 모든 $x \in (a, b)$에 대하여 $f''(x) > 0$라면 정리 5.1로부터 $f'(x)$는 (a, b)에서 증가할 것이고 $f''(x) < 0$라면 $f'(x)$는 (a, b)에서 감소할 것이다. 따라서 다음 정리의 결과를 얻는다.

정리 5.4

(1) 만약 모든 $x \in (a, b)$에 대하여 $f''(x) > 0$라면 $f(x)$는 (a, b)에서 위로 오목하다.

(2) 만약 모든 $x \in (a, b)$에 대하여 $f''(x) < 0$라면 $f(x)$는 (a, b)에서 아래로 오목하다.

예제 5-12 함수 $f(x) = \frac{1}{3}x^3 - 3x^2 + 8x$의 오목, 볼록성을 조사하여라.

풀이

$f(x)$의 도함수를 구하면 $f'(x) = x^2 - 6x + 8$이고 $f'(x)$의 도함수는 $f''(x) = 2x - 6$이다. 따라서 $f''(x) = 2x - 6 > 0$을 만족하는 x값에서는 위로 오목하고 $f''(x) = 2x - 6 < 0$을 만족하는 x값에서는 아래로 오목하다. 그러므로 $f(x)$는 $x > 3$에서는 위로 오목하고 $x < 3$에서는 아래로 오목하다.

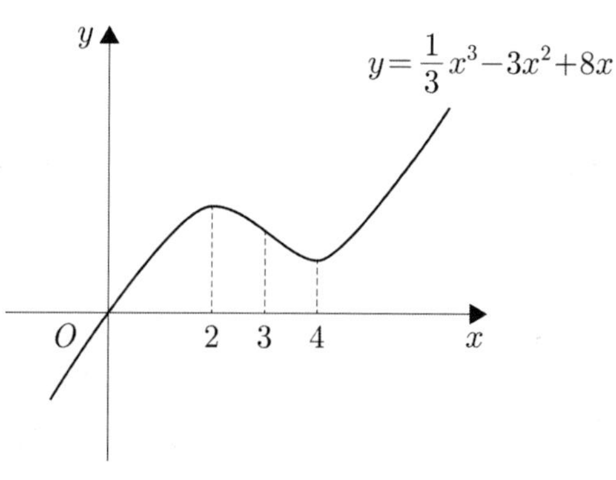

[그림 5.15]

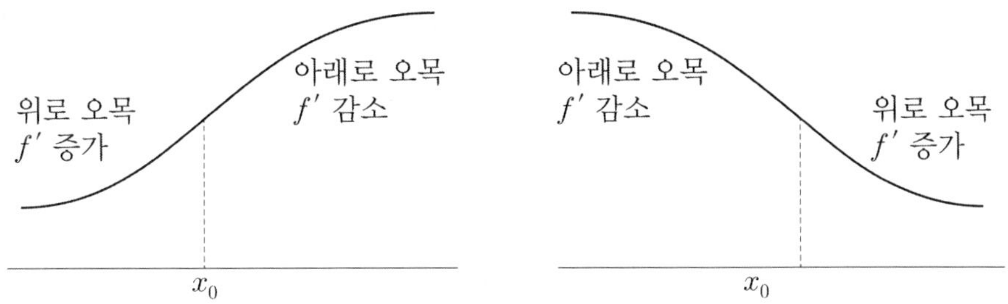

[그림 5.16]

[예제 5-12]에서 $x=3$에서는 그래프가 그의 오목성(요철)의 방향이 변하는 점이기 때문에 특별히 흥미가 있다. 일반적으로 함수 $f(x)$가 점 x_0에서 그의 오목성의 방향이 변한다면 $f(x)$는 x_0에서 변곡점을 갖는다고 말한다. 특히, 함수 $f(x)$가 x_0를 포함하는 어떤 개구간에서 그의 도함수 $f'(x)$가 $x<x_0$일 때 감소(증가)하고 $x>x_0$에서는 증가(감소)한다면 $f(x)$는 x_0에서 **변곡점**을 갖는다(그림 5.16 참조).

곡선의 요철 판정법

지금까지 논의한 내용을 요약하면 다음과 같은 정리를 얻는다.

정리 5.5 **곡선의 요철 판정법**

함수 $f(x)$가 $x=x_0$ 근방에서 C^2-급일 때, 곡선 $y=f(x)$는 점 x_0에서

(1) $f''(x_0)>0$이면 위로 오목(아래로 볼록)

(2) $f''(x_0)<0$이면 아래로 오목(위로 볼록)

(3) $f''(x_0)=0$이고 x가 x_0를 지날 때, $f''(x)$의 부호가 변하면 $(x_0, f(x_0))$는 변곡점이다.

예제 5-13 함수 $f(x)=x^3-6x^2+12$의 변곡점을 조사하여라.

풀이

$f(x)$의 도함수를 구하면 $f'(x)=3x^2-12x$이고 $f''(x)=6x-12$이므로 위 정리에 의하여 $f''(2)=0$이다. $f'''(2)\neq 0$이므로 n은 홀수이므로 $(2, f(2))$는 위 곡선의 변곡점

이다. 즉, $(2, -4)$가 변곡점이 된다. $6x - 12 > 0$인 x값, 즉 $x > 2$에서는 위로 오목하고 $6x - 12 < 0$인 x값, 즉 $x < 2$에서 아래로 오목하다.

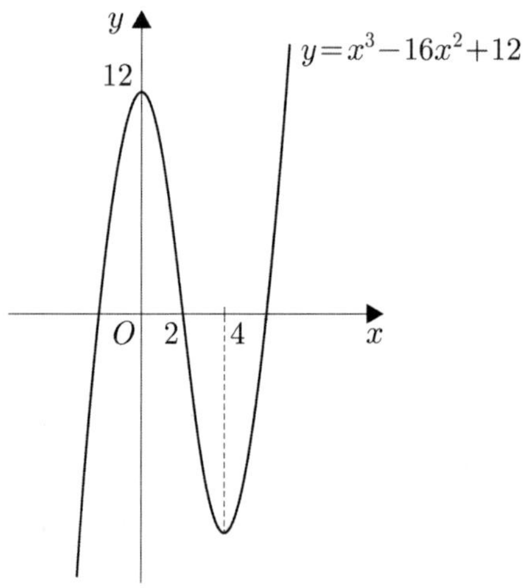

[그림 5.17]

극대·극소

함수 $y = f(x)$가 $x = a$ 근방에서 연속이라 하자. 지금 충분히 작은 임의의 양수 h에 대하여 항상

$$f(a) > f(a \pm h)$$

가 성립할 때, $f(x)$는 $x = a$에서 **극대(maximal)**가 된다고 하고, $f(a)$를 **극댓값(maximal value)**이라고 한다. 이와는 반대로

$$f(a) < f(a \pm h)$$

이면 $f(x)$는 $x = a$에서 **극소(minimal)**가 된다고 하고 $f(a)$를 **극솟값(minimal value)**이라 한다. 극댓값과 극솟값을 통틀어 **극값(extreme value)**이라 한다.

예제 5-14 $f(x) = x^2 + 3$의 극값을 구하여라.

풀이

$f(x) = x^2 + 3$은 모든 점에서 연속이다. 따라서 임의의 양수 h에 대하여 구간 $[-h, h]$ 안에 있는 모든 x에 대하여 함숫값을 비교해보면 $x = 0$에서의 함숫값 $f(0) = 3$이 가장 작

음을 알 수 있다. 따라서 $f(x)$는 $x=0$에서 극솟값 3을 갖게 된다. 극댓값은 존재하지 않는다.

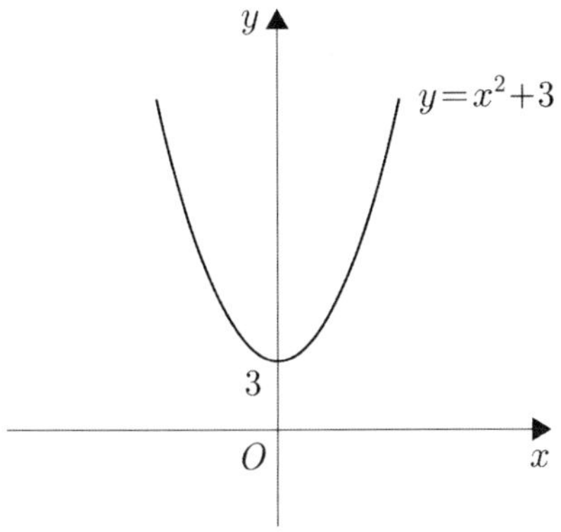

[그림 5.18]

최대 · 최소

함수 $y=f(x)$가 구간 $[a, b]$의 모든 x에 대하여 $f(x) \leqq f(\alpha)$ $(a \leqq \alpha \leqq b)$일 때, 이 함수 $f(x)$는 $x=\alpha$에서 최대(국소극대)가 된다고 하고 $f(\alpha)$를 이 구간에 있어서 $f(x)$의 **최댓값(국소극댓값)**(geatest value)이라고 한다. 또 구간 $[a, b]$의 모든 x에 대하여 $f(x) \geqq f(\beta)$$(a \leqq \beta \leqq b)$일 때, 이 함수 $f(x)$는 $x=\beta$에서 최소(국소극소)가 된다고 하고 $f(\beta)$를 이 구간에 있어서 $f(x)$의 **최솟값(국소극솟값)**(least value)이라고 한다. 즉, 넓은 영역에서 가장 큰(작은) 값은 최댓(최솟)값이라 하고 좁은 영역에서 가장 큰(작은) 값은 국소극댓(국소극솟)값이라 한다. 앞으로 국소극댓(국소극솟)값을 그냥 극댓(극솟)값이라고 하겠다. 극대, 극소는 최대, 최소와 다르며 극댓값이 극솟값보다 크다고만 말할 수 없다. 극대, 극솟값은 다만 그 근방의 점의 함숫값과 비교하여 가장 크다, 작다는 뜻이지 먼 곳에 있는 점의 함숫값과 비교해서는 크고 작음을 말할 수 없다. 다음 [그림 5.19]를 참조하기 바란다.

$f'(c)=0$이 되는 점 c를 **정점**(stationary point)이라고 한다. 또한, 구간 $[a, b]$ 내의 임의의 점 c에 대하여 $f'(c)$가 존재하지 않는 점 c를 **특이점**(singular point)이라 하고 a, b를 **끝점**(end point)이라 한다. 정점, 특이점, 끝점을 통틀어 우리는 **임계점**(critical point)이라고 한다. 결국, 최대, 최솟값은 임계점에서의 함숫값을 비교하면 된다.

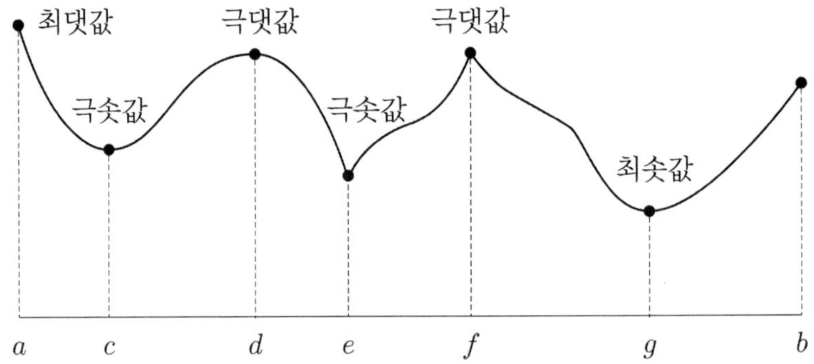

[그림 5.19]

예제 5-15 다음 함수들의 주어진 구간 내에서 최대, 최솟값을 구하여라.

(1) $f(x) = x^3$; $[0, 1]$ (2) $f(x) = \frac{1}{x}$; $[0, 1]$

풀이

(1) 위 정의에 의하여 최댓값은 $f(1) = 1$이고 최솟값은 $f(0) = 0$이다.

(2) 이 함수는 감소함수이므로 $x = 0$에서 최대가 되어야 하고 $x = 1$에서 최소가 된다. 그러나 $x = 0$에서 함수가 정의되지 않으므로 최댓값은 존재하지 않고 최솟값은 1이다. ▮

극값판정법

[그림 5.19]에서 점 c는 극소점이고 점 d는 극대점이다. 또 이들 점에서의 곡선에 대한 접선의 기울기는 0이다. 즉, $f'(c) = 0$, $f'(d) = 0$이다. 그러나 점 e는 극소점이지만 $f'(e)$는 존재하지 않는다. 이 사실로부터 다음 정리가 성립함을 알 수 있다.

정리 5.6

함수 $f(x)$가 $x = c$ 근방에서 미분가능하고 그 점에서 극값을 가지면 $f'(c) = 0$이다.

위의 정리에 의하여 미분가능한 함수 $f(x)$가 있을 때, 이 함수의 임계값 $x = c$의 좌우에서 도함수 $f'(x)$의 부호가 어떻게 변하는지를 조사함으로써 이 함수의 극값을 판정할 수 있다. 실제로 다음 정리는 1계도함수에 의해 극값을 판정하는 법을 말해주고 있다.

정리 5.7 1계도함수에 의한 극값판정법 I

함수 $f(x)$가 $x=c$ 근방에서 연속이고 $x=c$를 제외한 다른 점에서 미분가능하다고 하자.

(1) 만일 x의 값이 증가하면서 c를 지날 때, $f'(x)$의 부호가 $+$에서 $-$로 변하면 $f(c)$는 극댓값이다.

(2) 만일 x의 값이 증가하면서 c를 지날 때, $f'(x)$의 부호가 $-$에서 $+$로 변하면 $f(c)$는 극솟값이다.

(3) x의 값이 증가하면서 c를 지날 때, $f'(x)$의 부호가 변하지 않는다면 $f(c)$는 극값이 아니다.

예제 5-16 함수 $f(x)=x^3-12x^2+36x+10$의 극값을 구하고 그래프를 그려라.

풀이

함수 $f(x)=x^3-12x^2+36x+10$에서 x에 관하여 미분하면,

$$f'(x)=3x^2-24x+36=3(x-2)(x-6)$$

이다. 이제 $f'(x)=0$으로 놓고 임계점을 구하면 $x=2$ 또는 $x=6$이다. 이 임계점을 기준으로 함수의 증감표를 만들어 보면

x	$\cdots$	2	$\cdots$	6	$\cdots$
$x-2$	$-$	0	$+$	4	$+$
$x-6$	$-$	-4	$-$	0	$+$
$f'(x)$	$+$	0	$-$	0	$+$
$f(x)$	증가	42	감소	10	증가

이다. 따라서 $f(2)=42$은 극댓값이고, $f(6)=10$이 극솟값이 된다. 이 증감표를 토대로 그래프를 그리면 [그림 5.20]과 같다.

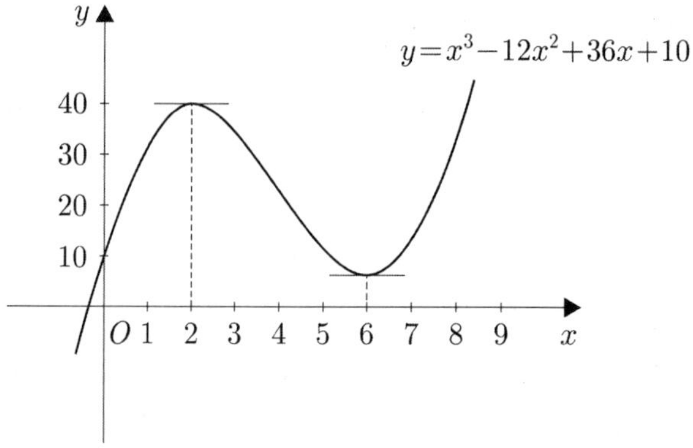

[그림 5.20]

위 정리에 의하면 함수의 증감상태는 그의 도함수 $f'(x)$의 부호에 따라 정해짐을 알 수 있다. 또, $f'(x)$의 증감상태는 $f'(x)$를 다시 한 번 미분한 $f''(x)$의 값의 부호에 의해 정해진다. 즉, x값이 증가함에 따라 $f'(x)$의 값이 감소하는 경우에는 $f''(x) < 0$이고 증가하는 경우에는 $f''(x) > 0$이다. 따라서 도함수만을 이용하여 극값을 판정하는 방법 이외에 다음 정리와 같이 2계도함수에 의해 함수의 극값을 판정할 수 있다.

정리 5.8 **2계도함수에 의한 극값판정법 II**

함수 $f(x)$가 $x = c$ 근방에서 C^2-급이고 $f'(c) = 0$라 하자. 이때,

(1) 만약 $f''(c) < 0$이면 $f(c)$는 극댓값이고

(2) 만약 $f''(c) > 0$이면 $f(c)$는 극솟값이다.

예제 5-17 $f(x) = \dfrac{x}{1+x^2}$의 극값을 구하여라.

풀이

주어진 함수의 도함수를 구하면 $f'(x) = \dfrac{1-x^2}{(1+x^2)^2}$이므로 $f'(x) = 0$인 x값을 구하면 $x = \pm 1$을 얻는다. 한편, $f''(x) = \dfrac{2x(x^2-3)}{(1+x^2)^3}$이므로 $x = \pm 1$을 $f''(x)$에 대입하면

$$f''(1) = -\frac{1}{2} < 0, \; f''(-1) = \frac{1}{2} > 0$$

이다. 따라서 극댓값은 $f(1) = \frac{1}{2}$이고 극솟값은 $f(-1) = -\frac{1}{2}$이다.

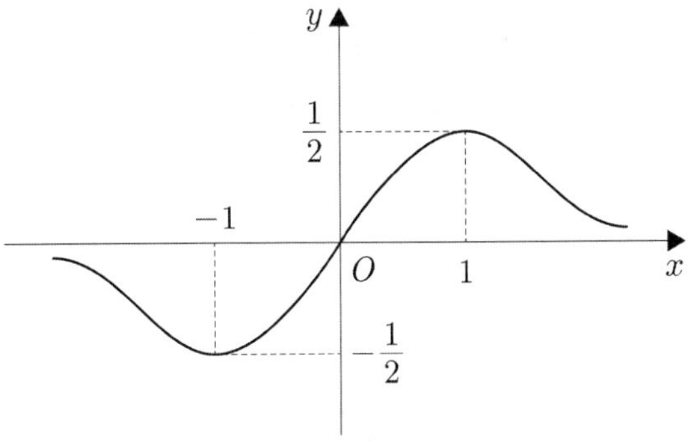

[그림 5.21]

극값의 응용

이제 앞에서 논의했던 극값판정법들에 의해 각 분야에서 응용되는 최적화 문제들을 다루어 보자.

예제 5-18 가로 30 cm, 세로 16 cm인 직사각형 모양의 도화지를 가지고 네 귀퉁이를 똑같은 크기의 정사각형으로 잘라내어 [그림 5.22]와 같이 접어 올려서 직육면체 모양의 상자를 만들려고 한다. 이 상자의 부피를 가장 크게 하려면 잘라내는 정사각형의 한 변의 길이를 얼마로 해야 하는가?

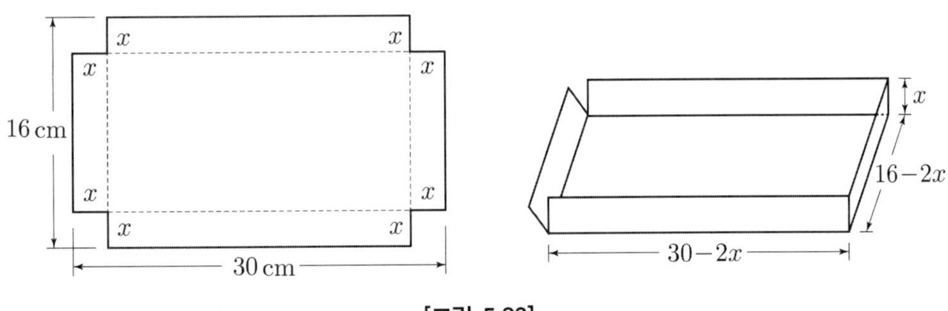

[그림 5.22]

풀이

잘라내는 정사각형의 한 변의 길이를 x라 하고 구하려는 상자의 부피를 V라 하자. 그러면 상자의 부피

$$V = (16 - 2x)(30 - 2x)x = 480x - 92x^2 + 4x^3 \quad (1)$$

의 식으로 나타낼 수 있다. 여기서 $0 \leqq x \leqq 8$이어야 한다. 결국 이것은 변수 x가 구간 $[0, 8]$에서 움직일 때 V의 최댓값을 구하는 문제이다. V는 x의 3차 다항함수이고 $[0, 8]$에서 연속이며 미분가능하므로 극값판정법에 의하여 V가 $[0, 8]$ 내에서 최대가 되는 x값을 구하면 된다. 따라서

$$\frac{dV}{dx} = 480 - 184x + 12x^2 = 4(120 - 46 + 3x^2) \quad (2)$$

를 얻는다. 여기에서 $\frac{dV}{dx} = 0$으로 놓으면 $120 - 46x + 3x^2 = 0$이 되어 $x = \frac{10}{3}$, $x = 12$를 얻는다. 그런데 $x = 12$는 구간 밖의 값이므로 버린다. 따라서 함수의 증감표를 그리면 $x = \frac{10}{3}$에서 부피 V의 최댓값(국소극댓값)이 된다.

x	0	$\cdots$	$\frac{10}{3}$	$\cdots$	8
$3x - 10$	-10	$-$	0	$+$	14
$x - 12$	-12	$-$	$-\frac{26}{3}$	$-$	-4
$\frac{dV}{dx}$		$+$	0	$-$	
V	0	증가	$\frac{19600}{27}$	감소	0

그러므로 $x = \frac{10}{3}$ cm를 식 (1)에 대입하면 최대부피

$$V = \left(16 - 2 \times \frac{10}{3}\right)\left(30 - 2 \times \frac{10}{3}\right)\frac{10}{3}$$

$$= \frac{28}{3} \times \frac{70}{3} \times \frac{10}{3} = \frac{19600}{27}$$

즉, $V = \frac{19600}{27}\text{cm}^3$이다. ▮

▌예제 5-19 직사각형의 둘레가 P일 때 최대면적이 되려면 가로, 세로를 얼마로 하면 되는가?

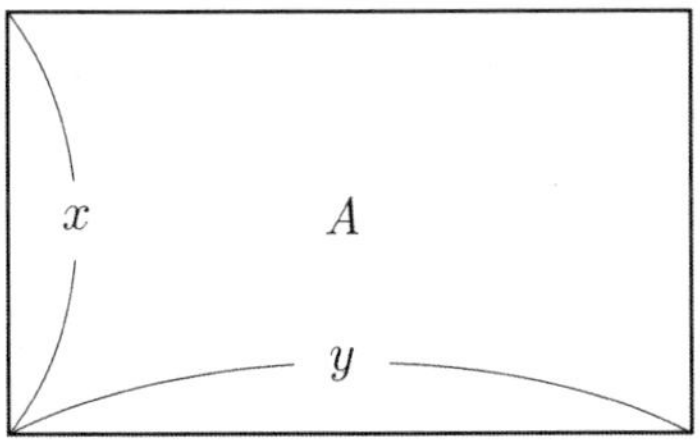

[그림 5.23]

풀이

직사각형의 세로를 x, 가로를 y라 놓고 면적을 A라 하자. 그러면

$$A = xy \tag{1}$$

이고

$$P = 2x + 2y \Leftrightarrow y = \frac{1}{2}P - x \tag{2}$$

이다(그림 5.23).

식 (2)를 식 (1)에 대입하면

$$A = \frac{1}{2}Px - x^2 \tag{3}$$

한편, $0 \leqq x \leqq \frac{P}{2}$이므로 구간 $\left[0,\ \frac{P}{2}\right]$에서 식 (3)이 최대가 되는 x의 값을 구하는 문제가 된다. 식 (3)으로부터

$$\frac{dA}{dx} = \frac{1}{2}P - 2x = 0$$

인 x값은 $x = \frac{P}{4}$이다. 이 값은 $\left[0,\ \frac{P}{2}\right]$ 안에 존재하므로 A의 최댓값은 $x = 0$, $x = \frac{P}{4}$, $x = \frac{P}{2}$ 중 한 점에서 발생한다.

이 세 점의 값을 식 (3)에 대입하면 다음 증감표를 얻는다. 즉,

x	0	$\cdots$	$\frac{P}{4}$	$\cdots$	$\frac{P}{2}$
$\frac{dA}{dx}$		+	0	−	
A	0	증가	$\frac{P^2}{16}$	감소	0

따라서 $x = \dfrac{P}{4}$, $y = \dfrac{P}{4}$에서 최대면적 $A = \dfrac{P^2}{16}$을 얻는다. 즉, 둘레가 일정할 때는 정사각형일 때 최대면적이 된다. ▮

위의 예제들에서 알 수 있듯이 많은 응용된 극값 문제를 해결하는 데는 1계도함수에 의한 극값판정법을 사용했음을 알 수 있다. 이 방법은 다음 5단계 과정을 거쳐서 구하면 편리하다. 즉,

[1단계] 문제에 맞게 변수를 설정한다.
[2단계] 극값을 구하는 데 알맞는 식을 세운다.
[3단계] 문제에서 서술한 조건을 이용하여 변수를 소거하여 1변수함수로 표현한다.
[4단계] 문제에 맞는 제한영역을 찾아낸다.
[5단계] 위에서 언급한 1계도함수의 극값판정법에 의해 극값을 구한다.

▌예제 5-20 반지름이 60 cm이고 높이가 1 m인 원뿔 모양의 목재가 있다. 이 목재를 있는 그대로의 상태에서 다듬어 가장 큰 부피를 가질 수 있는 원기둥을 만들고자 한다. 이 원기둥의 반지름과 높이를 구하여라(그림 5.24).

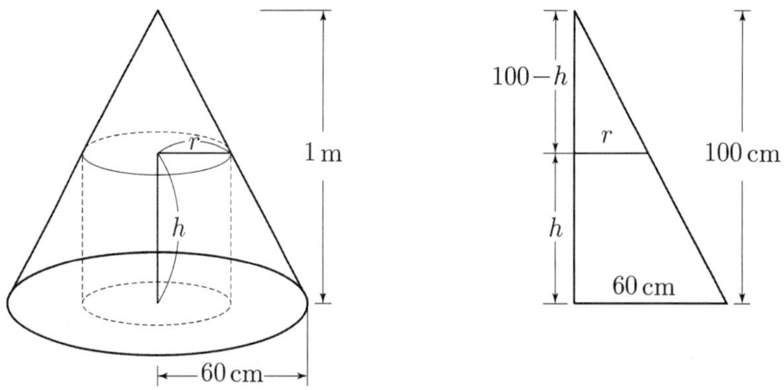

[그림 5.24]

풀이

구하고자 하는 원기둥의 반지름을 r, 높이를 h, 그리고 부피를 V라 하자. 그러면 원기둥의 부피

$$V = \pi r^2 h \tag{1}$$

이다. 식 (1)에서 변수가 r과 h이므로 변수의 하나를 제거하기 위해 r과 h의 관계를 구해보면 $\frac{100-h}{r} = \frac{10}{6}$ 또는

$$h = 100 - \frac{5}{3}r \tag{2}$$

을 얻는다. 따라서 식 (2)를 식 (1)에 대입하면

$$V = \pi r^2\left(100 - \frac{5}{3}r\right) = 100\pi r^2 - \frac{5}{3}\pi r^3 \tag{3}$$

이고 이것은 V가 r만의 함수로 표현된 것이다. 한편, r은 원기둥의 반지름이므로 $0 \leqq r \leqq 60$이어야 한다. V는 구간 $[0, 60]$에서 r에 대한 연속함수이므로 위의 방법대로

$$\frac{dV}{dr} = 200\pi r - 5\pi r^2 = 5\pi r(40 - r)$$

이고 $\frac{dV}{dr} = 0$인 r을 구하면 $r = 0$, $r = 40$을 얻는다. 따라서 $r = 0$, $r = 40$, $r = 60$을 차례대로 식 (3)에 대입하여 증감표를 구하여 최대의 부피를 구해보면 $r = 40\,(\mathrm{cm})$, $h = \frac{100}{3}\,(\mathrm{cm})$일 때, 최대부피

$$V = \frac{16\pi}{3} \fallingdotseq 16.8\,(\mathrm{m}^3)$$

이다. ▮

경제학에서의 응용

경제학자들과 사업가들은 재고품, 생산품, 공급, 광고, 그리고 가격과 같은 변수들이 이익, 수입, 수요, 통화팽창, 그리고 고용과 같은 다른 변수들에 영향을 미쳐 어떻게 변화하는지에 관심이 있다. 이러한 문제들은 **한계분석(marginal analysis)**을 이용하는 데 연구된다. **한계(marginal)**라는 것은 변화율 또는 도함수의 개념으로 경제학자들이 사용하는 용어이다. 경제학자나 경영자에게 있어서 다음과 같은 중요한 세 가지 함수가 있다. 즉,

$C(x)$: 시간 주기 동안 생산품의 x단위를 생산하는 데 필요한 총 비용
$R(x)$: 시간 주기 동안 생산품의 x단위를 판매하여 얻는 총 수입
$P(x)$: 시간 주기 동안 생산품의 x단위를 판매하여 얻는 총 수익

이 있다. 이 함수들을 각각 **비용함수**(cost function), **수입함수**(revenue function), 그리고 **수익함수**(profit function)라고 부른다. 만약, 시간 주기 동안 생산품의 x단위가 모두 팔렸다면

$$P(x) = R(x) - C(x)$$

인 관계가 성립한다. 이 세 가지 함수의 도함수인 $C'(x)$, $R'(x)$, 그리고 $P'(x)$를 각각 **한계비용**(marginal cost), **한계수입**(marginal revenue), 그리고 **한계수익**(marginal profit)이라고 말한다. 만약 시간 주기 동안 생산품의 x단위가 모두 팔렸다면 이 세 가지 도함수들 사이의 관계는 위의 식의 양변을 x에 관해 미분함으로써 얻어진다. 즉,

$$P'(x) = R'(x) - C'(x)$$

이다. 실제로, $C'(x)$는 종종 $(x+1)$번째 단위를 제작하는 비용으로 설명된다. 비록 이것은 정확하지는 않지만 대개는 좋은 근삿값이다. 왜냐하면

$$\begin{aligned} C'(x) &= \lim_{\Delta x \to 0} \frac{C(x + \Delta x) - C(x)}{\Delta x} \\ &\fallingdotseq \frac{C(x+1) - C(x)}{1} = C(x+1) - C(x) \end{aligned}$$

이기 때문이다. x는 보통 크고 $\Delta x = 1$은 상대적으로 0에 가깝다고 생각할 수 있기 때문에 이 근삿값은 나름대로 의미가 있다고 볼 수 있다. $C(x+1)$은 $(x+1)$단위를 생산하는 비용이고 $C(x)$는 x단위를 생산하는 비용이기 때문에 $(x+1)$번째 단위를 생산하는 근사비용은

$$C'(x) \fallingdotseq C(x+1) - C(x)$$

에 따른다. 유사하게, $R'(x)$는 $(x+1)$번째 단위를 팔았을 때 얻어지는 근사수입이고 $P'(x)$는 $(x+1)$번째 팔았을 때 얻어지는 근사수익이다.

a를 총 경비, $M(x)$를 제조비용을 나타내는 함수라 할 때, x단위를 생산하는 데 필요한 총 비용은 다음 식으로 나타내어진다. 즉,

$$C(x) = a + M(x)$$

이다. 총 경비라 함은 변수 x에 의존하지 않는 집세(지세, 임대료 등)와 보험료와 같은 고정비용을 포함하는 경비를 말한다. 반대로 제조비용이라 함은 자재와 노동과 같은 항목

의 비용을 포함하는 것으로 제조하는 품목들의 수에 의존한다. 적당히 간결된 가정으로 $M(x)$는 다음과 같은 형태로 표현된다는 것을 경제학에서 보여주고 있다. 즉,

$$M(x) = bx + cx^2$$

이다. 이 식을 위 식에 대입하면

$$C(x) = a + bx + cx^2$$

로 나타내어진다.

예제 5-21 페인트 제조업자가 하루에 x갤런(gallons)의 페인트를 생산하는 달러의 총 비용은 다음과 같은 식으로 주어진다고 한다.

$$C(x) = 5000 + x + 0.001x^2$$

(1) 하루 생산기준이 500갤런일 때 한계비용을 구하여라.
(2) 501번째 갤런을 생산하는 비용에 근사한 한계비용을 구하여라.
(3) 501번째 갤런을 생산하는 정확한 비용을 구하여라.

풀이

(1) 한계비용은 $C'(x) = 1 + 0.002x$이다. 따라서

$$C'(500) = 1 + (0.002)(500) = 2.$$

(2) $C'(500) = 2$이기 때문에 501번째 갤런을 생산하는 비용은 근사적으로 2달러이다.
(3) 501갤런을 생산하는 총 비용은

$$C'(501) = 5000 + 501 + 0.001(501)^2 = 5752.001(\text{달러})$$

이고 500갤런을 생산하는 총 비용은

$$C'(500) = 5000 + 500 + 0.001(500)^2 = 5750(\text{달러})$$

이다. 따라서 501번째 갤런을 생산하는 정확한 비용은

$$C(501) - C(500) = 2.001(\text{달러})$$

이다. ▮

한 제작회사가 하나에 대하여 p 달러로 생산하는 품목들을 모두 팔 수 있다면 전체수입 $R(x)$는

$$R(x) = px$$

이고 그의 전체수익 $P(x)$는

$$P(x) = R(x) - C(x) = px - C(x)$$

가 될 것이다. 따라서 비용함수가 위와 같이

$$C(x) = a + bx + cx^2$$

으로 주어졌다면 전체수익 $P(x)$는

$$P(x) = px - (a + bx + cx^2)$$

이다. 고용자 수, 쓸모있는 기계의 양, 경제조건, 그리고 경쟁력과 같은 요인에 의존한다면 제작자는 생산과 판매를 감당할 수 있는 항목의 수에 어떤 상한 l이 존재할 것이다. 따라서 한정된 시간 주기 동안 위 식의 변수 x는 $0 \leq x \leq l$을 만족할 것이다. 따라서 구간 $[0, l]$에서 전체수익 $P(x)$를 극대화하는 x의 가격을 결정함으로써 회사는 최대수익을 내기 위해 얼마나 많은 단위의 생산품을 제작해야만 하고 판매해야만 하는지를 결정할 수 있다.

예제 5-22 제약회사에서 만들어지는 액체형태의 페니실린은 한 묶음당 200달러의 가격으로 대량 판매되고 있다. x묶음당 총 생산비용(달러)이

$$C(x) = 500{,}000 + 80x + 0.003x^2$$

으로 주어진다고 가정하자. 그리고 이 회사의 생산능력은 지정된 시간 내에 기껏해야 30,000묶음이라면 이익을 극대화하기 위해 지정된 시간 안에 얼마나 많은 묶음의 페니실린을 팔아야만 하는가?

풀이

x묶음을 팔기 위한 총 수입은 $R(x) = 200x$이기 때문에 x묶음에서 발생하는 수익금 $P(x)$는

$$P(x) = R(x) - C(x) = 200x - (500{,}000 + 80x + 0.003x^2) \tag{1}$$

이다. 생산능력은 기껏해야 30,000묶음이기 때문에 x는 구간 $[0,\ 30,000]$ 내에 놓여야 한다. 식 (1)로부터

$$\frac{dP}{dx} = 200 - (80 + 0.006x) = 120 - 0.006x$$

이다. $\frac{dP}{dx} = 0$으로 놓으면

$$120 - 0.006x = 0$$

또는

$$x = 20,000$$

이다. 이 임계값은 구간 $[0,\ 30,000]$ 안에 있으므로 최대이익은

$$x = 0,\ x = 20,000,\ x = 30,000$$

중의 한 점에서 발생하여야만 한다. 이 세 점의 값을 각각 식 (1)에 대입하여 증감표를 만들면 최대이익은 $x = 20,000$묶음을 제작하여 지정된 시간에 팔 때 $P = 700,000$달러를 얻는다.

x	0	$\cdots$	20,000	$\cdots$	30,000
$\frac{dP}{dx}$		+	0	−	
P		증가	700,000	감소	0

▮

5. 그래프의 추적

다항함수의 그래프

함수들 중 가장 간단한 형태의 함수가 다항함수이다. 함수 $y = f(x)$가 다항함수라고 하자. 다항함수의 그래프 개형을 추적하는 방법은 다음 단계의 과정을 거치면 충분하다.

[1단계] $f'(x)$와 $f''(x)$를 구한다.

[2단계] $f'(x)$로부터 극점을 구하고 함수의 증가, 감소구간을 구한다.

[3단계] $f''(x)$로부터 변곡점을 구하고 함수의 오목볼록한 구간을 구한다.

[4단계] 그래프의 형태를 완성하기 위해 필요로 하는 부가적인 정보를 제공하도록 잘 선택된 점(절편)들을 표시한다.

유리함수의 그래프

$P(x)$와 $Q(x)$가 다항식이라고 할 때 그들의 비

$$f(x) = \frac{P(x)}{Q(x)}$$

를 유리함수라고 한다는 것은 1장에서 다루었다. 이 유리함수를 추적할 때 $Q(x) = 0$인 점에서 불연속점이 생긴다는 사실에 주의해야 한다. 예를 들어, 유리함수 $f(x) = \frac{x}{x-2}$의 그래프를 그려보면 [그림 5.25]와 같다. 이것은 유리함수의 가장 전형적인 형태를 나타내주고 있다. $x = 2$에서 $f(x)$의 분모가 0이므로 이 점에서 불연속성이 나타난다. 따라서

$$\lim_{x \to 2^+} \frac{x}{x-2} = +\infty, \quad \lim_{x \to 2^-} \frac{x}{x-2} = -\infty$$

이다. 여기서 직선 $x = 2$를 이 그래프의 **수직점근선**(vertical asymptote)이라 한다. 또,

$$\lim_{x \to +\infty} \frac{x}{x-2} = 1, \quad \lim_{x \to -\infty} \frac{x}{x-2} = 1$$

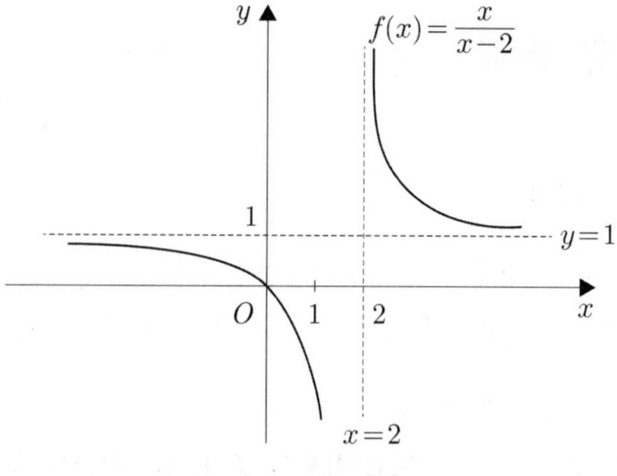

[그림 5.25]

이므로 직선 $y=1$을 이 그래프의 **수평점근선**(horizontal asymptote)이라 부른다. 이 사실을 일반화하면 다음과 같이 정의할 수 있다.

정리 5.9

x가 오른쪽 또는 왼쪽으로부터 x_0에 접근해 감에 따라 $f(x) \to +\infty$ 또는 $f(x) \to -\infty$이라면 $x=x_0$를 함수 $f(x)$의 **수직점근선**(vertical asymptote)이라 한다. 또, $x \to +\infty$ 또는 $x \to -\infty$일 때 $f(x) \to L$이라면 직선 $y=L$을 함수 $f(x)$의 **수평점근선**(horizontal asymptote)이라 한다.

유리함수 $f(x) = \dfrac{P(x)}{Q(x)}$의 그래프를 추적하는 방법은 다음의 단계에 의해 얻는 정보로서 충분하다.

[1단계] 이 그래프가 x축과 만나는 x절편($f(x)=0$)을 찾기 위해 $P(x)=0$인 x값을 찾는다.

[2단계] 그래프의 수직점근선을 찾기 위해 $Q(x)=0$인 x값을 구한다.

[3단계] $\lim_{x \to +\infty} f(x)$와 $\lim_{x \to -\infty} f(x)$를 계산한다. 만약 어느 하나가 유한극한값 L을 갖는다면 직선 $y=L$은 수평점근선이다.

[4단계] $f(x)$가 부호를 변화시킬 수 있는 유일한 곳은 그래프가 x축과 만나거나 수직점근선을 가지고 있는 점들에서이다. 이러한 점들로 결정되는 개구간의 각각에서 이 그래프가 x축 위 또는 아래에 존재하는지를 보이기 위해 $f(x)$의 몇몇 표본값을 계산한다.

[5단계] $f'(x)$와 $f''(x)$로부터 정점, 변곡점, 증가구간, 감소구간, 그리고 오목, 볼록성을 조사한다.

[6단계] 필요하다면 잘 선택된 점들을 나타내고 그래프가 수평점근선들의 어떤 것과 교차한다면 위치를 결정한다.

이 밖에도 다항함수와 유리함수의 그래프에서 찾아볼 수 없는 특성을 가지고 있는 함수의 그래프를 추적하는 방법은 [예제 5-23]의 (3)과 같이 추적할 수 있다.

정리 5.10

함수 $f(x)$가 만약 x_0에서 연속이고 $|f'(x)|$가 $x \to x_0$일 때 $+\infty$로 접근한다면 x_0에서 수직접선(vertical tangent line)을 갖는다고 한다.

예제 5-23 다음 그래프의 개형을 그려라.

(1) $y = x^3 - 3x + 2$ (2) $f(x) = \dfrac{x^2 - 1}{x^3}$

(3) $f(x) = \sqrt[3]{x}$

풀이

(1) $\dfrac{dy}{dx} = 3x^2 - 3 = 3(x+1)(x-1)$, $\dfrac{d^2y}{dx^2} = 6x$이므로 $x = 1$과 $x = -1$에서 정점이 있다. 즉, $x < -1$일 때 $\dfrac{dy}{dx} > 0$이므로 주어진 함수의 그래프는 증가하고 $-1 < x < 1$일 때 $\dfrac{dy}{dx} < 0$이므로 감소한다. 또, $x > 1$일 때 $\dfrac{dy}{dx} > 0$이므로 다시 증가한다. 한편, $x > 0$일 때 $\dfrac{d^2y}{dx^2} > 0$이므로 아래로 볼록하고 $x < 0$일 때 $\dfrac{d^2y}{dx^2} < 0$이기 때문에 위로 볼록하다. 또, $\dfrac{d^2y}{dx^2} = 6x = 0$인 x값을 구하면 $x = 0$이고 $x < 0$에서 $\dfrac{d^2y}{dx^2} < 0$이고 $x > 0$에서 $\dfrac{d^2y}{dx^2} > 0$이므로 $x = 0$에서 변곡점이 존재한다. 이러한 정도의 정보로부터 그래프 기본개형을 그리면 [그림 5.26]와 같다. 마지막으로 정확한 그래프를 완성하기 위해 정점(극점), 변곡점, 그리고 x, y 절편과 간단한 점에서의 함숫값을 구하여 그래프를 그려보면 [그림 5.27]과 같은 형태임을 알 수 있다.

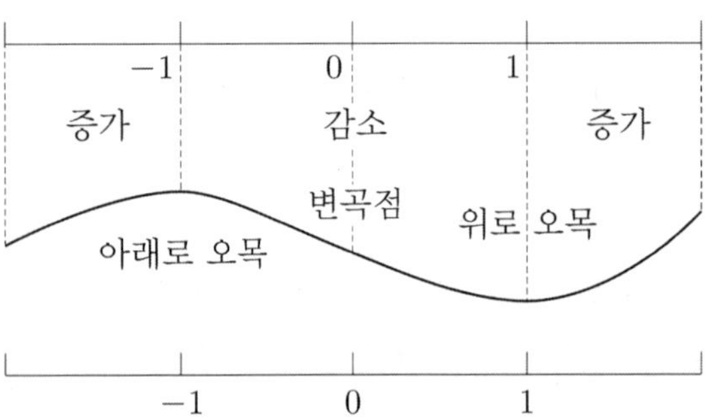

[그림 5.26]

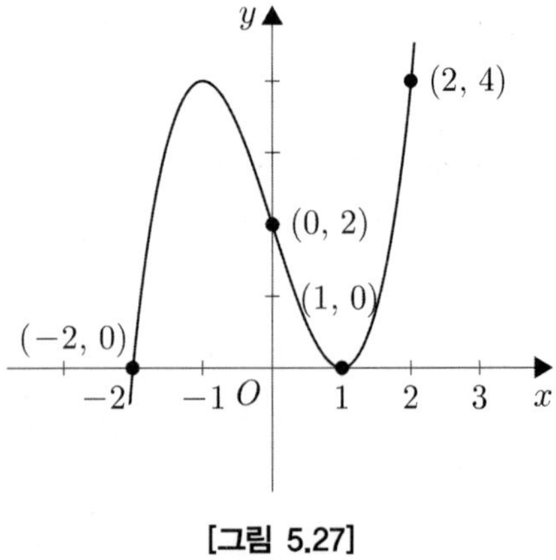

[그림 5.27]

(2) $P(x)=x^2-1=0$인 x값을 구하면 $x=\pm 1$이다. 이것은 x절편이다. $Q(x)=x^3=0$인 x값은 수직점근선으로서 $x=0$이다. 또, 극한으로부터

$$\lim_{x\to+\infty}\frac{x^2-1}{x^3}=\lim_{x\to+\infty}\left(\frac{1}{x}-\frac{1}{x^3}\right)=0$$

이고

$$\lim_{x\to-\infty}\frac{x^2-1}{x^3}=\lim_{x\to-\infty}\left(\frac{1}{x}-\frac{1}{x^3}\right)=0$$

이므로 $y=0$이 수평점근선이 된다. 이러한 사실로부터 x축은 다음과 같은 4가지의 개구간으로 분류된다. 즉,

$$(-\infty,\ -1)\ (-1,\ 0)\ (0,\ 1)\ (1,\ +\infty)$$

각 구간상에 주어진 그래프는 x축 위 또는 아래에 존재한다. 이것은 각 구간 안에 임의의 표본점에서 $f(x)$의 부호를 찾아내어 결정할 수 있다. 다음 표는 대강의 그래프를 추적할 수 있는 근거가 된다.

구간	표본점	$f(x)$	그래프의 존재영역
$(-\infty,\ -1)$	$x=-2$	$f(-2)=-\frac{3}{8}<0$	x축 아래
$(-1,\ 0)$	$x=-\frac{1}{2}$	$f\left(-\frac{1}{2}\right)=6>0$	x축 위
$(0,\ 1)$	$x=\frac{1}{2}$	$f\left(\frac{1}{2}\right)=-6<0$	x축 아래
$(1,\ +\infty)$	$x=2$	$f(2)=\frac{3}{8}>0$	x축 위

좀 더 정밀한 그래프를 추적하기 위해 주어진 함수의 1계, 2계도함수를 구해보자. 즉,

$$f'(x)=\frac{x^3(2x)-(x^2-1)(3x^2)}{(x^3)^2}=\frac{3-x^2}{x^4},$$

$$f''(x)=\frac{x^4(-2x)-(3-x^2)(4x^3)}{(x^4)^2}=\frac{2(x^2-6)}{x^5}$$

이므로 $f'(x)=0$, $f''(x)=0$인 x값을 구하여 함수의 증감표를 만들어 보면 다음과 같다.

x	$\cdots$	$-\sqrt{6}$	$\cdots$	$-\sqrt{3}$	$\cdots$	0	$\cdots$	$\sqrt{3}$	$\cdots$	$\sqrt{6}$	$\cdots$
$f'(x)$	$-$	$-$	$-$	0	$+$		$+$	0	$-$	$-$	$-$
$f''(x)$	$+$	0	$-$	$-$	$-$		$-$	$-$	$-$	0	$+$
$f(x)$	위로 볼록	변곡	아래 볼록	극소	아래 볼록	수직 점근선	위로 볼록	극대	위로 볼록	변곡	아래 볼록

앞의 표와 증감표에 의해 주어진 함수의 그래프를 그리면 [그림 5.28]과 같다.

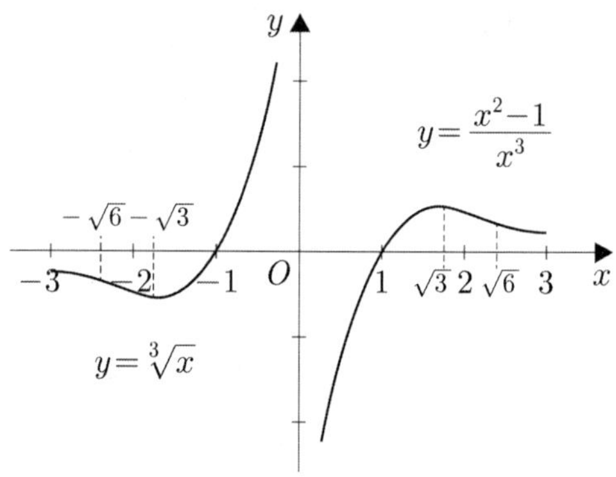

[그림 5.28]

(3) $f(x) = \sqrt[3]{x}$ 는 연속이다. 그리고

$$f'(x) = \frac{1}{3}x^{-\frac{2}{3}} = \frac{1}{3x^{2/3}},$$

$$f''(x) = \frac{1}{3}\left(-\frac{2}{3}\right)x^{-5/3} = -\frac{2}{9x^{5/3}}$$

이다. 1계도함수는 $x=0$을 제외하고 모든 x에 대하여 양수이고, 따라서 $f(x)$는 구간 $(-\infty,\ 0)$와 $(0,\ +\infty)$에서 증가한다. 모든 x에 대하여 $f'(x) \neq 0$이기 때문에 정점은 없다. 그러나 $f'(0)$가 정의되지 않기 때문에 $x=0$는 특이점이므로 임계점이다. 한편, 이 점에서 극한을 생각해보면

$$\lim_{x\to 0}|f'(x)| = \lim_{x\to 0}\left|\frac{1}{3x^{2/3}}\right| = +\infty$$

이므로 $f(x)$의 그래프는 $x=0$에서 수직점근선을 갖는다. 또한, $x>0$에서 $f''(x)<0$이므로 구간 $(0,\ +\infty)$에서 $f(x)$의 그래프는 위로 볼록하고 $x<0$에서는 $f''(x)>0$이므로 구간 $(-\infty,\ 0)$에서 아래로 볼록하다(그림 5.29 참조).

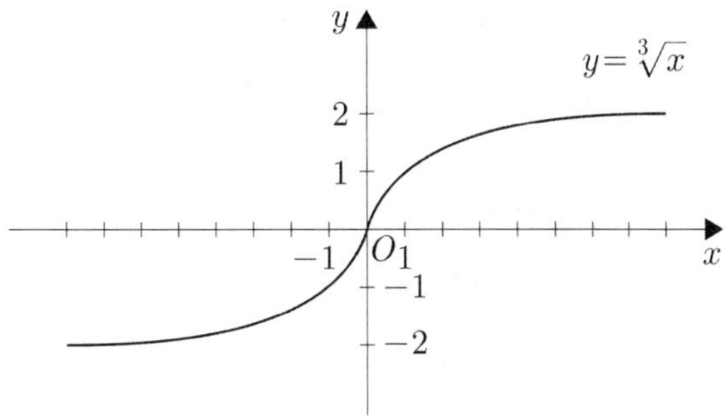

[그림 5.29]

$$\lim_{x \to +\infty} f(x) = \lim_{x \to +\infty} \sqrt[3]{x} = +\infty$$

$$\lim_{x \to -\infty} f(x) = \lim_{x \to -\infty} \sqrt[3]{x} = -\infty$$

이기 때문에 $f(x)$의 그래프는 수평점근선은 갖지 않는다. 따라서 특정한 몇 개의 점에서의 함숫값을 구하여 위에서 언급한 사실들과 종합해보면 [그림 5.29]와 같은 그래프를 추적할 수 있다. ▯

경사 강하법

경사 하강법(傾斜下降法, Gradient descent)은 1차 근삿값 발견용 최적화 알고리즘이다. 기본 개념은 함수의 기울기(경사)를 구하고 경사의 절댓값이 낮은 쪽으로 계속 이동시켜 극값에 이를 때까지 반복시키는 것이다. 경사 하강법은 모든 차원과 모든 공간에서의 적용이 가능하다. 심지어 무한 차원상에서도 쓰일 수 있다. (이 경우 해당 차원이 만들어내는 공간을 함수 공간이라고 한다.)

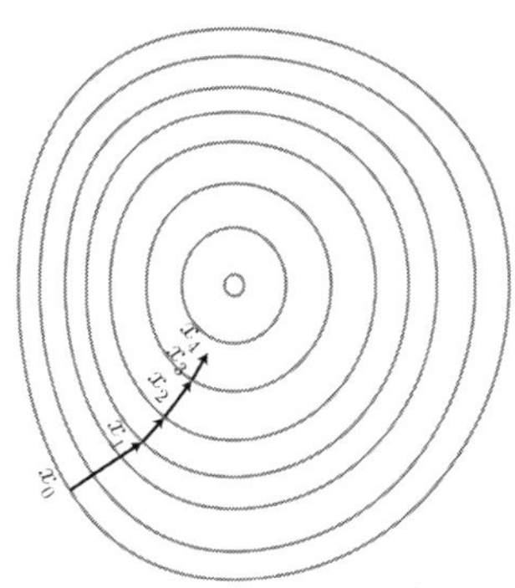

[그림 5.30] 경사 하강법을 실행하는 모습

정확성을 위해서 극값으로 이동함에 있어 매우 많은 단계를 거쳐야 하며, 주어진 함수에서의 곡률에 따라서 거의 같은 위치에서 시작했음에도 불구하고 완전히 다른 결과로 이어질 수도 있다.

x_0 에서 시작하여, 경사가 낮아지는 쪽으로 이동하여 차례대로 x_1, x_2, x_3, x_4 를 얻는다.

최적화할 함수 $f(x)$ 에 대하여, 먼저 시작점 x_0 를 정한다. 현재 x_i 가 주어졌을 때, 그 다음으로 이동할 점인 x_{i+1} 은 다음과 같이 계산된다.

$$x_{i+1} = x_i - \gamma_i \nabla f(x_i)$$

이때 γ_i 는 이동할 거리를 조절하는 매개변수이다.

이 알고리즘의 수렴 여부는 $f(x)$ 의 성질과 γ_i 의 선택에 따라 달라진다. 또한, 이 알고리즘은 지역최적해로 수렴한다.

따라서 구한 값이 전역적인 최적해라는 것을 보장하지 않으며 시작점 x_0 의 선택에 따라서 달라진다. 이에 따라 다양한 시작점에 대해 하강법을 적용하여 그중 가장 좋은 결과를 선택할 수도 있다

예제 5-24 아래 파이썬 언어로 작성한 경사 하강법 알고리즘은 함수 $f(x) = x^4 - 3x^3 + 2$의 극값을 미분 값인 $f'(x) = 4x^3 - 9x^2$를 통해 찾는 예를 보여준다.

```
# From calculation, we expect that the local minimum occurs at x=9/4

x_old=0
x_new=6 # The algorithm starts at x=6
eps=0.01 # step size
precision=0.00001

def f_prime(x):
    return4*x**3-9*x**2

while abs(x_new-x_old)>precision:
    x_old=x_new
    x_new=x_old-eps*f_prime(x_old)

print("Local minimum occurs at: "+str(x_new))
```

이는 x값 하나에 대해서만 극값을 파악한다. 실제로는 여러 개의 특징 값(feature)들이 있으므로 해당 값들마다 병행적으로 결과 값을 구하면서 반복해야 한다. ▮

연습문제 EXERCISES

1. 다음 함수의 5계도함수를 구하여라.

(1) $y = \dfrac{3x^2 + 9x + 2}{x^3}$ (2) $y = 4x^5 - 6x^4 + 7x^2 - 5$

2. 다음 함수들의 미분 dy를 구하여라.

(1) $y = 2x^3$ (2) $y = \dfrac{1}{x^3}$

3. $y = x^2$에서 x와 Δx값이 다음과 같이 주어졌을 때 Δy와 dy를 구하여라.

(1) $x = 2$; $\Delta x = 1$ (2) $x = 1$; $\Delta x = 0.1$

4. 한 변의 길이가 x인 정사각형의 면적을 A라 하자. 그리고 x는 시간 t에 의해 변한다고 가정하자.

(1) $\dfrac{dA}{dt}$와 $\dfrac{dx}{dt}$는 어떤 관련이 있는가?

(2) 어떤 순간에 한 변의 길이가 $3\,\mathrm{cm}$이고 길이가 $2\,\mathrm{cm/min}$의 속도로 증가할 때 그 순간 증가하는 면적의 변화율을 구하여라.

5. 어떤 한 분자가 방정식 $\dfrac{xy^3}{1+y^2} = \dfrac{8}{5}$인 곡선을 따라 움직이고 있다. x축은 분자가 점 $(1,\ 2)$에 있을 때 $6\,\mathrm{unit/sec}$의 속도로 증가하고 있다.

(1) 그 순간 이 점에서의 y축의 순간속도를 구하여라.

(2) 그 순간 분자는 증가하는가, 감소하는가?

6. 다음 곡선의 괄호 안의 점을 지나는 접선, 법선의 방정식을 구하여라.

(1) $y = x^3 - 9x$; $(1,\ -8)$ (2) $y = x(x-3)$; $(3,\ 0)$

7. 곡선 $y^2 = 2x^3$ 위의 접선 중 직선 $4x - 3y + 1 = 0$에 수직이 되는 점은 무엇인가?

8. 곡선 $x^2 - 4x + y^2 + 3 = 0$에 접하는 접선 중 원점을 지나는 두 개의 접선의 방정식을 구하여라.

9. $f(x) = (x-a)^3$에서 다음을 구하여라.

(1) 임의의 x에 대하여 정점

(2) 임의의 x에 대하여 변곡점

(3) f의 그래프

10. 다음 함수들에서 임계점을 구하고 미분 불가능한 점, 정점을 찾아라.

(1) $f(x) = x^2 - 5x + 6$　　(2) $f(x) = \sqrt[3]{x^2}$

11. 다음 함수들에서 주어진 구간 내에서 극대, 극솟값을 구하여라.

(1) $y = 8x - x^2$; $[0,\ 6]$　　(2) $y = 2x^3 - 3x^2 - 12x$; $[-2,\ 3]$

(3) $y = \dfrac{x}{x^2+2}$; $[-1,\ 4]$　　(4) $y = \dfrac{3x}{\sqrt{4x^2+1}}$; $[-1,\ 1]$

12. $f(x) = 3\cos\dfrac{x}{3} + 2\cos\dfrac{x}{2}$의 극대, 극솟값을 구하여라.

13. 음이 아닌 두 수의 합이 10일 때 곱이 최대가 되는 두 수를 구하여라.

14. 반지름이 R인 반원 안에 내접하는 직사각형의 최대면적을 구하여라.

15. 매주 생산되는 일용품 x단위의 총 비용은

$$C(x) = 200 + 4x + 0.1x^2$$

으로 주어진다고 하자.

(1) 생산수준이 100단위일 때 한계비용을 구하여라.

(2) 101번째 단위를 생산하는 비용에 근사하는 한계비용을 구하여라.

(3) 101번째 단위를 생산하는 정확한 비용을 구하여라.

16. 다음 함수의 그래프 개형을 그리고 정점과 변곡점을 나타내어라.

(1) $y = x^2 - 2x - 3$

(2) $y = x^3 + 3x^2 + 5$

(3) $y = x^5 - 4x^4 + 4x^3$

(4) $y = \dfrac{x}{x^2 - 1}$

17. 다음 함수의 수평, 수직점근선을 구하고 그래프 개형을 그려라.

(1) $y = \dfrac{2x}{x-1}$

(2) $y = \dfrac{3}{x+1}$

(3) $y = \dfrac{14}{2x^2 + 7}$

(4) $y^2(2-x) = x^3$

제 6 장

행렬과 선형대수학

이 장에서는 행렬, 행렬과 연립 1차방정식의 해법, 좌표와 직선, 벡터 등을 다룬다.

1. 행렬

행렬

수를 직사각형 모양으로 배열한 것을 **행렬**(matrix)이라 하고 그 각각의 수를 행렬의 **성분**(entries)이라 한다. 또, 가로배열을 **행**(row), 세로배열을 **열**(column)이라 한다. 행렬의 크기(size)는 행의 개수와 열의 개수로 나타낸다. 예를 들어,

$$\begin{pmatrix} 1 & 1 \\ 1 & -1 \end{pmatrix},\ \begin{pmatrix} 2 & 5 & 1 \\ 1 & 0 & 2 \end{pmatrix},\ \begin{pmatrix} 4 & 5 & 6 \\ 1 & -2 & -3 \\ 1 & 0 & 3 \end{pmatrix},\ \begin{pmatrix} 2 & 3 & 4 & 5 \end{pmatrix},\ \begin{pmatrix} 1 \\ -2 \\ 3 \end{pmatrix}$$

과 같은 것들은 모두 행렬이다. 첫 번째 행렬은 2×2행렬이고, 네 번째 것은 1×4행렬이다. 일반적으로 m행과 n열을 가진 행렬을 $m \times n$**행렬**($m \times n$ matrix)이라 하고, 특히 $m = n$이면 n차 **정방행렬**(square matrix of order n) 또는 n차 **행렬**이라고 한다. 일반적으로 행렬을 나타낼 때는 행번호와 열번호를 첨자로 표시하여 성분을 나타낸다. 즉, 행렬 A가 $m \times n$행렬일 때, i행과 j열의 교점에 있는 성분을 a_{ij}로 나타내고

$$A = (a_{ij})\ (1 \leqq i \leqq m,\ 1 \leqq j \leqq n)$$

라고 쓴다. 즉,

$$A = \begin{pmatrix} a_{11} & a_{12} & \cdots & a_{1n} \\ a_{21} & a_{22} & \cdots & a_{2n} \\ \vdots & \vdots & \ddots & \vdots \\ a_{m1} & a_{m2} & \cdots & a_{mn} \end{pmatrix}.$$

1×1행렬에 관해서는 괄호를 생략하는 것이 관례이다. 하나의 행으로 이루어진 행렬을 **행벡터**, 하나의 열로 이루어진 행렬을 **열벡터**라고 한다. 위에서 네 번째 것은 행벡터, 다섯 번째 것은 열벡터이다. 또, 실수는 1×1행렬이라고 생각할 수 있다.

단위행렬

n차 정방행렬에서 대각선상의 성분 a_{ii} $(i = 1, 2, \cdots n)$를 주대각선성분 또는 **대각성분**(diagonal entries)이라 한다. n차의 정방행렬에서 주대각선이 모두 1이고 나머지 성분이 모두 0인 행렬을 **단위행렬**(unit matrix)이라 하고 E_n 또는 E로 나타낸다. 즉,

$$E_n = \begin{pmatrix} 1 & 0 & 0 & \cdots & 0 \\ 0 & 1 & 0 & \cdots & 0 \\ 0 & 0 & 1 & \cdots & 0 \\ \vdots & \vdots & \vdots & \ddots & \vdots \\ 0 & 0 & 0 & \cdots & 1 \end{pmatrix}$$

로 쓰기로 한다.

삼각행렬

주대각선 위쪽의 성분이 모두 0인 행렬을 하 **삼각행렬**(lower triangle matrix), 주대각선 아래쪽의 성분이 모두 0인 행렬을 상 **삼각행렬**(upper triangle matrix)이라 한다. 특히, 주대각선 이외의 성분이 모두 0인 행렬을 **대각행렬**(diagonal matrix)이라 하고 주대각선의 성분이 모두 같은 수인 대각행렬을 **스칼라행렬**(scalar matrix)이라 한다. 단위행렬은 주대각선의 성분이 모두 1인 스칼라행렬이다.

전치행렬

주어진 $m \times n$행렬 $A = (a_{ij})$ $(1 \leqq i \leqq m,\ 1 \leqq j \leqq n)$에 대하여 행과 열을 바꾸어 놓은 행렬을 A의 **전치행렬**(transposed matrix)이라고 하고 $A^t = (a_{ji})$ $(1 \leqq j \leqq n,$ $1 \leqq i \leqq m)$로 나타낸다. 즉,

$$A^t = \begin{pmatrix} a_{11} & a_{21} & a_{31} & \cdots & a_{m1} \\ a_{12} & a_{22} & a_{32} & \cdots & a_{m2} \\ a_{13} & a_{23} & a_{33} & \cdots & a_{m3} \\ \vdots & \vdots & \vdots & \ddots & \vdots \\ a_{1n} & a_{2n} & a_{3n} & \cdots & a_{mn} \end{pmatrix}$$

로 쓰기로 한다. 결국, 전치행렬 A^t는 크기가 $n \times m$인 행렬이다. 특히, $a_{ij} = a_{ji}$인 n차 정방행렬, 즉, $A^t = A$인 행렬 A를 **대칭행렬**(symmetric matrix)이라고 하고, $a_{ij} = -a_{ji}$인 n차 정방행렬, 즉, $A^t = -A$인 행렬 A를 **교대행렬**(skew-symmetric matrix)이라고 한다. 교대행렬은 주대각선이 모두 0이어야 한다.

예제 6-1 다음 행렬의 전치행렬을 구하여라.

(1) $A = \begin{pmatrix} 2 & 3 \\ 1 & 4 \\ 5 & 6 \end{pmatrix}$

(2) $B = (1 \quad 3 \quad 5)$

(3) $H = \begin{pmatrix} 1 & 1 \\ 1 & -1 \end{pmatrix}$

풀이

(1) $A^t = \begin{pmatrix} 2 & 1 & 5 \\ 3 & 4 & 6 \end{pmatrix}$

(2) $B^t = \begin{pmatrix} 1 \\ 3 \\ 5 \end{pmatrix}$

(3) $H^t = \begin{pmatrix} 1 & 1 \\ 1 & -1 \end{pmatrix}$ ∎

행렬의 합·차

같은 크기의 $m \times n$행렬 $A = (a_{ij})$와 $B = (b_{ij})$에서 행렬 A와 B의 대응하는 성분의 합을 성분으로 하는 행렬을 행렬 A와 B의 **합**(sum)이라 하고,

$$A + B = (a_{ij} + b_{ij}), \quad (1 \leq i \leq m, 1 \leq j \leq n)$$

로 나타낸다. 또한 $B + X = A$를 만족하는 행렬 X를 A에서 B를 뺀 **차**(difference)라고 하고

$$A - B = (a_{ij} - b_{ij}), \quad (1 \leq i \leq m, 1 \leq j \leq n)$$

로 나타낸다.

예제 6-2 $A=\begin{pmatrix}2&3\\1&4\\5&6\end{pmatrix}$, $B=\begin{pmatrix}5&1\\-2&3\\0&-4\end{pmatrix}$일 때, 다음을 계산하여라.

(1) $A+B$ (2) $A-B$

풀이

(1) $A+B=\begin{pmatrix}2+5&3+1\\1+(-2)&4+3\\5+0&6+(-4)\end{pmatrix}=\begin{pmatrix}7&4\\-1&7\\5&2\end{pmatrix}$

(2) $A-B=\begin{pmatrix}2-5&3-1\\1-(-2)&4-3\\5-0&6-(-4)\end{pmatrix}=\begin{pmatrix}-3&2\\3&1\\5&10\end{pmatrix}$ ▮

행렬의 스칼라곱

k을 실수라 할 때, $m\times n$행렬 $A=(a_{ij})$의 각 성분에 k을 곱한 것을 성분으로 하는 행렬을 A의 스칼라 곱(scalar product)이라 하고

$$kA=(ka_{ij}),\quad (1\leq i\leq m,1\leq j\leq n)$$

로 나타낸다.

예제 6-3 $A=\begin{pmatrix}2&3\\1&4\\5&6\end{pmatrix}$일 때, $2A$를 계산하여라.

풀이

$$2A=\begin{pmatrix}2\times2&3\times2\\1\times2&4\times2\\5\times2&6\times2\end{pmatrix}=\begin{pmatrix}4&6\\2&8\\10&12\end{pmatrix}$$ ▮

정리 6.1

$m\times n$행렬 전체집합을 M이라 하고 $A,B,C\in M$이라 하면 다음 행렬에 관한 덧셈의 기본연산 법칙들은 성립한다(단, O은 영행렬임).

(1) $A,B\in M$이면 $A+B\in M$ (닫혀 있다)

(2) $A+B=B+A$ (교환법칙 성립)

(3) $(A+B)+C=A+(B+C)$ (결합법칙 성립)

(4) $A+O=O+A=A$인 $O\in M$가 존재(항등원 존재)

(5) $A+X=X+A=O$인 $X\in M$가 존재(역원 존재)

(6) $a(bA)=(ab)A$, $a,b\in R$

(7) $(a+b)A=aA+bA$, $a(A+B)=aA+aB$, $a,b\in R$

(8) $1A=A$, $(-1)A=-A$

(9) $aO=O$, $0A=O$

행렬의 곱

$m\times r$행렬 $A=(a_{ij})$와 $r\times n$행렬 $B=(b_{ij})$에 대하여 A의 i행과 B의 j열의 대응하는 각각의 성분을 곱하여 더한 것을 (i,j)성분으로 하는 행렬을 행렬 A와 행렬 B의 곱이라 하고 AB로 나타낸다. 즉, AB는 $m\times n$행렬로서, (i, j)성분 c_{ij}는

$$c_{ij}=a_{i1}\cdot b_{1j}+a_{i2}\cdot b_{2j}+\cdots+a_{ir}\cdot b_{rj}\ \ (1\leqq i\leqq m,\ 1\leqq j\leqq n)$$

와 같이 얻어진다. 여기서 행렬 AB는 행렬 A의 열의 개수와 B의 행의 개수가 반드시 같아야만 정의된다.

예제 6-4 $B=\begin{pmatrix}1&0&3\\-1&2&5\end{pmatrix}$일 때, AB 를 계산하여라.

풀이

$$AB=\begin{pmatrix}2&3\\1&4\\5&6\end{pmatrix}\begin{pmatrix}1&0&3\\-1&2&5\end{pmatrix}$$

$$=\begin{pmatrix}2\times1+3\times(-1)&2\times0+3\times2&2\times3+3\times5\\1\times1+4\times(-1)&1\times0+4\times2&1\times3+4\times5\\5\times1+6\times(-1)&5\times0+6\times2&5\times3+6\times5\end{pmatrix}$$

$$=\begin{pmatrix}-1&6&21\\-3&8&23\\-1&12&45\end{pmatrix}$$

정리 6.2

A, B, C가 다음의 합과 곱이 정의되는 임의의 행렬일 때, 아래의 곱셈에 관한 기본 연산 법칙들은 성립한다.

(1) $(AB)C = A(BC)$(결합법칙 성립)

(2) $AE = EA = A$인 E가 존재(항등원 존재)

(3) $(A+B)C = AC+BC$, $A(B+C) = AB+AC$(분배법칙 성립)

(4) $a(AB) = (aA)B = A(aB)$, $a \in R$

2. 행렬과 연립 1차방정식의 해법

동차·비동차 연립 1차방정식

일반적으로 다음과 같이 n개의 미지수를 가진 방정식의 개수가 m인 다음과 같은 형태(n 원 1차 연립방정식)의 연립 1차방정식을 생각해 보자.

$$\begin{cases} a_{11}x_1 + a_{12}x_2 + \cdots + a_{1n}x_n = b_1 \\ a_{21}x_1 + a_{22}x_2 + \cdots + a_{2n}x_n = b_2 \\ \quad\vdots \\ a_{m1}x_1 + a_{m2}x_2 + \cdots + a_{mn}x_n = b_m \end{cases} \tag{1}$$

여기에서 a_{ij}와 b_i $(i = 1, 2, \cdots, m;\ j = 1, 2, \cdots, n)$는 실수이고 미지수의 개수 n과 방정식의 개수 m이 같을 필요는 없다. 이때, 아래와 같이 표시한 두 행렬을 각각 연립 1차방정식의 (1)의 **계수행렬**(the matrix of coefficients), **확대행렬**(augmented matrix)이라고 한다.

$$\begin{pmatrix} a_{11} & a_{12} & \cdots & a_{1n} \\ a_{21} & a_{22} & \cdots & a_{2n} \\ \vdots & \vdots & \ddots & \vdots \\ a_{m1} & a_{m2} & \cdots & a_{mn} \end{pmatrix} \qquad \begin{pmatrix} a_{11} & a_{12} & \cdots & a_{1n} & b_1 \\ a_{21} & a_{22} & \cdots & a_{2n} & b_2 \\ \vdots & \vdots & \ddots & \vdots & \vdots \\ a_{m1} & a_{m2} & \cdots & a_{mn} & b_m \end{pmatrix}$$

또, 방정식 (1)에서 $a_{ij}\,(1 \leq i \leq m, 1 \leq j \leq n)$를 식 (1)의 **계수**(coefficients)라 하고

i) $b_1 = b_2 = \cdots = b_m = 0$이면 식 (1)을 **동차 연립 1차방정식(homogeneous system of linear equation)** 또는 **제차 연립방정식**이라 하고,

ii) $b_1, b_2, \cdots, b_m$ 중 적어도 하나가 0이 아니면 **비동차 연립 1차방정식(nonhomogeneous system of linear equation)** 또는 **비제차 연립방정식**이라 한다.

예제 6-5 (1) 다음은 어떤 형태의 연립방정식인가?

(a) $\begin{cases} (\lambda - 3)x + y = 0 \\ x + (\lambda - 3)y = 0 \end{cases}$ (b) $\begin{cases} 4x_1 - x_2 + 3x_3 = -1 \\ 3x_1 + x_2 + 9x_3 = 0 \end{cases}$

(2) 비동차 연립 1차방정식

$$\begin{cases} x_1 + x_2 + 2x_3 = 9 \\ 2x_1 + 4x_2 - 3x_3 = 1 \\ 3x_1 + 6x_2 - 5x_3 = 0 \end{cases}$$

의 확대행렬을 구하여라.

풀이

(1) (a) 동차 연립 1차방정식 (b) 비동차 연립 1차방정식.

(2) $\begin{pmatrix} 1 & 1 & 2 & 9 \\ 2 & 4 & -3 & 1 \\ 3 & 6 & -5 & 0 \end{pmatrix}$ ∎

행렬 방정식

행렬의 연산에서 언급한 행렬의 곱의 정의를 이용하면 연립 1차방정식 (1)은 다음과 같이 간단하게 행렬방정식으로 표현할 수 있다. 즉,

$$\begin{cases} a_{11}x_1 + a_{12}x_2 + \cdots + a_{1n}x_n = b_1 \\ a_{21}x_1 + a_{22}x_2 + \cdots + a_{2n}x_n = b_2 \\ \vdots \\ a_{m1}x_1 + a_{m2}x_2 + \cdots + a_{mn}x_n = b_m \end{cases} \Leftrightarrow \begin{pmatrix} a_{11} & a_{12} & \cdots & a_{1n} \\ a_{21} & a_{22} & \cdots & a_{2n} \\ \vdots & \vdots & \ddots & \vdots \\ a_{m1} & a_{m2} & \cdots & a_{mn} \end{pmatrix} \begin{pmatrix} x_1 \\ x_2 \\ \vdots \\ x_n \end{pmatrix} = \begin{pmatrix} b_1 \\ b_2 \\ \vdots \\ b_n \end{pmatrix}$$

여기서,

$$A = \begin{pmatrix} a_{11} & a_{12} & \cdots & a_{1n} \\ a_{21} & a_{22} & \cdots & a_{2n} \\ \vdots & \vdots & \ddots & \vdots \\ a_{m1} & a_{m2} & \cdots & a_{mn} \end{pmatrix}, \quad X = \begin{pmatrix} x_1 \\ x_2 \\ \vdots \\ x_n \end{pmatrix}, \quad B = \begin{pmatrix} b_1 \\ b_2 \\ \vdots \\ b_n \end{pmatrix}$$

으로 놓으면 식 (1)은 행렬방정식

$$AX = B$$

로 간단히 표현된다. 이때, A를 계수행렬, X를 미지수벡터, B를 상수항 벡터라고 한다. 행렬 A는 $m \times n$행렬이고 행렬 X와 행렬 B는 각각 $n \times 1$, $m \times 1$행렬로 나타내었다. 만약, 식 (1)이 비동차 연립 1차방정식이라면 식 (1)의 해는 행렬방정식 $AX = B$를 만족하는 미지수벡터 X를 구하는 것과 같다.

예제 6-6 비동차 연립 1차방정식

$$\begin{cases} 2x - 3y + z = -1 \\ x + 2y - z = 3 \\ 4x + y + 2z = 5 \end{cases}$$

을 행렬방정식으로 나타내어 보아라.

풀이

위 연립방정식의 행렬방정식은

$$\begin{pmatrix} 2 & -3 & 1 \\ 1 & 2 & -1 \\ 4 & 1 & 2 \end{pmatrix} \begin{pmatrix} x \\ y \\ z \end{pmatrix} = \begin{pmatrix} -1 \\ 3 \\ 5 \end{pmatrix}$$

이고 여기서 $A = \begin{pmatrix} 2 & -3 & 1 \\ 1 & 2 & -1 \\ 4 & 1 & 2 \end{pmatrix}$, $X = \begin{pmatrix} x \\ y \\ z \end{pmatrix}$, $B = \begin{pmatrix} -1 \\ 3 \\ 5 \end{pmatrix}$라 놓으면, 위 식은 행렬방정식 $AX = B$로 간단히 표현된다. ▮

부정·불능

연립 1차방정식에는 해에 관하여 다음 세 가지 가능성이 존재한다.

(a) 일의적인 한 해가 존재한다.

(b) 무수히 많은 해가 존재한다(부정).

(c) 해를 갖지 않는다(불능).

예를 들어, 미지수 x, y에 관한 두 개의 1차방정식으로 이루어진 다음 연립방정식을 생각하자.

$$\begin{cases} a_1 x + b_1 y = c_1 \ (a_1, b_1 \text{ 은 동시에 0이 아님 }) \\ a_2 x + b_2 y = c_2 \ (a_2, b_2 \text{ 는 동시에 0이 아님 }) \end{cases} \tag{2}$$

방정식 (2)는 각각 직선을 나타낸다. 이들 직선을 각각 l_1, l_2라 하자. 점 (x_1, y_1)이 이들 직선상에 있기 위한 필요충분조건은 실수 x_1, y_1이 이 직선의 방정식을 만족하는 수이므로 이 연립방정식의 해는 직선 l_1, l_2의 교점에 대응한다. 따라서 다음과 같은 세 가지 가능성이 존재한다.

(a) 직선 l_1과 l_2가 오직 한 점에서 만난다. 이 경우 식 (2)는 **일의적**인 한 해가 존재한다.

(b) 직선 l_1과 l_2가 일치한다. 이 경우 무한히 많은 교점이 존재하므로 **부정**(consistent)이다.

(c) 직선 l_1과 l_2가 평행하다. 이 경우 이들은 만나지 않으므로 해가 존재하지 않는다. 즉, **불능**(inconsistent)이다.

예제 6-7 다음 연립방정식의 해를 구하여라.

(1) $\begin{cases} x + y = 4 \\ 2x + 2y = 6 \end{cases}$ (2) $\begin{cases} 2x - y = 3 \\ 4x - 2y = 6 \end{cases}$

풀이

(1) 첫 번째 방정식과 두 번째 방정식을 그래프로 그려보면 평행하다. 따라서, 해가 존재하지 않는다(불능). (그림 6.1)

(2) 첫 번째 방정식과 두 번째 방정식을 그래프로 그려보면 일치한다. 따라서, 해가 무수히 많이 존재한다(부정). (그림 6.2)

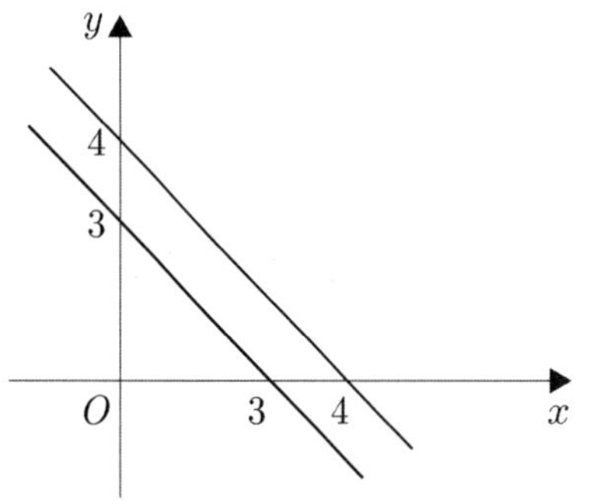

[그림 6.1]

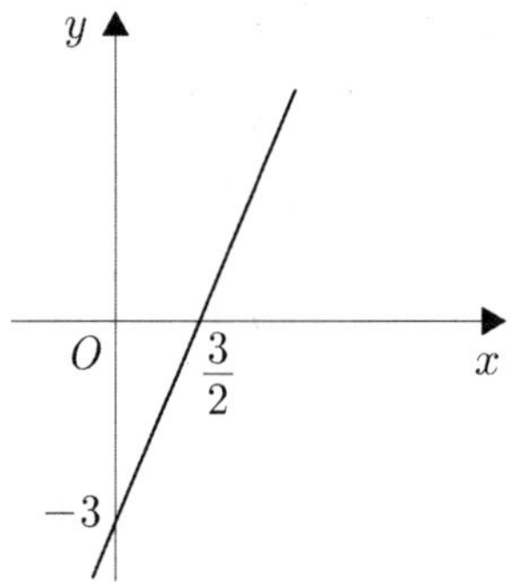

[그림 6.2]

비동차 연립방정식의 해법

비동차 연립방정식의 해법은 다음과 같은 방법으로 구한다.

(i) 한 방정식의 양변에 0이 아닌 상수를 곱한다.
(ii) 두 방정식을 교환한다.
(iii) 한 방정식에 상수 배를 하여 다른 방정식에 더한다.

이러한 연산을 기초로 하여 주어진 연립방정식의 확대행렬의 각 행에 다음과 같이 반복적으로 연산을 해도 무방하다.

(Ⅰ) 한 행에 0이 아닌 상수를 모두 곱한다.
(Ⅱ) 두 행을 교환한다.
(Ⅲ) 한 행에 상수 배를 하여 다른 행에 더한다.

이러한 연산을 **기본 행 연산**(elementary row operation)이라 한다. 결국, 이 기본 행 연산은 주어진 연립 1차방정식의 해집합을 변하지 않도록 하는 연산방법인 것이다. 따라서 연립 1차방정식을 체계적으로 풀기 위해 고안해 낸 방법이 바로 이 기본 행 연산에 기초를 둔 가우스-조르단 소거법인 것이다.

예제 6-8 다음 연립방정식을 기본 행 연산을 통해 풀어라.

$$\begin{cases} x_1 + x_2 + 2x_3 = 9 \\ 2x_1 + 4x_2 - 3x_3 = 1 \\ 3x_1 + 6x_2 - 5x_3 = 0 \end{cases}$$

풀이

$$\begin{cases} x+\ \ y+2z=9 \cdots E_1 \\ 2x+4y-3z=1 \cdots E_2 \\ 3x+6y-5z=0 \cdots E_3 \end{cases} \qquad \begin{pmatrix} 1 & 1 & 2 & 9 \\ 2 & 4 & -3 & 1 \\ 3 & 6 & -5 & 0 \end{pmatrix} \begin{pmatrix} \cdots R_1 \\ \cdots R_2 \\ \cdots R_3 \end{pmatrix}$$

[단계 1] $(E_2+E_1\times(-2))$ $(R_2+R_1\times(-2))$

$$\begin{cases} x+\ \ y+2z=9 \cdots E_1 \\ \quad 2y-7z=-17 \cdots E_2 \\ 3x+6y-5z=0 \cdots E_3 \end{cases} \qquad \begin{pmatrix} 1 & 1 & 2 & 9 \\ 0 & 2 & -7 & -17 \\ 3 & 6 & -5 & 0 \end{pmatrix} \begin{pmatrix} \cdots R_1 \\ \cdots R_2 \\ \cdots R_3 \end{pmatrix}$$

[단계 2] $(E_3+E_1\times(-3))$ $(R_3+R_1\times(-3))$

$$\begin{cases} x+\ \ y+2z=9 \cdots E_1 \\ \quad 2y-7z=-17 \cdots E_2 \\ \quad 3y-11z=-27 \cdots E_3 \end{cases} \qquad \begin{pmatrix} 1 & 1 & 2 & 9 \\ 0 & 2 & -7 & -17 \\ 0 & 3 & -11 & -27 \end{pmatrix} \begin{pmatrix} \cdots R_1 \\ \cdots R_2 \\ \cdots R_3 \end{pmatrix}$$

[단계 3] $\left(E_2\times\left(\frac{1}{2}\right)\right)$ $\left(R_2\times\left(\frac{1}{2}\right)\right)$

$$\begin{cases} x+y+2z=9 \cdots E_1 \\ \quad y-\frac{7}{2}z=-\frac{17}{2} \cdots E_2 \\ \quad 3y-11z=-27 \cdots E_3 \end{cases} \qquad \begin{pmatrix} 1 & 1 & 2 & 9 \\ 0 & 1 & -\frac{7}{2} & -\frac{17}{2} \\ 0 & 3 & -11 & -27 \end{pmatrix} \begin{pmatrix} \cdots R_1 \\ \cdots R_2 \\ \cdots R_3 \end{pmatrix}$$

[단계 4] $(E_1+E_2\times(-1))$ $(R_1+R_2\times(-1))$

$$\begin{cases} x+\frac{11}{2}z=\frac{35}{2} \cdots E_1 \\ y-\frac{7}{2}z=-\frac{17}{2} \cdots E_2 \\ 3y-11z=-27 \cdots E_3 \end{cases} \qquad \begin{pmatrix} 1 & 0 & 11/2 & 35/2 \\ 0 & 1 & -7/2 & -17/2 \\ 0 & 3 & -11 & -27 \end{pmatrix} \begin{pmatrix} \cdots R_1 \\ \cdots R_2 \\ \cdots R_3 \end{pmatrix}$$

[단계 5] $(E_3+E_2\times(-3))$ $(R_3+R_2\times(-3))$

$$\begin{cases} x\quad+\frac{11}{2}z=\frac{35}{2} \cdots E_1 \\ \quad y-\frac{7}{2}z=-\frac{17}{2} \cdots E_2 \\ \quad\quad -\frac{1}{2}z=-\frac{3}{2} \cdots E_3 \end{cases} \qquad \begin{pmatrix} 1 & 0 & \frac{11}{2} & \frac{35}{2} \\ 0 & 1 & -\frac{7}{2} & -\frac{17}{2} \\ 0 & 0 & -\frac{1}{2} & -\frac{3}{2} \end{pmatrix} \begin{pmatrix} \cdots R_1 \\ \cdots R_2 \\ \cdots R_3 \end{pmatrix}$$

[단계 6] $(E_3 \times (-2))$ $(R_3 \times (-2))$

$$\begin{cases} x + \dfrac{11}{2}z = \dfrac{35}{2} & \cdots E_1 \\ y - \dfrac{7}{2}z = -\dfrac{17}{2} & \cdots E_2 \\ z = 3 & \cdots E_3 \end{cases} \qquad \begin{pmatrix} 1 & 0 & 11/2 & 35/2 \\ 0 & 1 & -7/2 & -17/2 \\ 0 & 0 & 1 & 3 \end{pmatrix} \begin{pmatrix} \cdots R_1 \\ \cdots R_2 \\ \cdots R_3 \end{pmatrix}$$

[단계 7] $\left(E_2 + E_3 \times \left(-\dfrac{7}{2}\right)\right)$ $\left(R_2 + R_3 \times \left(-\dfrac{7}{2}\right)\right)$

$$\begin{cases} x + \dfrac{11}{2}z = \dfrac{35}{2} & \cdots E_1 \\ y = 2 & \cdots E_2 \\ z = 3 & \cdots E_3 \end{cases} \qquad \begin{pmatrix} 1 & 0 & 11/2 & 35/2 \\ 0 & 1 & 0 & 2 \\ 0 & 0 & 1 & 3 \end{pmatrix} \begin{pmatrix} \cdots R_1 \\ \cdots R_2 \\ \cdots R_3 \end{pmatrix}$$

[단계 8] $\left(E_1 + E_3 \times \left(-\dfrac{11}{2}\right)\right)$ $\left(R_1 + R_3 \times \left(-\dfrac{11}{2}\right)\right)$

$$\begin{cases} x = 1 \cdots E_1 \\ y = 2 \cdots E_2 \\ z = 3 \cdots E_3 \end{cases} \qquad \begin{pmatrix} 1 & 0 & 0 & 1 \\ 0 & 1 & 0 & 2 \\ 0 & 0 & 1 & 3 \end{pmatrix} \begin{pmatrix} \cdots R_1 \\ \cdots R_2 \\ \cdots R_3 \end{pmatrix}$$

따라서, $x = 1$, $y = 2$, $z = 3$을 얻게 된다. ■

연립 1차방정식을 풀기 위한 가우스-조르단 소거법은 방정식이 갖고 있는 모든 해를 구할 수 있는 한 방법이며 이제 이 방법에 대해서 소개한다. 이 방법의 기본 착상은 이미 언급한 기본 행 연산을 되풀이하여 연립방정식의 해를 단번에 알 수 있도록 주어진 연립방정식의 확대행렬을 매우 간단한 형식으로 바꾸어 주는 데 기초하고 있다.

가우스-조르단 소거법

방정식 또는 연립 1차방정식은 그 해가 같으면 **동치**(equivalent)라고 한다. 연립 1차방정식을 동치인 연립 1차방정식으로 반복하여 해의 형태로 표현될 때까지 치환해 가는 방법이 바로 **가우스-조르단 소거법**(Gauss-Jordan elimination)이다. 즉, 가우스-조르단 소거법은 주어진 연립 1차방정식의 확대행렬의 각 행에 동치연산을 유한 번 시행해 나가는 기본 행 연산에 기초한 것이라 볼 수 있다.

정리 6.3

동차 연립 1차방정식은 다음 성질을 만족한다.

(1) 연립방정식은 오직 자명한 해만을 갖든지 아니면 무한개의 해를 갖게 된다.
(2) 방정식의 개수보다 미지수의 개수가 많으면 항상 무한개의 해를 갖는다.

동차 연립 1차방정식 역시 가우스-조르단 소거법에 의해 그 해를 구하면 된다.

예제 6-9 다음 연립 1차방정식을 가우스-조르단 소거법에 의해 풀어라.

$$\begin{cases} 2x + 3y - z = 0 \\ x - y + 2z = 0 \\ x + 2y - z = 0 \end{cases}$$

풀이

주어진 연립방정식의 확대행렬은

$$\begin{pmatrix} 2 & 3 & -1 & 0 \\ 1 & -1 & 2 & 0 \\ 1 & 2 & -1 & 0 \end{pmatrix}$$

이다. 각 단계별 확대행렬의 1행을 R_1, 2행을 R_2, 3행을 R_3라 놓고 기본 행 연산을 다음과 같이 시행한다.

$$\begin{pmatrix} 2 & 3 & -1 & 0 \\ 1 & -1 & 2 & 0 \\ 1 & 2 & -1 & 0 \end{pmatrix} \xrightarrow[\Rightarrow]{(R_1\text{과 } R_2 \text{ 교환})} \begin{pmatrix} 1 & -1 & 2 & 0 \\ 2 & 3 & -1 & 0 \\ 1 & 2 & -1 & 0 \end{pmatrix}$$

$$\xrightarrow[\Rightarrow]{(R_2 + R_1 \times (-2))} \begin{pmatrix} 1 & -1 & 2 & 0 \\ 0 & 5 & -5 & 0 \\ 1 & 2 & -1 & 0 \end{pmatrix}$$

$$\xrightarrow[\Rightarrow]{(R_3 + R_1 \times (-1))} \begin{pmatrix} 1 & -1 & 2 & 0 \\ 0 & 5 & -5 & 0 \\ 0 & -3 & 3 & 0 \end{pmatrix}$$

$$\xrightarrow[\left(R_3 \times \left(\frac{1}{3}\right)\right)]{\left(R_2 \times \left(\frac{1}{5}\right)\right) \atop \Rightarrow} \begin{pmatrix} 1 & -1 & 2 & 0 \\ 0 & 1 & -1 & 0 \\ 0 & -1 & 1 & 0 \end{pmatrix}$$

$$\begin{array}{c}(R_1 + R_2)\\ \hline \Rightarrow \\ \hline (R_3 + R_2)\end{array} \begin{pmatrix} 1 & 0 & 1 & 0 \\ 0 & 1 & -1 & 0 \\ 0 & 0 & 0 & 0 \end{pmatrix}$$

따라서

$$x + z = 0$$
$$y - z = 0$$

를 의미하므로 $x = -z$, $y = z$이다. 그러므로 임의의 수 c에 대하여 위 식의 해는

$$x = -c$$
$$y = c$$
$$z = c$$

이다. 벡터 형으로 해를 나타내면,

$$X = (x, y, z) = c(-1, 1, 1)$$

이다. 이 경우는 해가 무수히 많은 경우이다. ∎

LU-분해

L을 하 삼각행렬, U을 상 삼각행렬이라 할 때 $n \times n$ 행렬인 정방행렬 A가 $A = LU$로 인자분해 되었을 때 이를 A의 LU-**분해**(LU-decomposition) 또는 A의 **삼각분해**(triangular decomposition)라 한다.

가우스 소거법과 가우스-조르단 소거법에 의해 연립 1차방정식은 확대행렬을 체계적으로 연산함으로써 풀리게 된다. 이때 계수행렬을 하 삼각행렬과 상 삼각행렬과의 곱으로 인수분해 하는데 그 기초를 둔 다른 방법을 논하기로 한다. 이 방법은 디지털 컴퓨터에 매우 적합하고 여러 가지 컴퓨터 프로그램에 대한 기초가 된다.

정리 6.4

L을 하 삼각행렬이라 할 때 A가 행 교환을 사용하지 않고 가우스 행렬 U로 변형될 수 있는 정방행렬이면 $A = LU$와 같이 인자분해 될 수 있다.

L을 하 삼각행렬, U을 상 삼각행렬이라 할 때 $n\times n$ 행렬 A가 $A = LU$로 인자분해 될 수 있다면 연립 1차방정식 $AX = B$는 다음과 같이 풀리게 된다.

[단계 1] 연립방정식 $AX = B$을 $LUX = B$로 나타낸다.

[단계 2] 새로운 $n\times 1$ 행렬을 $UX = Y$로 정의한다.

[단계 3] $UX = Y$을 사용하여 $LUX = B$을 $LY = B$로 나타내어 이 연립방정식을 Y에 관하여 푼다.

[단계 4] $UX = Y$에 Y을 대입하여 X값을 구한다.

이와 같은 방법은 단일 연립방정식 $AX = B$을 푸는 문제를 두 개의 연립방정식 $LY = B$와 $UX = Y$을 푸는 문제로 대치되나 후자의 연립방정식은 계수행렬이 삼각행렬이므로 쉽게 풀리게 된다.

예제 6-10 다음 연립방정식을 풀어라.

$$\begin{cases} 2x_1 + 6x_2 + 2x_3 = 2 \\ -3x_1 - 8x_2 = 2 \\ 4x_1 + 9x_2 + 2x_3 = 3 \end{cases}$$

풀이

위 연립방정식을 행렬방정식으로 나타내면

$$\begin{pmatrix} 2 & 6 & 2 \\ -3 & -8 & 0 \\ 4 & 9 & 2 \end{pmatrix}\begin{pmatrix} x_1 \\ x_2 \\ x_3 \end{pmatrix} = \begin{pmatrix} 2 \\ 2 \\ 3 \end{pmatrix}$$

이다. 여기에서 3×3 행렬인 정방행렬 $A = \begin{pmatrix} 2 & 6 & 2 \\ -3 & -8 & 0 \\ 4 & 9 & 2 \end{pmatrix}$, $X = \begin{pmatrix} x_1 \\ x_2 \\ x_3 \end{pmatrix}$, $B = \begin{pmatrix} 2 \\ 2 \\ 3 \end{pmatrix}$라 놓으면 위 연립방정식은 $AX = B$의 행렬방정식으로 표현된다. 이 행렬방정식을 풀기 위해 행렬 A을 먼저 LU분해를 해 보도록 하자. A을 가우스 행렬 U로 변형한 다음에 L을 계산하도록 한다. 위의 각 단계에 의해 계산하면 다음과 같다.

	가우스 행렬로 변형	행 연산에 대응하는 기본행렬	기본행렬의 역
	$\begin{pmatrix} 2 & 6 & 2 \\ -3 & -8 & 0 \\ 4 & 9 & 2 \end{pmatrix}$		
[단계 1]	$\Downarrow$	$E_1 = \begin{pmatrix} 1/2 & 0 & 0 \\ 0 & 1 & 0 \\ 0 & 0 & 1 \end{pmatrix}$	$E_1^{-1} = \begin{pmatrix} 2 & 0 & 0 \\ 0 & 1 & 0 \\ 0 & 0 & 1 \end{pmatrix}$
	$\begin{pmatrix} 1 & 3 & 1 \\ -3 & -8 & 0 \\ 4 & 9 & 2 \end{pmatrix}$		
[단계 2]	$\Downarrow$	$E_2 = \begin{pmatrix} 1 & 0 & 0 \\ 3 & 1 & 0 \\ 0 & 0 & 1 \end{pmatrix}$	$E_2^{-1} = \begin{pmatrix} 1 & 0 & 0 \\ -3 & 1 & 0 \\ 0 & 0 & 1 \end{pmatrix}$
	$\begin{pmatrix} 1 & 3 & 1 \\ 0 & 1 & 3 \\ 4 & 9 & 2 \end{pmatrix}$		
[단계 3]	$\Downarrow$	$E_3 = \begin{pmatrix} 1 & 0 & 0 \\ 0 & 1 & 0 \\ -4 & 0 & 1 \end{pmatrix}$	$E_3^{-1} = \begin{pmatrix} 1 & 0 & 0 \\ 0 & 1 & 0 \\ 4 & 0 & 1 \end{pmatrix}$
	$\begin{pmatrix} 1 & 3 & 1 \\ 0 & 1 & 3 \\ 0 & -3 & -2 \end{pmatrix}$		
[단계 4]	$\Downarrow$	$E_4 = \begin{pmatrix} 1 & 0 & 0 \\ 0 & 1 & 0 \\ 0 & 3 & 1 \end{pmatrix}$	$E_4^{-1} = \begin{pmatrix} 1 & 0 & 0 \\ 0 & 1 & 0 \\ 0 & -3 & 1 \end{pmatrix}$
	$\begin{pmatrix} 1 & 3 & 1 \\ 0 & 1 & 3 \\ 0 & 0 & 7 \end{pmatrix}$		
[단계 5]	$\Downarrow$	$E_5 = \begin{pmatrix} 1 & 0 & 0 \\ 0 & 1 & 0 \\ 0 & 0 & 1/7 \end{pmatrix}$	$E_5^{-1} = \begin{pmatrix} 1 & 0 & 0 \\ 0 & 1 & 0 \\ 0 & 0 & 7 \end{pmatrix}$
	$\begin{pmatrix} 1 & 3 & 1 \\ 0 & 1 & 3 \\ 0 & 0 & 1 \end{pmatrix}$		

따라서 $U = \begin{pmatrix} 1 & 3 & 1 \\ 0 & 1 & 3 \\ 0 & 0 & 1 \end{pmatrix}$이고 $L = E_1^{-1} E_2^{-1} E_3^{-1} E_4^{-1} E_5^{-1}$이므로

$$L=\begin{pmatrix}2&0&0\\0&1&0\\0&0&1\end{pmatrix}\begin{pmatrix}1&0&0\\-3&1&0\\0&0&1\end{pmatrix}\begin{pmatrix}1&0&0\\0&1&0\\4&0&1\end{pmatrix}\begin{pmatrix}1&0&0\\0&1&0\\0&-3&1\end{pmatrix}\begin{pmatrix}1&0&0\\0&1&0\\0&0&7\end{pmatrix}$$

$$=\begin{pmatrix}2&0&0\\-3&1&0\\4&-3&7\end{pmatrix}$$

이다. 따라서

$$A=\begin{pmatrix}2&6&2\\-3&-8&0\\4&9&2\end{pmatrix}=\begin{pmatrix}2&0&0\\-3&1&0\\4&-3&7\end{pmatrix}\begin{pmatrix}1&3&1\\0&1&3\\0&0&1\end{pmatrix}$$

이 A의 LU-분해이다. 그러므로 연립방정식 [단계 1]에 의해 $AX=B$을 $LUX=B$로 나타내면

$$\begin{pmatrix}2&0&0\\-3&1&0\\4&-3&7\end{pmatrix}\begin{pmatrix}1&3&1\\0&1&3\\0&0&1\end{pmatrix}\begin{pmatrix}x_1\\x_2\\x_3\end{pmatrix}=\begin{pmatrix}2\\2\\3\end{pmatrix}$$

이다. [단계 2]에 의해

$$\begin{pmatrix}1&3&1\\0&1&3\\0&0&1\end{pmatrix}\begin{pmatrix}x_1\\x_2\\x_3\end{pmatrix}=\begin{pmatrix}y_1\\y_2\\y_3\end{pmatrix}$$

로 정의한다. [단계 3]에 의해

$$\begin{pmatrix}2&0&0\\-3&1&0\\4&-3&7\end{pmatrix}\begin{pmatrix}y_1\\y_2\\y_3\end{pmatrix}=\begin{pmatrix}2\\2\\3\end{pmatrix}$$

으로 고쳐서 나타낸다. 즉,

$$\begin{cases}2y_1 = 2\\ -3y_1+y_2 = 2\\ 4y_1-3y_2+7y_3=3\end{cases}$$

따라서 $y_1=1,\ y_2=5,\ y_3=2$ 이다. 이 값들을 [단계 4]에 의해 $UX=Y$에 Y을 대입하면

$$\begin{pmatrix} 1 & 3 & 1 \\ 0 & 1 & 3 \\ 0 & 0 & 1 \end{pmatrix}\begin{pmatrix} x_1 \\ x_2 \\ x_3 \end{pmatrix} = \begin{pmatrix} 1 \\ 5 \\ 2 \end{pmatrix}$$

가 되어 연립방정식

$$\begin{cases} x_1 + 3x_2 + \ \ x_3 = 2 \\ \qquad\ \ x_2 + 3x_3 = 2 \\ \qquad\qquad\quad x_3 = 2 \end{cases}$$

을 풀면 $x_1 = 2$, $x_2 = -1$, $x_3 = 2$을 얻게 된다. ▮

역행렬

정방행렬 A 에 대하여

$$AB = BA = E$$

를 만족하는 정방행렬 B가 존재할 때, A를 **정칙**(regular) 또는 **가역**(invertible)이라 한다. 이때, B를 A의 **역행렬**(inverse matrix)이라 하고 A^{-1}로 나타낸다. 즉,

$$AA^{-1} = A^{-1}A = E$$

이다.

예제 6-11 다음 행렬 $A = \begin{pmatrix} 2 & -5 \\ -1 & 3 \end{pmatrix}$, $B = \begin{pmatrix} 3 & 5 \\ 1 & 2 \end{pmatrix}$에서 행렬 B는 행렬 A의 역행렬임을 보여라.

풀이

$$AB = \begin{pmatrix} 2 & -5 \\ -1 & 3 \end{pmatrix}\begin{pmatrix} 3 & 5 \\ 1 & 2 \end{pmatrix} = \begin{pmatrix} 1 & 0 \\ 0 & 1 \end{pmatrix} = E$$

이고 또한

$$BA = \begin{pmatrix} 3 & 5 \\ 1 & 2 \end{pmatrix}\begin{pmatrix} 2 & -5 \\ -1 & 3 \end{pmatrix} = \begin{pmatrix} 1 & 0 \\ 0 & 1 \end{pmatrix} = E$$

이므로 정의에 의해 행렬 B는 행렬 A의 역행렬이다. ▮

정리 6.5

A가 정방행렬이라 할 때 행렬의 지수를 다음과 같이 정의한다.

(1) $A^0 = E$, $A^n = A \times A \times \cdots \times A$ (A가 n개)

특히, A가 정칙일 때

(2) $A^{-n} = (A^{-1})^n = A^{-1} \times A^{-1} \times \cdots \times A^{-1}$ (A^{-1}가 n개)

위와 같이 정의하면 $A^r \times A^s = A^{r+s}$이고 $(A^r)^s = A^{rs}$가 성립함을 알 수 있다. 여기에서 지수들은 모두 자연수이다.

정리 6.6

A, B 가 크기가 같은 정칙행렬이라 할 때, 다음이 성립한다.

(1) AB 는 정칙이다.

(2) $(AB)^{-1} = B^{-1}A^{-1}$.

(3) 역행렬 A^{-1}는 단 하나 존재한다.

(4) A^{-1}는 정칙이고 $(A^{-1})^{-1} = A$.

(5) A^n은 정칙이고 $(A^n)^{-1} = (A^{-1})^n$, $(n = 0, 1, 2, \cdots)$.

(6) 임의의 $k(\neq 0)$에 대하여 kA는 정칙이고, $(kA)^{-1} = \frac{1}{k}A^{-1}$.

예제 6-12 다음 행렬A에 대하여 역행렬이 존재하면 A^{-1}을 구하여라.

(1) $A = \begin{pmatrix} 3 & 4 \\ 2 & 3 \end{pmatrix}$　　(2) $A = \begin{pmatrix} 2 & 3 \\ 4 & 6 \end{pmatrix}$

풀이

(1) A^{-1}을 $X = \begin{pmatrix} a & b \\ c & d \end{pmatrix}$라 놓으면,

$$AX = \begin{pmatrix} 3 & 4 \\ 2 & 3 \end{pmatrix}\begin{pmatrix} a & b \\ c & d \end{pmatrix} = \begin{pmatrix} 1 & 0 \\ 0 & 1 \end{pmatrix}$$

$$\begin{pmatrix} 3a+4c & 3b+4d \\ 2a+3c & 2b+3d \end{pmatrix} = \begin{pmatrix} 1 & 0 \\ 0 & 1 \end{pmatrix}$$

$$\therefore 3a+4c=1, 3b+4d=0, 2a+3c=0, 2b+3d=1$$

연립하여 풀면,

$$a=3, b=-4, c=-2, d=3$$

그러므로 $A^{-1} = \begin{pmatrix} 3 & -4 \\ -2 & 3 \end{pmatrix}$

(2) 같은 방법으로 풀면,

$$2a+3c=1,\ 2b+3d=0,\ 4a+6c=0,\ 4b+6d=1$$

이 식을 만족하는 a,b,c,d는 존재하지 않는다. 따라서 A^{-1}는 존재하지 않는다. ▮

가우스 소거법을 이용하여 정방행렬 A의 역행렬을 구하고자 할 때, A을 기본 행 연산에 의해 단위행렬로 변형시키고 동시에 이들 연산을 A와 크기가 같은 단위행렬 E에 적용하여 A^{-1}을 구하는 방법이다. 이것은 $[A \mid E]$로 두고서 좌변이 E가 될 때까지 기본 행 연산을 실시하면 $[E \mid A^{-1}]$인 형식으로 바뀔 것이다. 이때, 우변이 바로 A의 역행렬이 되는 것이다.

예제 6-13 $A = \begin{pmatrix} 1 & 2 & 3 \\ 2 & 5 & 3 \\ 1 & 0 & 8 \end{pmatrix}$의 역행렬을 가우스 소거법 이용하여 구하여라.

풀이

$$[A \mid E]\ ;\ \begin{matrix} R_1 \\ R_2 \\ R_3 \end{matrix}\left(\begin{array}{ccc|ccc} 1 & 2 & 3 & 1 & 0 & 0 \\ 2 & 5 & 3 & 0 & 1 & 0 \\ 1 & 0 & 0 & 0 & 0 & 1 \end{array}\right)$$

$$\xrightarrow[(-R_1+R_3)]{(-2R_1+R_2)} \left(\begin{array}{ccc|ccc} 1 & 2 & 3 & 1 & 0 & 0 \\ 0 & 1 & -3 & -2 & 1 & 0 \\ 0 & -2 & 5 & -1 & 0 & 1 \end{array}\right)$$

$$\xrightarrow{(2R_2+R_3)} \left(\begin{array}{ccc|ccc} 1 & 2 & 3 & 1 & 0 & 0 \\ 0 & 1 & -3 & -2 & 1 & 0 \\ 0 & 0 & -1 & -5 & 2 & 1 \end{array}\right)$$

$$\xrightarrow{((-1)\times R_3)} \left(\begin{array}{ccc|ccc} 1 & 2 & 3 & 1 & 0 & 0 \\ 0 & 1 & -3 & -2 & 1 & 0 \\ 0 & 0 & 1 & 5 & -2 & -1 \end{array}\right)$$

$$\xrightarrow[(-3R_3+R_1)]{(3R_3+R_2)} \begin{pmatrix} 1 & 2 & 0 & \vdots & -14 & 6 & 3 \\ 0 & 1 & 0 & \vdots & 13 & -5 & -3 \\ 0 & 0 & 1 & \vdots & 5 & -2 & -1 \end{pmatrix}$$

$$\xrightarrow{(-2R_2)+R_1} \begin{pmatrix} 1 & 0 & 0 & \vdots & -40 & 16 & 9 \\ 0 & 1 & 0 & \vdots & 13 & -5 & -3 \\ 0 & 0 & 1 & \vdots & 5 & -2 & -1 \end{pmatrix} ; [E \mid A^{-1}]$$

따라서 $A^{-1} = \begin{pmatrix} -40 & 16 & 9 \\ 13 & -5 & -3 \\ 5 & -2 & -1 \end{pmatrix}$을 얻는다. ∎

3. 좌표와 직선

평면상의 좌표

평면상에 평행하지 않은 두 직선이 만나는 점을 O라 하자. 이때, 두 직선을 각각 x축, y축이라 하고 두 직선이 만나는 교각의 크기를 θ라 하자. P을 평면상의 한 점이라 할 때 P에서 x축과의 교점을 M, P에서 x축에 평행선을 그어 y축과의 교점을 N이라 하자. 이때,

$$OM = NP = x, \quad ON = MP = y$$

라 놓았을 때 M의 위치가 y축 오른 쪽에 있으면 $x > 0$, 반대일 때는 $x < 0$으로 정의한다. 또, N의 위치가 x축 위쪽에 있으면 $y > 0$, 아래쪽에 있으면 $y < 0$으로 정한다. 이 x, y 을 점 P의 좌표라 하고 $P = (x, y)$ 또는 $P(x, y)$로 나타낸다. 또, x를 **횡좌표**, y을 **종좌표**라 하고 x축, y축을 **좌표축**, 0을 **원점**, θ을 **교각**이라 한다. $\theta = \frac{\pi}{2}$일 때의 좌표를 **직교좌표**, $\theta \neq \frac{\pi}{2}$일 때의 좌표를 **평행좌표**라고 한다. 미적분학에서는 직교좌표를 주로 다루나 좀 더 일반적인 사고를 위해 평행좌표에서 여러 가지를 생각해 보도록 하자.

내분점과 외분점

평행좌표상에 두 점 $P_1(x_1, y_1)$, $P_2(x_2, y_2)$가 주어지고 선분 P_1P_2 위에 점 $P(x, y)$가 있을 때 점 P는 선분 P_1P_2을 **내분한다**고 하고, 점 P을 **내분점**이라 한다. 그리고

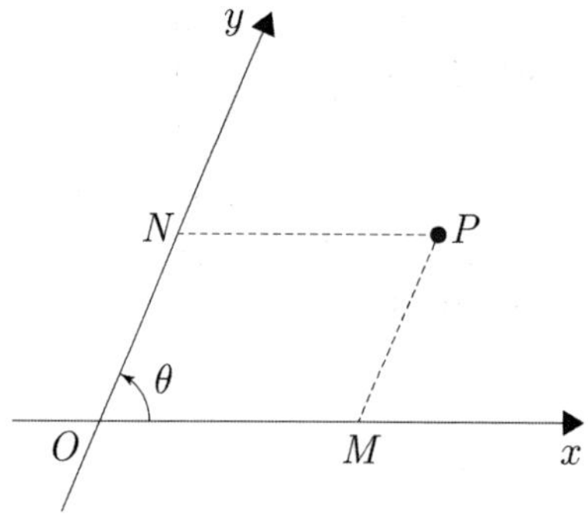

[그림 6.3]

$$\overline{PP_1} : \overline{PP_2} = m : n$$

이면 P는 선분 P_1P_2를 $m : n$으로 내분한다고 하고, 이때 x, y 좌표는

$$x = \frac{mx_2 + nx_1}{m + n}, \quad y = \frac{my_2 + ny_1}{m + n}$$

이 된다(그림 6.4 참조).

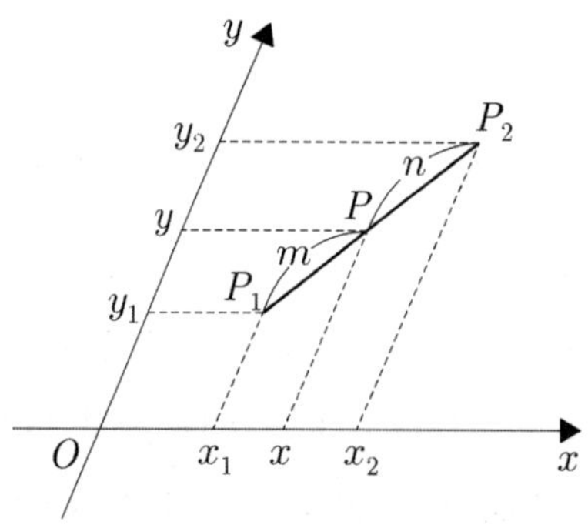

[그림 6.4]

특히, $m = n$일 때, 즉 P가 $\overline{P_1P_2}$의 중점일 때는

$$x = \frac{x_1 + x_2}{2}, \quad y = \frac{y_1 + y_2}{2}$$

가 된다. 또, 선분 P_1P_2의 연장 위에 점 P가 존재할 때 점 P는 선분 P_1P_2을 **외분한다**

고 하고, 점 P을 **외분점**이라 한다. 그리고

$$\overline{P_1P} : \overline{P_2P} = m : n$$

이면 P는 선분 P_1P_2를 $m : n$으로 외분한다고 하고, 이때 x, y좌표는

$$x = \frac{mx_2 - nx_1}{m - n}, \quad y = \frac{my_2 - ny_1}{m - n}$$

이 된다(그림 6.5 참조).

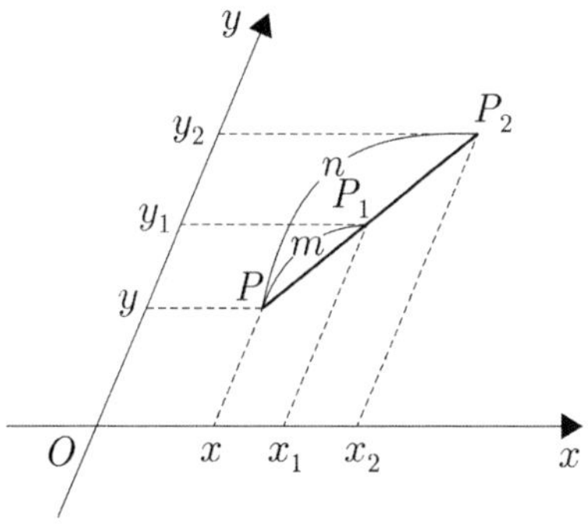

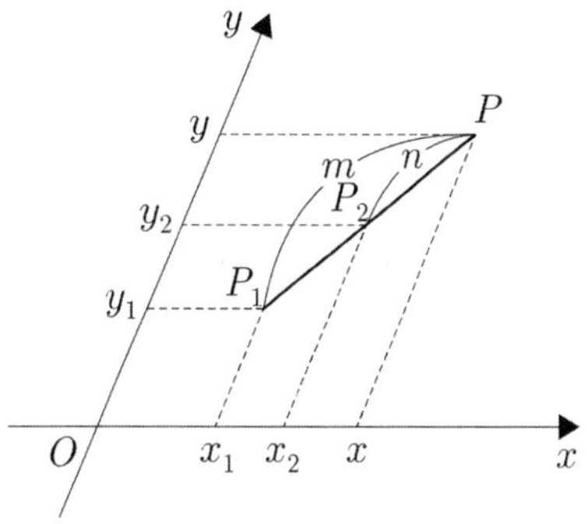

[그림 6.5]

| 예제 6-14 평행좌표 위에 세 점 $A(x_1, y_1)$, $B(x_2, y_2)$, $C(x_3, y_3)$가 주어졌을 때 $\triangle ABC$의 무게중심 $G(x, y)$을 구하여라.

풀이

$\overline{AB}$의 중점을 $M(x', y')$라 하면

$$x' = \frac{x_1 + x_2}{2}, \quad y' = \frac{y_1 + y_2}{2}$$

이 된다. 따라서 무게중심 G는 $\overline{CM}$을 $2 : 1$로 내분하는 점이므로

$$x = \frac{2x' + x_3}{3} = \frac{x_1 + x_2 + x_3}{3}$$

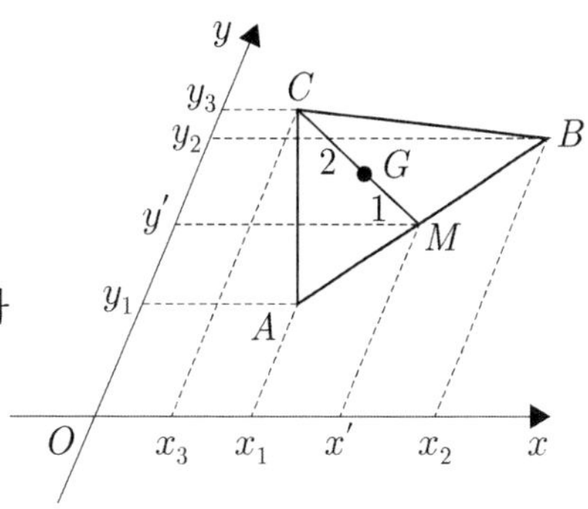

[그림 6.6]

$$y = \frac{2y' + y_3}{3} = \frac{y_1 + y_2 + y_3}{3}$$

이다. ▮

직선의 방정식

직교좌표상에서의 직선의 방정식은 1장에서 증명 없이 소개하였다. 평행좌표상에서도 유형별로 소개하면 다음과 같다.

(A) 두 점 $P_1(x_1, y_1)$, $P_2(x_2, y_2)$를 지나는 직선의 방정식 :

$$y - y_1 = \frac{y_2 - y_1}{x_2 - x_1}(x - x_1) \ (\text{단}, x_1 \neq x_2)$$

(B) 기울기(방향계수)가 m이고 점 $P_1(x_1, y_2)$을 지나는 직선의 방정식 :

$$y - y_1 = m(x - x_1)$$

(C) x 절편이 a, y 절편이 b인 직선의 방정식 :

$$\frac{x}{a} + \frac{y}{b} = 1$$

(D) Hesse의 표준형 : 직교좌표 상에서 [그림 6.7]의 원점을 지나지 않는 직선 l을 생각해 보자. 원점 O에서 직선 l에 수선을 내려 교점을 H라 하고 $\overline{OH} = P$라 놓자. 직선 l 위에 임의의 점 $P(x, y)$을 잡아 $\overline{OP} = r$이라 놓자. 이때, x축과

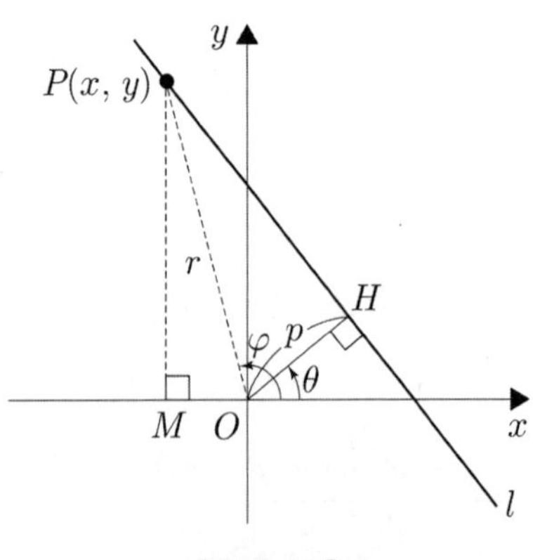

[그림 6.7]

$\overline{OH}$가 이루는 각을 θ, x축과 $\overline{OP}$가 이루는 각을 φ라 하면

$$x = r\cos\varphi,\ y = r\sin\varphi,\ p = r\cos(\varphi - \theta)$$

가 된다. 따라서 $P = r(\cos\varphi\cos\theta + \sin\varphi\sin\theta) = x\cos\theta + y\sin\theta$, 즉

$$x\cos\theta + y\sin\theta = p \quad (p > 0)$$

가 되어 직선 l의 방정식으로서 Hesse의 **표준형**이라 한다. 다시 말해서, 각 θ의 크기와 원점 O에서 직선 l까지의 거리 p을 알면 l의 직선의 방정식을 구할 수 있다.

일반적으로 직선 $ax + by + c = 0$을 Hesse의 표준형으로 고치면

$$\pm\left(\frac{a}{\sqrt{a^2+b^2}}x + \frac{b}{\sqrt{a^2+b^2}}y + \frac{c}{\sqrt{a^2+b^2}}\right) = 0$$

로 나타내어진다. 여기서 앞의 복부호는 c의 부호와 반대로 잡는다.

예제 6-15 직선 $2x - 3y - 1 = 0$을 Hesse의 표준형으로 고쳐라.

풀이

$a = 2,\ b = -3,\ c = -1$이므로 복부호는 $+$로 선택하고 표준형은

$$\frac{2}{\sqrt{13}}x - \frac{3}{\sqrt{13}}y - \frac{1}{\sqrt{13}} = 0$$

가 된다. ∎

점과 직선과의 거리

직교좌표상의 직선 l에서 점 $P_0(x_0, y_0)$까지의 거리 d를 구해보자. 먼저, 점 $P_0(x_0, y_0)$을 지나고 직선 l에 평행한 직선 l'라 하고 원점 O에서 두 직선 l, l'에 수선을 내려 만나는 점을 각각 H, H_0라 하자. 그리고 $\overline{OH} = p$, $\overline{OH_0} = p_0$라고 하자. x축과 $\overline{OH}$가 이루는 각을 θ라 하면 l과 l'의 Hesse의 표준형은

$$l : x\cos\theta + y\sin\theta = p \quad (p > 0)$$
$$l' : x\cos\theta + y\sin\theta = p_0 \quad (p_0 > 0)$$

이 된다. 그런데 $P_0(x_0, y_0)$가 l' 위에 있으므로

$$x_0\cos\theta + y_0\sin\theta = p_0$$

가 되고

$$d = p - p_0$$

이므로

$$d = p - (x_0\cos\theta + y_0\sin\theta)$$

이 된다. 이와 같이 부호까지 고려한 거리를 유향거리라 한다. 즉, 이 점 $P_0(x_0, y_0)$가 원점에 대하여 직선 l 안쪽에 있으면 $d < 0$, 바깥쪽에 있으면 $d > 0$이다.

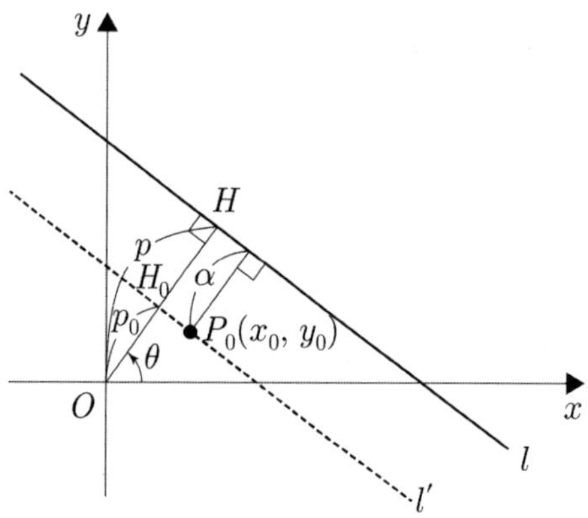

[그림 6.8]

정리 6.7

한 점 $P_0(x_0, y_0)$에서 직선 $ax + by + c = 0$에 내린 수선의 길이 d는

$$|d| = \frac{|ax_0 + by_0 + c|}{\sqrt{a^2 + b^2}}$$

로 표시된다.

4. 벡터와 내적, 외적

벡터의 정의

공간(직선 또는 평면도 포함)상의 한 점 P에 대하여 원점 O에서 P로 방향을 갖는 선분을 유향선분이라 하고 $\overrightarrow{OP}$로 나타낸다. 이때 O를 **시점**(initial point), P를 **종점**(terminal point)이라 한다. $\overrightarrow{OP}$를 평행이동 시킨 유향성분 전체를 통틀어서 **벡터**(vector)라 하고 그 길이를 벡터의 크기, 그 방향을 벡터의 방향이라 한다. 시점과 종점은 보통 대문자

$$A, B, C, \cdots, X, Y, Z$$

로 나타내고 벡터는 소문자 $\boldsymbol{a}, \boldsymbol{b}$ 등 굵은 문자 또는 $\vec{a}$, $\vec{b}$ 등으로 나타낸다. 벡터 $\vec{a}$의 크기는 $|\vec{a}|$로 표시하고 여기서 $\overrightarrow{OP}$을 대표벡터 $\vec{a}$라 하고, $\overrightarrow{OP} = \vec{a}$로 나타낸다. 결국, 크기와 방향을 함께 가지고 있는 양을 벡터, 크기만을 가지고 있는 양을 **스칼라**(scalar)라고 한다. 예를 들어, 힘, 속도, 가속도, 변위, 운동량은 벡터이고 길이, 시간, 질량, 속력, 에너지 등은 스칼라이다.

벡터의 합·차

다음 [그림 6.9]와 같이 두 벡터 $\vec{a}$와 $\vec{b}$가 주어졌을 때 이 두 벡터를 합성하여 그 합을 만들려면, 벡터 $\vec{b}$의 시점을 벡터 $\vec{a}$의 종점에 일치시켜 동치인 선분을 만들고 [그림 6.10]과 같이 이 두 선분이 만드는 삼각형의 제3변으로 결정되는 벡터를 $\vec{a}$와 $\vec{b}$의 합 벡터 $\vec{a} + \vec{b}$로 정의한다. 또한 [그림 6.11]과 같이 두 벡터의 시점을 일치시킨 다음 평행사변형

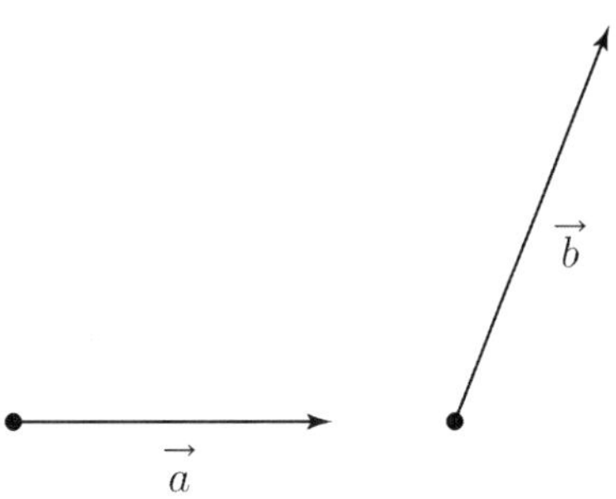

[그림 6.9]

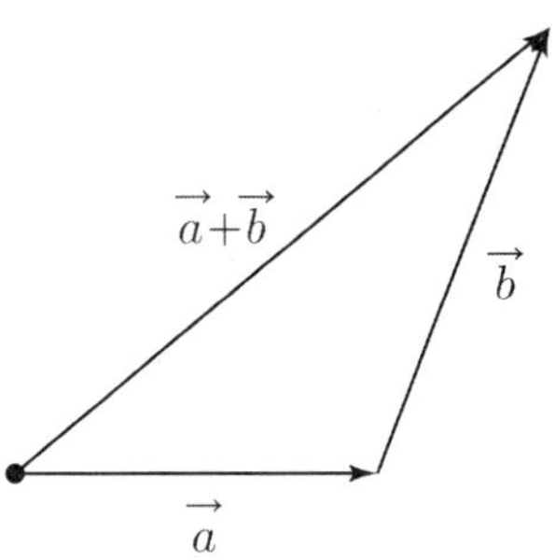

[그림 6.10]

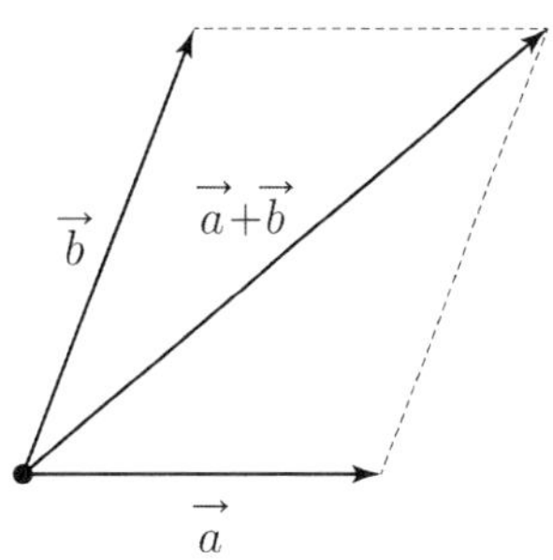

[그림 6.11]

을 만들고 합 $\vec{a}+\vec{b}$을 구할 수도 있다.

[그림 6.11]과 같은 방법을 **삼각형법**(the triangular law), 둘째 방법을 **평행사변형법**(the parallelogram law)이라고 부른다. 벡터 $\vec{a}$의 크기(길이)를 $\|\vec{a}\|$로 표시하고 $\vec{a}$의 **절댓값**(absolute value)이라고 하고 선분 AB의 길이는 $|AB|$로 표시한다.

유향선분 AB가 벡터 $\vec{a}$을 나타내면 $\|\vec{a}\|=|AB|$이다, 또한 벡터 $\vec{a}$에 대하여 $-\vec{a}$는 $\vec{a}$와 절댓값이 같고 방향이 반대인 벡터로 정의한다. 따라서 또한 벡터 $\vec{a}$와 $\vec{b}$에 대하여

$$\vec{a}-\vec{b}=\vec{a}+(-\vec{b})$$

로 정의하여 벡터의 차로 취급하기로 한다. 한편, 절댓값이 0인 벡터는 생각하기 힘들지만 편의상 O를 절댓값이 0이고 방향은 임의인 벡터로 정의하고 이를 **영벡터**(zero vector)로 부르기로 한다.

예제 6-16 서쪽에서 동쪽으로 시속 5㎞의 속도로 흐르는 강물을 시속 20㎞의 속도로 항해하는 보트로 동쪽과 50°의 각을 이루고 남쪽 연안에서 북쪽 연안으로 건너갈 때 육지를 기준으로 한 이 보트의 실제 속력을 구하여라.

풀이

[그림 6.12]에서 유향선분 AB와 BC는 각각 강물의 속력과 보트의 속력을 나타내므로 보트의 실제 속력은 유향선분 AC이다. 이 선분의 길이는 시속 약 24㎞이고 또 강의 남쪽 연안과 북쪽으로 약 40°의 각을 이룬다.

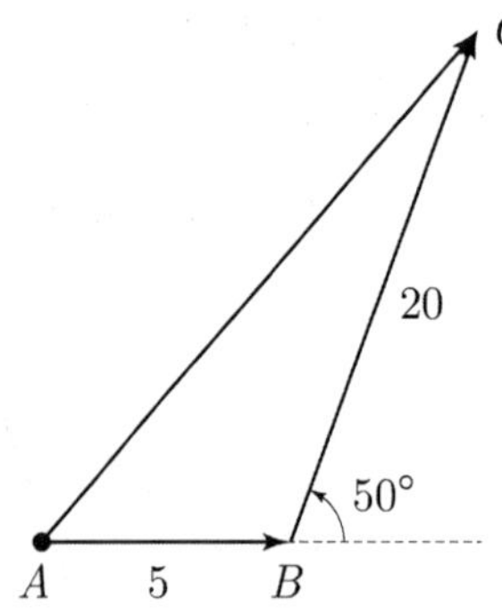

[그림 6.12]

스칼라 곱

$\overrightarrow{a}$ 가 벡터이고 r이 실수일 때 $r>0$이면 $r\overrightarrow{a}$ 는 $\overrightarrow{a}$ 와 방향이 같고, $r<0$이면 방향이 반대이며,

$$\| r\overrightarrow{a} \| = | r | \; \| \overrightarrow{a} \|$$

즉, $r\overrightarrow{a}$ 의 절댓값은 $\overrightarrow{a}$ 의 절댓값에 $|r|$을 곱한 것과 같은 벡터로 정의하고 이 벡터를 $\overrightarrow{a}$ 의 **스칼라 곱**이라고 한다. 또, $r=0$이면 $r\overrightarrow{a}$ 는 영벡터로 정의한다. [그림 6.13]은 벡터 $\overrightarrow{a}$ 가 주어졌을 때 이 벡터의 몇 개의 스칼라 곱을 보인 것이다.

평행인 유향선분들을 **평행벡터**(parallel vector)라고 한다. 두 벡터가 평행이면 한 벡터는 다른 벡터의 스칼라 곱이다.

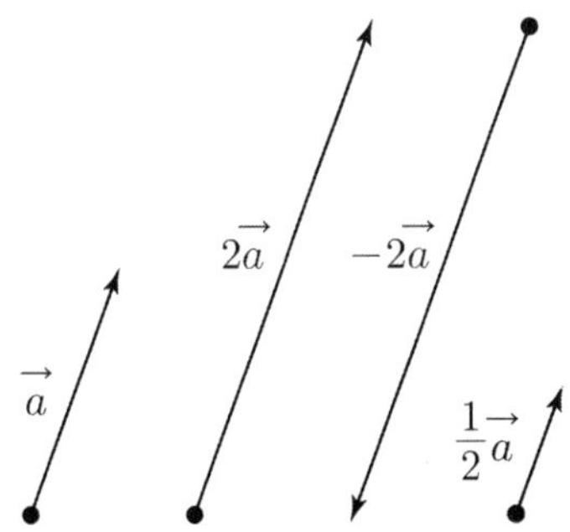

[그림 6.13]

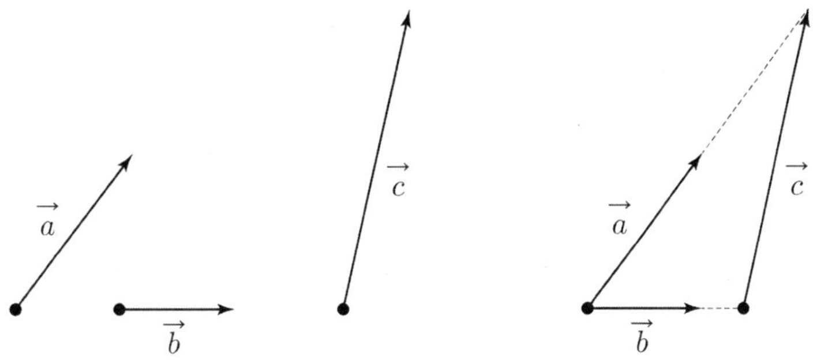

[그림 6.14]

좌표공간에서의 벡터

해석기하학에서 가장 기본이 되는 착상은 공간에 좌표계를 도입하여 공간의 각 점에 좌표를 대응시키는 것이다. 보기를 들면, 평면 위의 점에는 실수의 순서쌍(x,y)을, 3차원 공간의 각 점에는 실수의 순서 세 쌍(x,y,z)을 대응시킨다. 실수의 순서 n쌍 $(x_1, x_2, \cdots, x_n)$으로 이루어진 n차원 공간은 $n > 3$이면 기하학적 도형으로 표시할 수는 없으나, 일반성을 잃지 않기 위하여 이 공간을 대상으로 좀 더 연구하여 보자. 그리고 지금부터 벡터의 표시를 $\overrightarrow{a}$ 대신 대문자 A로 나타내기로 한다.

정리 6.8

$A=(a_1, a_2, \cdots, a_n)$과 $B=(b_1, b_2, \cdots, b_n)$을 n차원 공간상의 두 점이라 하고, r을 스칼라라고 하면,

$$A+B=(a_1+b_1, a_2+b_2, \cdots, a_n+b_n)$$
$$rA=(ra_1, ra_2, \cdots, ra_n)$$

으로 정의하고 각각을 합, 스칼라 곱이라 한다.

정리 6.9

$O=(0,0,\cdots,0)$이라 하고 $-A=(-1)A$, $A-B=A+(-1)B$로 정의하면, 다음 성질이 성립함을 쉽게 알 수 있다.

(1) $(A+B)+C=A+(B+C)$ (2) $A+B=B+A$

(3) $A+O=O+A=A$ (4) $A-A=O$

(5) $r(A+B)=rA+rB$ (6) $(r_1+r_2)A=r_1A+r_2A$

(7) $(r_1r_2)A=r_1(r_2A)$ (단, $r, r_1, r_2 \in R$)

순서 n쌍으로 표시되는 n차원 공간의 점을 **좌표벡터**(coordinate vector)라고 한다. 좌표벡터란 이름을 붙인 것은 순서 n쌍이 n차원 공간의 점의 좌표이기 때문이다. 실제로 $2 \leqq n \leqq 3$이면, 좌표벡터는 앞에서 논한 선분벡터와 동치가 된다.

$A=(a_1, a_2, a_3)$를 3차원 공간의 임의의 벡터라 하면 이 벡터는 [그림 6.15]와 같이 원점과 A를 잇는 유향선분으로 나타난다. 이 선분의 길이는 피타고라스의 정리에 의하여 $\sqrt{{a_1}^2+{a_2}^2+{a_3}^2}$ 이고 이것을 $\| A \|$ 로 표시하였다. 이것을 n차원 공간에 확장하면 다음 정의를 얻는다.

정의 6.10

벡터 $A=(a_1, a_2, \cdots, a_n)$의 **절댓값**(magnitude, length, norm)은

$$\sqrt{{a^2}_1+{a^2}_2+\cdots+{a_n}^2}$$

으로 정의하고 $\| A \|$ 로 표시한다. 즉,

$$\| A \| = \sqrt{{a_1}^2+{a_2}^2+\cdots+{a_n}^2}$$

이다.

예제 6-17 다음 벡터의 절댓값을 구하여라.

(1) $A=(-2,3)$

(2) $B=(3,-1,2)$

(3) $C=(1,-2,4,-2)$

풀이

(1) $A=(-2,3)$이면 $\| A \| = \sqrt{4+9}=\sqrt{13}$

(2) $B=(3,-1,2)$이면 $\| B \| = \sqrt{9+1+4}=\sqrt{14}$

(3) $C=(1,-2,4,-2)$이면 $\| C \| = \sqrt{1+4+16+4}=\sqrt{25}=5$

벡터의 방향코사인

[그림 6.15]에서 α, β, γ는 각각 벡터 A가 좌표축과 이루는 각이었다. 이들 각의 방향코사인을 구하면,

$$\cos\alpha = \frac{a_1}{\sqrt{{a_1}^2+{a_2}^2+{a_3}^3}} = \frac{a_1}{\| A \|}$$

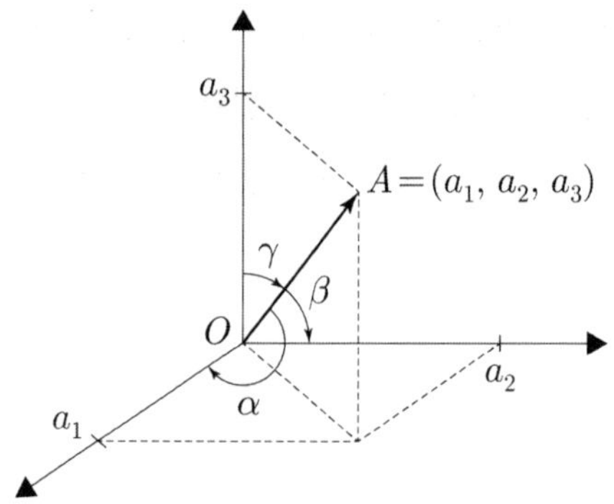

[그림 6.15]

$$\cos\beta = \frac{a_2}{\sqrt{{a_1}^2 + {a_2}^2 + {a_3}^2}} = \frac{a_2}{\| A \|}$$

$$\cos\gamma = \frac{a_3}{\sqrt{{a_1}^2 + {a_2}^2 + {a_3}^2}} = \frac{a_3}{\| A \|}$$

가 되며, 이 세 코사인의 값을 알면 벡터의 방향이 결정됨은 물론이다. 이러한 의미에서 이 세 수를 벡터 A의 **방향코사인**(direction cosine)이라고 한다.

두 벡터의 교각

지금 O이 아닌 두 벡터 $A=(a_1, a_2, a_3)$와 $B=(b_1, b_2, b_3)$가 주어졌다면 두 벡터가 이루는 각 θ는 코사인 법칙을 이용하여 쉽사리 구할 수 있다.

실제로, $\triangle OAB$에서

$$|AB|^2 = |OA|^2 + |OB|^2 - 2|OA|\ |OB|\cos\theta$$

이고, $|AB| = \| B-A \|$, $|OA| = \| A \|$, $|OB| = \| B \|$ 이므로

$$|AB|^2 = \| B-A \|^2 = (b_1 - a_1)^2 + (b_2 - a_2)^2 + (b_3 - a_3)^3$$

$$|OA|^2 = \| A \|^2 = {a_1}^2 + {a_2}^2 + {a_3}^2$$

$$|OB|^2 = \| B \|^2 = {a_3}^2 + {a_2}^2 + {a_1}^2$$

이다. 이들을 첫째 식에 대입하여 $\cos\theta$에 관하여 정리하면

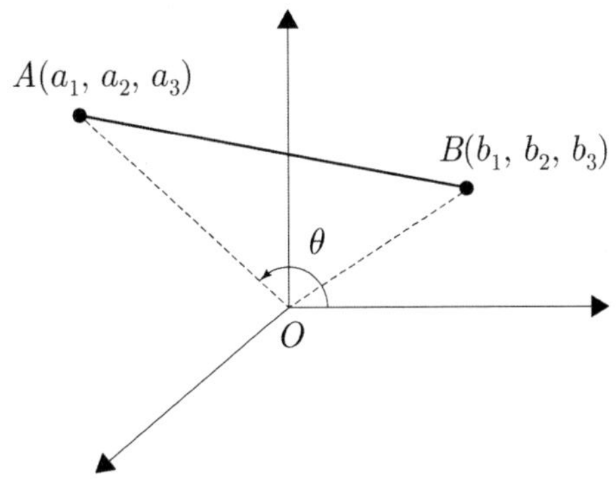

[그림 6.16]

$$\cos\theta = \frac{a_1 b_1 + a_2 b_2 + a_3 b_3}{\| A \| \ \| B \|}$$

가 된다(그림 6.16 참조).

위의 공식은 다음과 같이 n차원 공간의 벡터에 확장된다.

정의 6.11

$A = (a_1, a_2, \cdots, a_n)$과 $B = (b_1, b_2, \cdots, b_n)$이 n차원 공간의 O이 아닌 벡터라고 하면 두 벡터가 이루는 각 θ는 다음 식으로 정의한다.

$$\cos\theta = \frac{a_1 b_1 + a_2 b_2 + \cdots + a_n b_n}{\| A \| \ \| B \|}$$

예제 6-18 다음 두 벡터가 이루는 사잇각을 θ 라 할 때 $\cos\theta$값을 구하여라.

(1) $A = (1, -1), B = (-1, 2)$

(2) $A = (1, -1, 2), B = (2, 1, 0)$

(3) $A = (1, 0, -1, 0), B = (2, 1, 0, -1)$

풀이

(1) $A = (1, -1), B = (-1, 2)$이면

$$\cos\theta = \frac{-1-2}{\sqrt{2}\sqrt{5}} = \frac{-3\sqrt{10}}{10}$$

(2) $A=(1,\ -1,2), B=(2,1,0)$이면

$$\cos\theta=\frac{2-1}{\sqrt{6}\sqrt{5}}=\frac{\sqrt{30}}{30}$$

(3) $A=(1,0,\ -1,0), B=(2,1,0,\ -1)$이면

$$\cos\theta=\frac{2}{\sqrt{2}\sqrt{6}}=\frac{\sqrt{3}}{3}$$ ▮

벡터의 내적

두 벡터 $A=(a_1,a_2,\cdots,a_n)$과 $B=(b_1,b_2,\cdots,b_n)$이라는 각의 코사인에 사용된 분수의 분자는 중요한 역할을 하므로 이것을 두 벡터 A와 B의 내적(dot product, inner product)이라 하고 $A\cdot B$로 표시한다. 즉,

$$A\cdot B=a_1b_1+a_2b_2+\cdots+a_nb_n$$

으로 정의한다.

내적을 사용하여 위에 정의한 벡터 A의 절댓값과 $\cos\theta$을 표시하면

$$\|A\|=\sqrt{A\cdot A}$$

$$\cos\theta=\frac{A\cdot B}{\|A\|\ \|B\|}$$

가 되며, 둘째 식은 보통 $A\cdot B=\|A\|\ \|B\|\cos\theta$와 같이 쓴다.

예제 6-19 다음 벡터의 내적을 구하여라.

(1) $A=(-1,3,\ -2),\ B=(2,0,4)$

(2) $A=(1,0,0,\ -3,2),\ B=(2,3,0,\ -2,\ -2)$

풀이

(1) $A=(-1,3,\ -2), B=(2,0,4)$이면, $A\cdot B=-2+0-8=-10$이다.

(2) $A=(1,0,0,\ -3,2), B=(2,3,0,\ -2,\ -2)$이면
$A\cdot B=2+0+0+6-4=4$이다. ▮

A와 B가 O이 아닌 벡터일 때 위의 $\cos\theta$의 공식으로부터 $\cos\theta = 0$이기 위한 필요충분조건은 $A \cdot B = 0$이다. 따라서 수직인 두 벡터를 다음과 같이 정의한다.

정의 6.12

$A \cdot B = 0$일 때, 두 벡터 A와 B는 서로 수직(orthogonal)이라 하고 $A \perp B$로 나타낸다.

벡터의 노름

벡터의 절댓값 또는 노름은 다음 성질을 만족한다. A와 B가 벡터이고 r이 실수이면,

(1) $\| A \| \geq 0$이고 $\| A \| = 0$이기 위한 필요충분조건은 $A = O$이다.

(2) $\| rA \| = |r| \, \| A \|$

(3) $\| A + B \| \leq \| A \| + \| B \|$

단위벡터

$\| E \| = 1$인 벡터 E를 단위벡터(unit vector)라고 하고 A가 O이 아닌 벡터이면 $\| A \| = a \neq 0$이므로 $\frac{1}{a}A$는 단위벡터이며 따라서, A는 단위벡터의 스칼라 곱이다.

예제 6-20 벡터 A의 시점이 $P(2, -1)$, 종점이 $Q(-3, 7)$일 때, A를 $a_1E_1 + a_2E_2$ 꼴로 나타내어라. (단, $E_1 = (1, 0)$, $E_2 = (0, 1)$인 단위벡터임)

풀이

[그림 6.17]에서와 같이 종점의 성분에서 시점의 성분을 빼면

$$(-3-2, 7-(-1)) = (-5, 8)$$

그러므로 $A = -5E_1 + 8E_2$

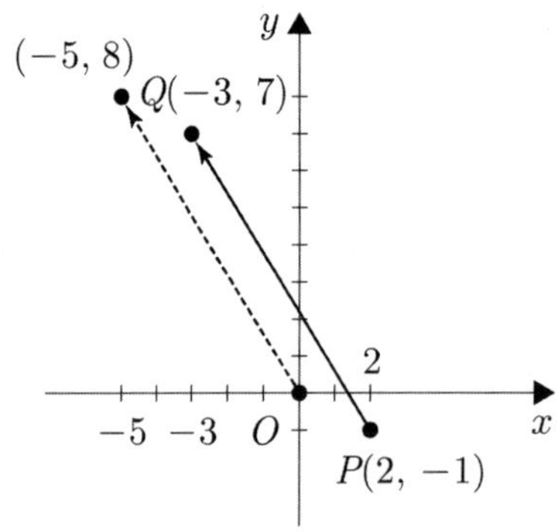

[그림 6.17]

벡터의 외적

이제 $A=(a_1, a_2, a_3)$, $B=(b_1, b_2, b_3)$을 O이 아닌 두 벡터라고 하면 A와 B가 평행이기 위한 필요충분조건은 실수 t가 존재하여 $B=tA$인 것이다. 이 등식을 벡터의 성분으로 표시한다.

$$b_1 = ra_1,\ \ b_2 = ta_2,\ \ b_3 = ra_3$$

이 되며, 또한 이것은 아래 등식과 동치임을 알 수 있다.

$$\begin{aligned} a_2 b_3 - a_3 b_2 &= 0 \\ a_3 b_1 - a_1 b_3 &= 0 \\ a_1 b_2 - a_2 b_1 &= 0 \end{aligned}$$

따라서 벡터 A와 B가 평행이 아니면 등식 (b)의 왼쪽 변 중 적어도 하나는 0이 아니다.

$A=(a_1, a_2, a_3)$와 $B=(b_1, b_2, b_3)$가 O이 아닌 두 벡터일 때, A와 B의 외적 또는 벡터적(cross product, vector product) $A \times B$는

$$A \times B = (a_2 b_3 - a_3 b_2,\ a_3 b_1 - a_1 b_3,\ a_1 b_2 - a_2 b_1)$$

로 정의한다. 여기에서 유의할 점은 두 벡터 A와 B의 외적은 벡터이며, O이 아닌 두 벡터 A와 B의 외적이 O이기 위한 필요충분조건은 A와 B가 평행인 것이다.

예제 6-21 $A=(1, 2, -3), B=(-3, 4, 2)$일 때, A와 B의 외적 $A\times B$을 구하여라.

풀이

외적의 정의에 의하여 $A\times B=(16, 7, 10)$이다. ∎

정리 6.13

A, B, C가 각각 공간벡터일 때, 다음 성질이 성립함을 쉽게 증명할 수 있다.

(1) $A\times B=-(B\times A)$

(2) $A\times(B+C)=(A\times B)+(A\times C),\ (B+C)\times A=(B\times A)+(C\times A)$

(3) $(rA)\times B=r(A\times B)\ \ (r\in R)$

(4) $(A\times B)\times C=(A\cdot C)B-(B\cdot C)A$

(5) (a) $A\times B$는 A와 B에 수직이다. 즉,

$$A\cdot(A\times B)=0,\ B\cdot(A\times B)=0$$

(b) θ가 A와 B 가 이루는 각이면,

$$\| A\times B\| = \| A\| \ \| B\| \sin\theta$$

벡터의 절댓값은 음이 아니므로

$$\| A\times B\| = \| A\| \ \| B\| \ \sin\theta$$

이다. 벡터 A와 B을 유향선분으로 표시하면 [그림 6.18]에서 보는 바와 같이 A와 B가

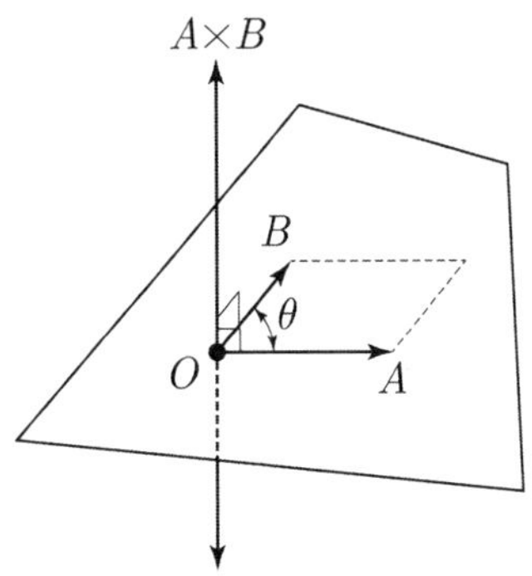

[그림 6.18]

놓인 평면에 A와 B에 의하여 평행사변형이 정하여진다. 이때, 평행사변형의 넓이가 바로 $\| A \times B \|$ 이다. 또한, $A \times B$는 A와 B에 수직인 벡터로 [그림 6.18]에서와 같은 방향을 갖는다.

예제 6-22 두 벡터 $A = (2, 1, -1)$과 $B = (1, 2, 1)$에 수직인 벡터 $A \times B$와 A와 B가 만드는 평행사변형의 넓이를 구하여라.

풀이

두 벡터 $A = (2, 1, -1)$과 $B = (1, 2, 1)$에 수직인 벡터는

$$A \times B = (3, -3, 3)$$

이다. 벡터 A와 B가 만드는 평행사변형의 넓이는

$$\| A \times B \| = \| (3, -3, 3) \| = \sqrt{9+9+9} = 3\sqrt{3}$$

이다. ▮

벡터의 1차 독립·1차 종속

$a_1 X_1 + a_2 X_2 + \cdots + a_k X_k = O$을 실수 $a_1, a_2, \cdots, a_k$ 중 적어도 하나는 0이 아니면서 만족할 때, $X_1, X_2, \cdots, X_k$는 1차 **종속**(lineraly dependent)이라고 하고, $a_1 = a_2 = \cdots = a_k = 0$일 때만이

$$a_1 X_1 + a_2 X_2 + \cdots + a_k X_k = O$$

을 만족할 때, $X_1, X_2, \cdots, X_n$는 1차 **독립**(linearly independent)이라고 한다. 한 집합에 있어서 그의 모든(어떤) 유한부분집합이 1차 독립(종속)일 때, 임의의 벡터의 집합은 1차 독립(종속)이다. 어떤 정리의 진술을 위하여 벡터의 공집합은 1차 독립으로 약속해 두는 것이 편리하다.

예를 들어 벡터 $X_1 = (1, 2, -1, 1)$, $X_2 = (3, -2, -2, 0)$, $X_3 = (3, -10, -1, -3)$와 $a_1 = 3$, $a_2 = -2$, $a_3 = 1$에 대하여 이들의 1차 결합 $a_1 X_1 + a_2 X_2 + a_3 X_3$을 하면

$$3(1, 2, -1, 1) + -2(3, -2, -2, 0) + 1(3, -10, -1, -3) = O$$

이므로, V_4의 벡터

$$X_1 = (1, 2, -1, 1),\ \ X_2 = (3, -2, -2, 0),\ \ X_3 = (3, -10, -1, -3)$$

는 1차 종속이다. 반면에,

$$a_1(1,0,0,0) + a_2(0,1,0,0) + a_3(0,0,1,0) = (a_1, a_2, a_3, 0) = O = (0,0,0,0)$$

이면 $a_1 = a_2 = a_3 = 0$이어야 하므로 벡터

$$X_1 = (1,0,0,0),\ \ X_2 = (0,1,0,0),\ \ X_3 = (0,0,1,0)$$

은 1차 독립이다.

정리 6.14

어떤 첨수차례로 된 O이 아닌 벡터의 집합 $\{X_1, X_2, \cdots, X_n\}$이 1차 종속이 될 필요충분조건은 어떤 벡터 $X_k (k \geq 2)$가 $X_1, X_2, \cdots, X_{k-1}$의 1차 결합이 되는 것이다.

연습문제 EXERCISES

1. 4×3행렬 $A = (a_{ij})$가

$$A = \begin{pmatrix} 4 & 5 & 6 \\ 1 & -2 & -4 \\ 0 & 1 & 3 \\ -2 & 0 & 4 \end{pmatrix}$$

일 때 다음을 구하여라.

(1) a_{21} (2) a_{23}

(3) a_{32} (4) a_{43}

2. a_{ij}가 다음과 같을 때 3×4행렬 $A = (a_{ij})$를 구하여라.

(1) $a_{ij} = i + j$ (2) $a_{ij} = 3i - j$

3. 다음 각 행렬의 전치행렬을 구하여라.

(1) $\begin{pmatrix} 2 & 5 & 3 \\ 1 & 0 & 4 \end{pmatrix}$ (2) $\begin{pmatrix} 4 & 5 & 6 \\ 1 & -2 & -4 \\ 0 & 1 & 3 \\ -2 & 0 & 4 \end{pmatrix}$

(3) $\begin{pmatrix} 6 \\ -3 \\ 2 \\ 1 \end{pmatrix}$

4. 다음 등식에서 x, y, z를 구하여라.

$$\begin{pmatrix} x & x - y \\ x + y & x - z \end{pmatrix} = \begin{pmatrix} 7 & 4 \\ 10 & 2 \end{pmatrix}$$

5. K리그 5개 팀의 2000년도 프로축구 리그전이 끝났다. 그 결과를 행렬 (a_{ij})로 나타내면 다음과 같다. (단, 여기서 a_{ij}는 i번 팀이 j번 팀과 싸워서 얻은 점수이다.)

$$\begin{array}{c} \\ 1 \\ 2 \\ 3 \\ 4 \\ 5 \end{array} \begin{array}{c} \begin{array}{ccccc} 1 & 2 & 3 & 4 & 5 \end{array} \\ \begin{pmatrix} 0 & 2 & 4 & 2 & 1 \\ 4 & 0 & 2 & 5 & 5 \\ 2 & 4 & 0 & 6 & 5 \\ 4 & 1 & 0 & 0 & 4 \\ 5 & 1 & 1 & 2 & 0 \end{pmatrix} \end{array}$$

(1) 각 행의 합과 각 열의 합의 의미에 대하여 설명하여라.

(2) $i \neq j$ 라면 $a_{ij} + a_{ji} = 6$이다. 이 사실은 무엇을 의미하는가?

6. $A = \begin{pmatrix} 3 & 4 & -2 \\ 4 & 1 & 2 \end{pmatrix}$, $B = \begin{pmatrix} -2 & 1 & 1 \\ 3 & 0 & -3 \end{pmatrix}$일 때 다음을 구하여라.

(1) $A - B$

(2) $2A + 3B$

(3) $3A - 2B$

7. 다음 연립 1차방정식의 계수행렬과 확대행렬을 보여라. 그리고 행렬방정식을 만들어 보아라.

$$\begin{aligned} 3x - 4y + z - 2w &= 6 \\ 2x + 3y - 2z + w &= 3 \\ 2y + 4z - 3w &= 5 \end{aligned}$$

8. 어떤 연립방정식의 확대행렬이 다음과 같을 때 이 연립방정식의 해를 가우스-조르단 소거법에 의해 구하여라.

(1) $\begin{pmatrix} 1 & 0 & 0 & 3 \\ 2 & 1 & 3 & -2 \\ 3 & -1 & 2 & 5 \end{pmatrix}$

(2) $\begin{pmatrix} 2 & 1 & 3 & 8 \\ 0 & 5 & 1 & 2 \\ 1 & 4 & 3 & -1 \end{pmatrix}$

9. LU-분해 $\begin{pmatrix} 3 & -6 \\ -2 & 5 \end{pmatrix} = \begin{pmatrix} 3 & 0 \\ -2 & 1 \end{pmatrix} \begin{pmatrix} 1 & -2 \\ 0 & 1 \end{pmatrix}$을 사용하여 다음 연립방정식을 풀어라.

$$\begin{cases} 3x_1 - 6x_2 = 0 \\ -2x_1 + 5x_2 = 1 \end{cases}$$

10. 다음 연립방정식이 하나의 해를 갖기 위한 k값을 구하여라.

$$\begin{cases} x+y=1 \\ ky+z=1 \\ z+x=1 \end{cases}$$

11. 다음 행렬이 가역이면 그 역행렬을 구하여라.

(1) $\begin{pmatrix} 8 & -6 \\ 4 & -3 \end{pmatrix}$ (2) $\begin{pmatrix} 3 & 1 & 5 \\ 2 & 4 & 1 \\ -4 & 2 & -9 \end{pmatrix}$

12. 다음 행렬 A는 θ의 모든 값에 대하여 가역임을 밝히고 그의 역행렬 A^{-1}을 구하여라.

$$A = \begin{pmatrix} \cos\theta & \sin\theta & 0 \\ -\sin\theta & \cos\theta & 0 \\ 0 & 0 & 1 \end{pmatrix}$$

13. 세 직선 $3x-y=4$, $x+y=0$, $5x-2y=k$가 한 점에서 만나도록 k의 값을 정하여라.

14. 두 직선 $2x+y-4=0$, $x+y-1=0$의 교점을 지나고 직선 $4x-5y=0$에 수직인 직선을 구하여라.

15. 평행좌표 위에 세 점 $A(-2, 3)$, $B(1, 0)$, $C(3, 5)$가 주어졌을 때 $\triangle ABC$의 무게 중심을 구하여라.

16. 직선 $4x+3y+1=0$를 Hesse의 표준형으로 고쳐라.

17. 다음 벡터의 노름을 구하여라.

(1) $(2, 2, 2)$ (2) $(3, -2, 1, -1)$

18. 다음 두 벡터의 내적과 외적을 구하여라.

(1) $A=(1, -2, 4)$, $B=(2, -3, 0)$

(2) $A=(-2, 1, 3)$, $B=(1, 1, 3)$

19. 두 벡터 A, B가 다음과 같이 주어졌을 때 A와 b가 이루는 각 θ에 대한 $\cos\theta$값을 구하여라.

(1) $A=(1,\ -1,\ 2)$, $B=(2,\ 4,\ 1)$

(2) $A=(2,\ -3,\ 1)$, $B=(3,\ -2,\ -1)$

20. 두 벡터 A, B가 수직이 되도록 하는 x의 값을 구하여라.

(1) $A=(1,\ -3,\ 2)$, $B=(3,\ x,\ 2)$

(2) $A=(1,\ \sqrt{2},\ -2,\ 3,\ 0)$, $B=(x,\ -\sqrt{2},\ 0,\ -2,\ 0)$

21. 다음 벡터들이 1차 종속이라면 한 벡터를 다른 벡터의 1차 결합으로 나타내어라.

(1) $X_1=(1,\ 1,\ -2,\ 1)$, $X_2=(2,\ -1,\ 0,\ 1)$, $X_3=(-4,\ 5,\ -4,\ -1)$

(2) $X_1=(2,\ 0,\ -1,\ 0)$, $X_2=(1,\ 1,\ 1,\ 1)$, $X_3=(1,\ -1,\ -2,\ -1)$

제 7 장

확률과 통계

이 장에서는 순열과 조합, 확률과 통계에 대하여 설명한다.

1. 순열과 조합

순열과 조합

어떤 대상물 집합의 모두 또는 일부분의 순서화된 배열을 **순열**(permutation)이라 한다. 순열은 다음과 같은 성질을 갖는다.

(1) 서로 다른 n개의 대상물의 순열의 수는 $n!$ 가지이다.

(2) 서로 다른 n개의 대상물에서 r개를 택하는 순열의 수는 ${}_nP_r = \dfrac{n!}{(n-r)!}$ 이다.

(3) 서로 다른 n개의 대상물을 원형으로 배열하는 순열의 수는 $(n-1)!$ 이다.

(4) 서로 다른 n개의 대상물에서 중복을 허용하여 r개를 택하는 중복순열의 수는 ${}_n\Pi_r = n^r$ 이다.

서로 다른 n개의 대상물에서 순서를 생각하지 않는 r개를 선택하는 경우를 **조합**(combination)이라 한다. 조합은 다음과 같은 성질을 갖는다.

(1) 서로 다른 n개의 대상물에서 r개를 택하는 조합의 수는 $\dbinom{n}{r} = \dfrac{n!}{r!\,(n-r)!}$ 이다.

(2) 서로 다른 n개의 대상물에서 중복을 허락하여 r개를 택하는 중복조합의 수는 ${}_nH_r = {}_{n+r-1}C_r$ 이다.

(3) 임의의 양의 정수 n과 $r(\leq n)$에 대하여 $\binom{n}{r} = \binom{n}{n-r}$이다.

정리 7.1 이항정리

임의의 양의 정수 n에 대하여

$$(x+y)^n = \sum_{r=0}^{n} \binom{n}{r} x^r y^{n-r}$$

이다.

예제 7-1 다음을 풀어라.

(1) 1부터 9까지의 숫자 중 서로 다른 4개를 택하여 4자리 수를 만들 수 있는 경우의 수

(2) 1부터 9까지 적힌 카드에서 3장을 선택하는 경우의 수

(3) 4명이 카드게임을 하기 위해 원형으로 앉을 수 있는 경우의 수

(4) $(x+y)^4$의 전개식

풀이

(1) ${}_9P_4 = \dfrac{9!}{(9-4)!} = 9\times 8\times 7\times 6 = 3024$ 가지

(2) $\binom{9}{3} = \dfrac{9!}{3!\,6!} = \dfrac{9\times 8\times 7}{3\times 2} = 84$ 가지

(3) $(4-1)! = 6$ 가지

(4)
$$\begin{aligned}(x+y)^4 &= \sum_{r=0}^{4}\binom{4}{r}x^r y^{4-r} = \binom{4}{0}x^0y^{4-0} + \binom{4}{1}x^1y^{4-1} + \binom{4}{2}x^2y^{4-2} \\ &\quad + \binom{4}{3}x^3y^{4-3} + \binom{4}{4}x^4y^{4-4} \\ &= y^4 + 4xy^3 + 6x^2y^2 + 4x^3y + x^4\end{aligned}$$

2. 확률

사건, 표본공간

정의 7.2

1) 시행 : 동일한 조건하에서 반복할 수 있고 그 결과가 우연에 의해서 지배되나 모든 가능한 결과의 집합을 알 수 있는 관찰, 실험 등을 말한다.
2) 표본공간 : 하나의 시행에서 가능한 결과의 전체집합 $S = \{s_1, s_2, \cdots s_n\}$을 표본공간 또는 표본 집합이라고 한다.
3) 사건 : 표본공간 S 의 부분집합을 사건이라 하고 S 자신을 전사건, $\{s_1\}$, $\{s_2\}$, $\cdots$, $\{s_n\}$을 근원사건, ϕ 을 공사건(전혀 일어나지 않는 사건)이라 한다.
4) 합, 곱, 여사건, 배반사건 : 사건 X 와 Y 가 S 의 부분집합일 때 $X \cup Y$을 X 와 Y 의 합사건, $X \cap Y$을 X 와 Y 의 곱사건, X^c 을 X 의 여사건, 그리고 $X \cap Y = \phi$ (두 사건 X 와 Y 가 동시에 일어나지 않는 사건)일 때 X 와 Y 을 배반사건이라고 한다.

예제 7-2 하나의 주사위를 한 번 던지는 시행에서 다음을 구하여라.

(1) 표본공간 S
(2) 짝수의 눈이 나오는 사건 E
(3) E 와 배반인 사건의 가지 수
(4) 4 이하의 사건 F
(5) E 와 F 의 합사건, 곱사건

풀이

(1) $S = \{1, 2, 3, 4, 5, 6\}$
(2) $E = \{2, 4, 6\}$
(3) E와 배반인 사건의 가지 수는 $\{1, 3, 5\}$의 부분집합의 개수와 같으므로 $2^3 = 8$ 가지이다.
(4) $F = \{1, 2, 3, 4\}$
(5) 합사건 $E \cup F = \{1, 2, 3, 4, 6\}$, 곱사건 $E \cap F = \{2, 4\}$ ▮

확률

어떤 시행에서 표본공간 S 의 원소의 개수를 $n(S)$ 라 하고 개개의 근원사건이 일어나는 것이 같을 정도로 확실할 때, 사건 $X(\subset S)$ 의 개수를 $n(X)$ 라 하면 $p(X=x)$ $=p(x)=\dfrac{n(X)}{n(S)}$ 을 사건 X가 일어날 **확률**(probability)이라고 한다. 이렇게 정의하면 $0 \le p(x) \le 1$, $p(S)=1$, $p(\phi)=0$ 이다.

확률은 크게 다음과 같이 세 가지 유형이 있다.

(1) 수학적 확률

위에서 정의한 확률을 수학적 확률이라 한다.

(2) 통계적 확률

어떤 조건 아래 실험 또는 관측한 자료의 총수를 N이라 하고 그중에서 어떤 사건 A가 일어난 횟수를 a라 할 때 $\dfrac{a}{N}$을 사건 A가 일어날 상대도수라고 한다. 이때 상대도수 $\dfrac{a}{N}$에 있어 $\lim\limits_{N\to\infty}\dfrac{a}{N}=p$일 때 이 p값을 사건 A가 일어날 통계적 확률이라 한다. 단, 여기서 $N\to\infty$로 할 수 없으므로 N이 어느 정도 클 때의 $\dfrac{a}{N}$을 통계적 확률로 보는 것이 일반적이다.

(3) 기하학적 확률

연속적인 변량 a, b에 대한 영역 A, B가 있어 점 P는 이 영역 A 속의 어느 점이든 같은 정도로 잡을 수 있다고 하자. 이제 영역 B가 영역 A에 포함되어 있을 때 영역 A 속에 임의로 잡은 점 P가 영역 B에 포함될 확률은 $\dfrac{b}{a}$라고 정하는 확률을 말한다. 이 경우는 경우의 수가 무수히 많아서 그 수를 셈할 수 없을 때 영역의 크기로써 확률을 구한다. 즉,

$$p(B)=\frac{B\text{가 일어날 수 있는 영역의 크기}}{\text{일어날 수 있는 전 영역의 크기}}$$

로 그 확률을 구하는 것이다.

정리 7.3 **확률의 덧셈 정리**

(1) 여사건의 확률 : 사건 X 의 확률과 여사건 X^c 의 확률 사이에는

$$p(X) + p(X^c) = 1$$

이 성립한다.

(2) 덧셈정리 : 두 사건 X 와 Y 에 대하여

$$p(X \cup Y) = p(X) + p(Y) - p(X \cap Y)$$

이고 X 와 Y 가 배반사건이면, 즉 $X \cap Y = \phi$ 이면 $p(X \cup Y) = p(X) + p(Y)$ 이다.

정의 7.4 **조건부 확률**

$p(X) \neq 0$, $p(Y) \neq 0$ 인 두 사건 X와 Y에 대하여 사건 X가 일어났다는 가정하에 사건 Y가 일어날 확률을 $p(Y \mid X)$ 로 나타내고 이를 사건 X가 일어났을 때 사건 Y의 조건부확률(conditional probability)이라 한다. 즉,

$$p(Y \mid X) = \frac{p(X \cap Y)}{p(X)}$$

이다. 이때, X와 Y을 바꾸면 $p(X \mid Y) = \dfrac{p(X \cap Y)}{p(Y)}$ 이 역시 성립한다.

정리 7.5 **확률의 곱셈정리**

두 사건 X와 Y에 대하여 $p(X) > 0$, $p(Y) > 0$일 때, 조건부확률에 의하여 $p(X, Y) = p(X)p(Y \mid X) = p(Y)p(X \mid Y)$ 이다.

$\{A_1, A_2, \cdots, A_n\}$이 표본공간 S의 분할이라 하자. 그러면 임의의 사건 X에 대하여 다음이 성립한다.

$$X = S \cap X = \{A_1 \cup A_2 \cup \cdots \cup A_n\} \cap X$$

$$= (A_1 \cap X) \cup (A_2 \cap X) \cup \cdots \cup (A_n \cap X)$$

이때 $A_i \cap X (i = 1, 2, \cdots, n)$는 서로 배반사건이다. 따라서

$$p(X) = p(A_1 \cap X) + p(A_2 \cap X) + \cdots + p(A_n \cap X)$$

이다. 한편, 확률의 곱셈정리로부터 다음과 같은 **총 확률의 법칙**(Law of total probability)을 얻을 수 있다.

$$p(X) = p(A_1)p(X|A_1) + p(A_2)p(X|A_2) + \cdots + p(A_n)p(X|A_n)$$

또한, 임의의 i에 대한 조건부 확률

$$p(A_i \mid X) = \frac{p(A_i \cap X)}{p(X)}$$

에 $p(A_i \cap X) = p(A_i)p(X \mid A_i)$와 총 확률의 공식을 대입하면 다음과 같은 베이즈 정리(Bayes theorem)를 얻을 수 있다.

정리 7.6 **베이즈 정리**

$$p(A_i \mid X) = \frac{p(A_i \cap X)}{p(X)}$$

$$= \frac{p(A_i)p(X \mid A_i)}{p(A_1)p(X \mid A_1) + p(A_2)p(X \mid A_2) \cdots + p(A_n)p(X \mid A_n)}$$

정의 7.7 **종속사건, 독립사건**

(1) 종속사건 : 두 사건 X와 Y에 대하여 사건 X가 일어날 경우와 사건 X가 일어나지 않을 경우에 따라 사건 Y가 일어날 확률이 달라질 때, 즉, $p(Y \mid X) \neq p(Y \mid X^c)$일 때 사건 X와 사건 Y는 서로 **종속사건**이라 한다.

(2) 독립사건 : $p(Y \mid X) = p(Y \mid X^c) = p(Y)$일 때 사건 X와 Y는 서로 **독립사건**이라 한다.

정리 7.8

사건 X 와 Y 가 서로 독립일 필요충분조건은

$$p(X, Y) = p(X)p(Y)$$

이다.

예제 7-3 다음 확률 값을 구하여라.

(1) 하나의 주사위를 던질 때 홀수의 눈 또는 3 이하의 눈이 나올 확률

(2) 한글 자음, 모음이 적힌 24장의 카드와 영어 알파벳 26자가 적힌 카드 50장에서 2장을 꺼낼 때, 2장 모두 한글이거나 또는 영어일 확률

(3) 두 사건 X 와 Y 에 대하여 $p(Y \mid X) = 0.6$, $p(X) = 0.4$, $p(Y) = 0.3$ 일 때

$$p(X \mid Y)$$

풀이

(1) 표본 집합 $S = \{1, 2, 3, 4, 5, 6\}$ 에서 홀수의 눈이 나올 사건을 X, 3 이하의 눈이 나올 사건을 Y 라 하면

$$X = \{1, 3, 5\},\ Y = \{1, 2, 3\},\ X \cap Y = \{1, 3\}$$

이다. 따라서,

$$p(X) = \frac{3}{6},\ p(Y) = \frac{3}{6},\ p(X \cup Y) = \frac{4}{6}$$

이므로 X 또는 Y 가 나올 확률은

$$p(X \cup Y) = p(X) + p(Y) - p(X, Y) = \frac{3}{6} + \frac{3}{6} - \frac{2}{6} = \frac{2}{3}$$

(2) 한글의 자음, 모음을 뽑을 사건을 X, 영어 알파벳을 뽑을 사건을 Y 라 하면 $p(X) = {}_{24}C_2/{}_{50}C_2 = \frac{276}{1225}$, $p(Y) = {}_{26}C_2/{}_{50}C_2 = \frac{325}{1225}$ 이고 X 와 Y 는 서로 배반사건이므로

$$p(X \cup Y) = p(X) + p(Y) = \frac{276}{1225} + \frac{325}{1225} = \frac{601}{1225}$$

이다.

(3) $p(X)p(Y \mid X) = p(Y)p(X \mid Y)$ 에 대입하면 $0.4 \times 0.6 = 0.3 \times p(X \mid Y)$ 이므로 $p(X \mid Y) = 0.8$ 이다. ▮

| 예제 7-4 코로나 진단검사는 실제로 코로나에 감염된 사람과 그렇지 않은 사람 모두 97%의 정확성을 가진다고 하자. 모집단의 0.5%가 코로나에 감염되었다고 하자. 검진결과 코로나에 감염되었다고 판단을 내렸다면 실제로 검사받은 사람이 코로나에 감염되었을 확률은 얼마인가?

풀이

검진결과 코로나에 감염되었다고 판단을 내릴 사건을 X, 코로나에 실제로 코로나에 감염된 사건을 Y라 하면 구하고자 하는 확률은 다음과 같다.

$$p(Y \mid X) = \frac{p(X \cap Y)}{p(X)} = \frac{p(Y)p(X \mid Y)}{p(Y)p(X \mid Y) + p(Y^c)p(X \mid Y^c)}$$

$$= \frac{0.97 \times 0.005}{0.97 \times 0.005 + 0.03 \times 0.995} = \frac{97}{694} = 0.1398$$ ▮

3. 확률변수와 확률분포

확률변수

확률 변수(random variable) X는 표본공간 S의 가능한 각 결과 s_i에 대하여 $X(s_i) = x_i$의 실수 값으로 대응되는 표본공간상에서의 정의된 실수 값 함수이다.

예를 들어 동전 두 개를 동시에 던졌을 때 발생할 수 있는 경우의 수는 4가지가 있다. 이때 표본공간 $S = \{s_{00}, s_{01,} s_{10}, s_{11}\}$ 이고 여기에서 첨자 0은 뒷면, 1은 앞면이라 하자. 앞면이 나오는 동전의 개수를 x_i라 하면

$$X(s_{00}) = x_0 = 0,\ X(s_{10}) = X(s_{01}) = x_1 = 1,\ X(s_{11}) = x_2 = 2$$

라고 할 수 있다. 이때 확률변수 $X = \{0, 1, 2\}$ 라고 할 수 있다.

확률변수는 컴퓨터 프로그래밍에서 변수와 같은 것인데 어떤 값을 선택하느냐에 따라

서 확률적으로 결정되는 변수이다. 즉, 표본공간의 모든 표본에 대하여 어떤 실수 값을 대응시킨(할당한) 것이다. 그러므로 확률변수는 구체적인 사건 대신에 이를 수의 값으로 표현할 수 있어 여러 가지 계산과 분석이 가능하다고 할 수 있다. 확률변수는 확률과 통계에서 빠질 수 없는 주요 개념으로, 기초적인 통계학의 경우 실제 계산을 하는 것보다는 확률변수, 확률분포, 기댓값 등의 개념을 이해하는 것이 중요하다.

다변수 확률 변수(multivariate random variable)는 변수가 여러 개의 성분을 가지는 확률변수로, 확률공간 위에서 R이 아닌 R_n으로 가는 함수로 나타낼 수 있다. n 변수 확률변수는 보통 확률변수의 n개의 순서쌍 $X = (x_1, x_2, \cdots, x_n)$으로 나타낼 수 있다.

확률변수는 X, Y, Z 등과 같이 대문자로 표시하고 확률변수가 취하는 값은 x, y, z 등과 같이 소문자로 나타낸다.

예제 7-5 동전 3개를 던지는 실험에서 X를 앞면이 나오는 동전의 개수라 하자. 이때 확률변수 X를 구하여라.

풀이

확률변수 X는 다음과 같은 확률 값을 갖는 확률변수로 표현된다.

$$X = \{x_0, x_1, x_2, x_3\}.$$

여기에서

$$x_0 = p(X=0) = \frac{1}{8},\ x_1 = p(X=1) = \frac{3}{8},$$

$$x_2 = p(X=2) = \frac{3}{8},\ x_3 = p(X=3) = \frac{1}{8}$$

이산확률변수

이산 **확률변수**(discrete random variable)는 확률 변수 X가 취할 수 있는 모든 값을 $x_1, x_2, x_3, \cdots$ 처럼 셀 수 있을 때 X를 이산 확률변수라고 한다. 또, 각각의 x_i에 대하여 $X = x_i$일 확률 $p(X = x_i) = p_i$로 분포된 것을 **이산 확률분포**라 한다.

X	x_1	x_2	$\cdots$	x_n	계
$p(X = x_i)$	p_1	p_2	$\cdots$	p_n	1

연속확률변수

확률 변수 X가 어떤 범위에 속하는 모든 실수 값 x에 대하여 어떤 함수 $f(x)$가 존재하여

$$F(x) = \int_{-\infty}^{x} f(t)\,dt$$

을 만족하면 X를 **연속확률변수**(continuous random variable)라고 한다. 이때 $f(x)$을 X의 **확률밀도함수**(probability density function)라고 한다.

함수 $f(x)$가 어떤 연속확률변수 X의 확률밀도함수가 될 필요충분조건은 다음과 같다.

(1) 모든 x에 대하여 $f(x) \geq 0$이다.

(2) $\int_{-\infty}^{\infty} f(x)\,dx = 1$

(3) $p(a \leq X \leq b) = p(a < X \leq b) = p(a \leq X < b) = p(a \leq X < b)$

$$= \int_{a}^{b} f(x)\,dx$$

따라서 확률 $p(a \leq X \leq b)$는 [그림 7.1]의 음영부분의 넓이와 같다.

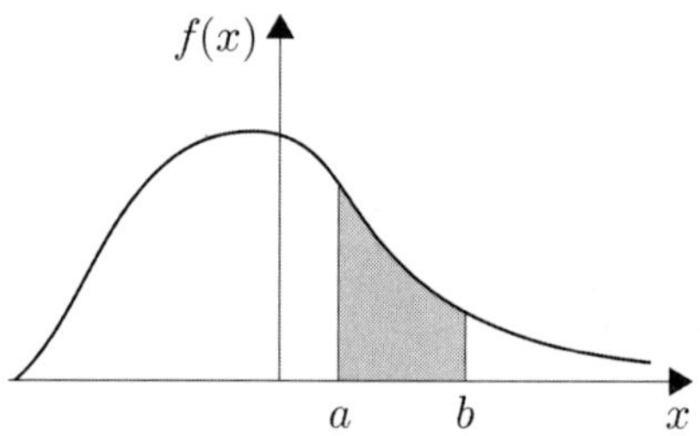

[그림 7.1]

4. 통계

이산확률변수의 기댓값, 분산

이산확률변수 X의 기댓값(평균)과 분산, 표준편차는 다음과 같이 계산한다. 단, x_i는

이산확률변수, $p(x_i)$는 x_i의 확률 값이다.

(1) 기댓값 : $E(X) = \mu = \sum_i x_i p(x_i)$

(2) 분산 : $V(X) = \sigma^2 = \sum_i (x_i - \mu)^2 p(x_i) = E(X^2) - E(X)^2$

(3) 표준편차 : $S(X) = \sigma = \sqrt{V(X)} = \sqrt{\sum_i (x_i - \mu)^2 p(x_i)}$

이산확률변수의 기댓값, 분산

연속확률변수 X의 기댓값(평균)과 분산, 표준편차는 다음과 같이 계산한다. 단, x는 연속확률변수, $f(x)$는 확률 밀도함수이다.

(1) 기댓값 : $E(X) = \mu = \int_{-\infty}^{\infty} x f(x)\,dx$

(2) 분산 : $V(X) = \sigma^2 = \int_{-\infty}^{\infty} (x-\mu)^2 f(x)\,dx = E(X^2) - E(X)^2$

(3) 표준편차 : $S(X) = \sigma = \sqrt{V(X)} = \sqrt{\int_{-\infty}^{\infty} (x-\mu)^2 f(x)\,dx}$

위와 같이 이산확률변수, 연속확률변수에 대한 기댓값과 분산을 정의하면 다음과 같은 성질이 성립한다.

(1) $E(X+b) = E(X) + b$, $E(aX+b) = aE(X) + b$

(2) $V(X+b) = V(X)$, $V(aX+b) = a^2 V(X)$

확률변수 X에 대하여 새로운 확률변수 Z를 $Z = \frac{X-\mu}{\sigma}$로 정의하면 이 새로운 변수의 평균값은 항상 0이고 분산은 항상 1이 된다. 이 확률변수 Z를 확률변수 X의 표준화 확률변수라 한다.

이항분포

어떤 시행에서 사건 E가 일어날 확률을 p라 하자. 이 시행을 n번 독립으로 반복할 때 사건 E가 일어날 횟수를 확률변수 X라 하면

$$p(X=r)=\binom{n}{r}p^r q^{n-r} \quad (\text{단, } q=1-p,\ r=0, 1, 2, \cdots, n)$$

로 표현되는 확률분포를 **이항분포**(Binomial distribution)라 하고 $B(n, p)$로 나타낸다. 이항분포에서의 평균, 분산, 표준편차는 다음과 같다.

(1) 평균 : $E(X)=\mu=np$

(2) 분산 : $V(X)=\sigma^2=npq$

(3) 표준편차 : $S(X)=\sigma=\sqrt{npq}$

정규분포

연속확률변수 X의 확률밀도함수 $f(x)$가

$$f(x)=\frac{1}{\sqrt{2\pi}\,\sigma}e^{\frac{-(x-\mu)^2}{2\sigma^2}} \quad (\text{단, } -\infty < x < \infty)$$

로 주어질 때 이 X의 분포를 **정규분포**(Normal distribution) 또는 가우스분포라 하고 $y=f(x)$을 **정규분포곡선** 또는 가우스분포곡선이라 하며 X를 **정규확률변수**라고 한다. 이 경우 확률변수 X의 평균은 μ, 분산은 σ^2으로 알려져 있다. 따라서 연속확률변수 X의 확률밀도함수가 위와 같이 주어졌을 때 "X의 평균은 μ, 분산은 σ^2인 정규분포를 따른다."라고 말하고 $N(\mu, \sigma^2)$으로 나타낸다.

한편, 평균이 0, 표준편차가 1인 정규분포 $N(0, 1^2)$을 **표준정규분포**라고 하며 표준 정규분포의 확률밀도함수는 $\mu=0,\ \sigma=1$인 경우이므로

$$\phi(x)=\frac{1}{\sqrt{2\pi}}e^{-\frac{x^2}{2}} \quad (\text{단, } -\infty < x < \infty)$$

가 된다.

모집단과 표본

통계조사에서 조사대상 전체에 대하여 조사하는 것을 전수조사라 하고 자료 일부를 조사하여 전체를 추측하는 조사를 표본조사라 한다. 그리고 조사의 대상이 되는 전체를 모집단이라 하고 그중에 통계의 자료로 선정된 것을 표본이라 하며 표본에 포함된 자료의

개수를 표본의 크기라고 한다. 표본조사에는 임의추출법, 유의추출법, 층별 추출법, 2단 추출법, 계통추출법 등이 있다.

모평균과 표본평균

보십단의 분포에서 확률변수 X의 평균, 분산, 표준편차를 각각 모평균, 모분산, 모표준편차라 한다. 또 어떤 모집단에서 크기 n의 표본을 추출하는 경우 추출된 n개의 변량을 각각 $X_1, X_2, \cdots, X_n$이라 할 때 이들의 평균

$$\overline{X} = \frac{1}{n}(X_1 + X_2 + \cdots + X_n)$$

을 표본평균이라 한다. 이때 $\overline{X}$는 확률변수이다.

모평균의 추정과 신뢰도

모집단의 분포가 정규분포 $N(\mu, \sigma^2)$을 따를 때 모평균 μ은 다음 범위에 속한다. 여기에서 $\overline{X}$는 표본평균, n은 표본의 크기, σ는 모 표준편차이다.

(1) 95%의 신뢰구간 : $\overline{X} - 1.96\frac{\sigma}{\sqrt{n}} \le \mu \le \overline{X} + 1.96\frac{\sigma}{\sqrt{n}}$

(2) 99%의 신뢰구간 : $\overline{X} - 2.58\frac{\sigma}{\sqrt{n}} \le \mu \le \overline{X} + 2.58\frac{\sigma}{\sqrt{n}}$

이 밖에도 인공지능을 이해하는데 필요한 기초수학의 통계분야에는 공분산과 상관계수 등 많은 내용과 예제들이 있다. 아쉽게도 인공지능에 필요한 기초수학 내용을 다양하게 수록하다보니 전체 분량이 초과하게 되었다. 이에 개정판에서 분량을 조절하여 통계편이 좀 더 수록될 수 있도록 하겠다.

연습문제 EXERCISES

1. 5, 6, 7, 8, 9 숫자를 오직 한 번만 사용하여 만들 수 있는 세 자리 짝수는 몇 가지인가?

2. 20,000만 달러를 가지고 4가지의 가능한 대상에 투자하려고 한다. 각 대상에는 1,000달러 단위로 투자를 해야 하는데 최소 투자액이 각각 2,000달러, 2,000달러, 3,000달러, 4,000달러라고 한다. 다음 경우에 이용할 수 잇는 서로 다른 투자방법은 모두 몇 가지인가?

(1) 4가지 대상에 모두 투자하는 경우

(2) 3가지 대상 중 적어도 3가지 대상에 투자하는 경우

3. $(2x+3y-4z+2w)^5$ 의 전개식에서 x^3y^2zw 의 계수를 구하여라.

4. 숫자 1, 2, 3, 4에서 반복을 허용하지 않고 무작위로 네 자리 수를 만들 때 3000보다 큰 수가 만들어질 확률을 구하여라.

5. 1부터 30까지의 자연수에서 무작위로 3개의 서로 다른 자연수를 택할 때 다음을 구하여라.

(1) 세 자연수의 합이 짝수일 확률

(2) 세 자연수의 곱이 홀수일 확률

(3) 합이 짝수라는 사실을 안다면 곱이 홀수일 확률

6. A와 B가 주사위를 던지는 게임을 한다. A가 먼저 시작하여 A와 B가 교대로 주사위를 던져 먼저 6이 나오는 사람이 이긴다. A가 이길 확률을 구하여라.

7. 흰 공 3개, 검은 공 4개가 들어 있는 주머니가 있다. 이 주머니에서 공을 한 개씩 두 번 꺼낼 때 흰 공이 나오는 개수를 X라 한다. 단, 꺼낸 공은 다시 넣지 않기로 한다. 이때 다음을 구하여라.

(1) X의 확률분포 (2) $p(X \geq 1)$

8. 확률변수 X의 평균이 3이고 분산이 2일 때 X^2의 평균을 구하여라.

9. 확률변수 X가 이항분포 $B\left(100, \frac{1}{5}\right)$을 따를 때 X의 평균값 μ와 표준편차 σ을 구하여라.

10. 어떤 공장의 전구의 수명의 표준편차는 100시간이라 한다. 전구 100개의 평균 수명이 1800시간일 때 모집단의 평균을 95%의 신뢰도로 추정하여 보아라.

PART III

인공지능의 이해: 응용

 artificial intelligence and information protection

제 1 장

규칙 기반 전문가 시스템

자신의 지식을 적용하여 관련 정보가 제시된 문제를 해결한다는 생각은 특정 분야의 전문가가 자신의 노하우를 사용하여 주어진 문제를 해결하는 방식과 유사하다. 따라서 엔지니어는 전문가가 제시한 지식을 컴퓨터에 넣고 입력된 지식을 통합하고 이해하여 전문가가 해결해야 하는 문제를 해결하도록 했다.

즉, **전문가 시스템**은 좁은 문제 영역에서 전문가 수준으로 작동할 수 있는 유능한 컴퓨터 프로그램이다. 전문가 시스템은 1970년대에 만들어지기 시작했다. 또한 1970년대 초 Carnegie Mellon University의 Newell과 Simon은 "Man은 자신의 지식을 활용하여 관련 정보가 제시된 문제를 해결합니다."라고 했다. 아이디어에 기반한 생성 시스템 모델을 제안한다. 이것은 생산 규칙은 **장기 기억**에 저장되고 특정 정보 또는 사실은 **단기 기억**에 저장된다. 이 생성 시스템 모델은 현대적인 규칙 기반 전문가 시스템의 기초가 되며 주어진 지식으로 추론하여 문제를 해결할 수 있다.

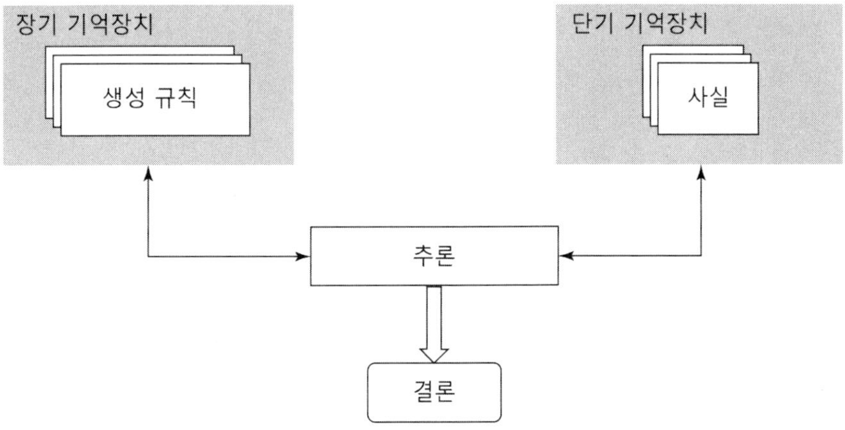

[그림 1.1] 규칙 기반 전문가 시스템의 개념

1. 규칙 기반 전문가 시스템의 구성요소

규칙 기반 전문가 시스템에는 6가지 주요 구성요소가 있다.

- 지식 기반 : 문제해결의 특정 영역에 대한 지식을 말한다. 여기서 지식은 일련의 규칙으로 표현된다. 각 규칙은 관계, 권장 사항, 지침, 전략, 휴리스틱을 지정하고 IF-THEN의 구조를 형성한다.
- 데이터베이스 : 추론의 역할을 하며 기본 지식의 규칙을 데이터베이스의 사실에 연결한다.
- 확장 시설 : 특정 결론에 도달하는 방법과 특정 사실이 필요한 이유를 설명한다.
- 사용자 인터페이스 : 사용자와 전문가 시스템 간의 통신 수단이다.
- 기타 구성요소에는 외부 인터페이스 및 개발자 인터페이스가 포함될 수 있다.

좁은 영역에서 전문가 수준으로 작동하도록 설계된 시스템은 설계 목적에 적합한 고유한 특성을 가지고 있다.

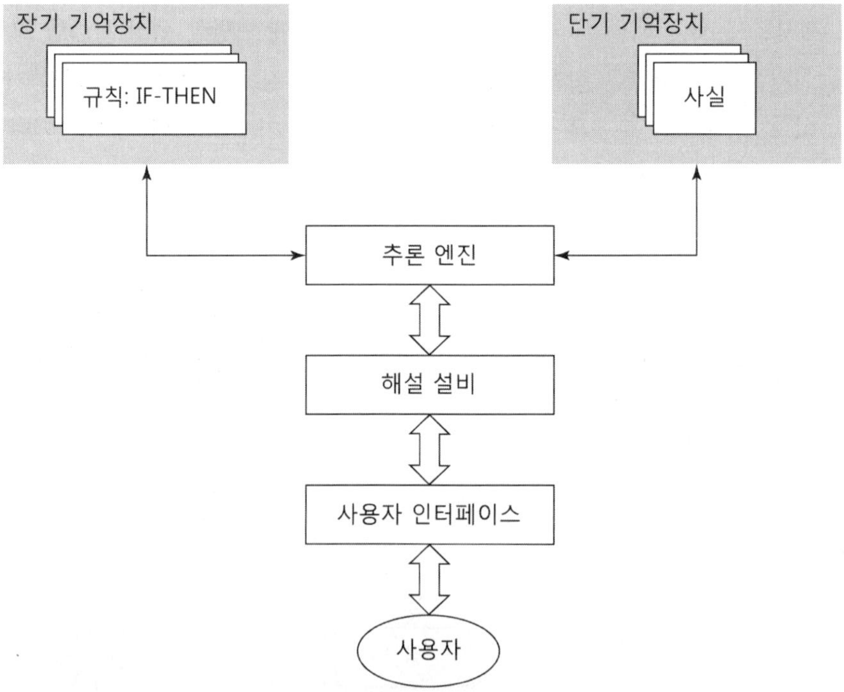

[그림 1.2] 규칙 기반 전문가 시스템의 구성요소

2. 규칙 기반 전문가 시스템의 특징

전문가 시스템의 특징은 다음과 같다.

– 고품질 성능은 전문가 시스템의 가장 중요한 특징이다. 시스템의 문제해결 속도에 대한 결과의 정확성이나 정확성을 위한 문제해결 속도가 손상되어서는 안 된다. 이를 위해 시스템은 실제 전문가가 문제를 해결하는 방식을 모방한다. 전문가는 추측 또는 휴리스틱을 사용하여 문제를 해결하고, 시스템은 추론을 잘 이끌어내기 위해 휴리스틱을 적용하여 솔루션의 탐색 영역을 줄인다.
– 논평 능력, 시스템은 추론을 검토하고 결론을 설명한다.
– 전문 시스템은 협소하고 전문화된 분야에서 전문적인 수준으로 운영되도록 설계되어 전문가 수준의 신뢰성을 가지고 있다. 이로 인해 잘못된 결정이 내려지면 매우 큰 손실이 발생하므로 시스템에 해설 기술이 필요하다.
– 심벌 추론 시스템은 심벌 추론을 통해 불확실하고 모호한 데이터를 처리하도록 설계되었다.
– 수치 데이터를 다루는 기존 프로그램과 달리 전문가 시스템은 부정확한 추론을 허용하고 불완전하고 불확실하며 모호한 데이터를 통해 답을 얻어야 한다.
– 전문 시스템은 실수를 할 수 있는 특성이 있다. 이것은 시스템에서 다루는 데이터가 불확실하고 모호하므로 데이터에서 추론된 솔루션이 불확실하다는 것을 의미한다.
– 지식과 처리 과정이 분리되었다. 이 기능을 사용하면 전문가 시스템을 더 간단하게 만들고 유지·관리 할 수 있다.

3. 전문가 시스템 개발팀의 주요 구성원

컴퓨터가 무언가를 하게 만들면 일반적으로 명확한 규칙에 따라 수행된다. 그 이유는 컴퓨터에는 아직 인공지능이 없기 때문이다. 즉, 컴퓨터는 인간처럼 지식과 현상을 결합할 수 없다. 따라서 사람이 컴퓨터의 힘을 사용하여 무언가를 할 때 일련의 규칙이 필요했다. 예를 들어 "IF … Then … Else"로 표현되는 규칙을 적용한다.

하지만 실생활에서 표현할 수 없는 문제가 너무 많다. 인간이 생각하는 거의 모든 것은 모호함의 모음이다. "오늘 너무 춥다. 히터를 켜라!"는 컴퓨터가 처리할 수 없는 말이다. 컴퓨터 자체는 시원하게 느껴지는 온도를 알지 못한다. 컴퓨터는 정확한 수치 데이터만 처리하는 기계이기 때문이다. 이러한 문제를 처리하는 여러 방법 중 하나인 규칙 기반 전문가 시스템에 대해 이야기해 보겠다.

컴퓨터가 처리해야 하는 이러한 문제는 모든 분야의 전문가가 처리한 것을 대체하는 데 의미가 있다. 그리고 전문가라고 불리는 사람들은 어떤 지식에 대한 규칙을 만들 수 있는 사람들이고 규칙은 앞에서 말했듯이 "IF … Then … Else"의 형태로 표현될 수 있는 것을 말한다. 규칙 기반 전문가 시스템은 주제에 대해 잘 알고 관련 문제를 해결하는 데 능숙한 도메인 전문가, 규칙을 테스트하고 추론할 수 있는 지식 전문가, 프로젝트 관리자, 프로그래머 및 최종 사용자로 구성된다. 또한 규칙 기반 전문가는 지식 기반, 데이터베이스, 인터페이스 엔진, 확장 기능, 사용자 인터페이스, 외부 인터페이스, 개발자 인터페이스 및 디버깅으로 구성된다. 규칙 기반 전문가 시스템은 특정 영역의 문제를 해결하기 위해 기호를 추론할 수 있는 기능과 처리 프로세스와 지식이 분리되어 있는 것이 특징이다. 처리 과정과 지식의 분리는 큰 장점이다. 이렇게 하면 새로운 지식이 추가될 때 시스템을 더 쉽게 수정할 수 있다. 또한 규칙 기반 전문가 시스템에는 고전적인 방법과 달리 점화된 규칙을 추적할 수 있는 경우 도달 방법을 설명할 수 있는 주석 기능이 있다. 간단히 말해, 정렬 알고리즘은 정렬되는 절차를 통해 소스 코드를 볼 때까지 알지 못한다. 그러나 결과가 어떻게 이루어졌는지에 대한 해설 기능을 통해 전문 시스템이 가능하다. 또한 불충분하고 불완전한 데이터를 처리할 수 있는 대신 결과에 항상 실수가 있을 수 있다.

추론 방법의 유형에는 정방향 및 역방향 연결이 포함된다. 순방향 연결을 데이터 드라이브라고 하며 단순히 지식을 하나씩 발화시켜 결과를 찾는 방법이다. 자연스러운 방법이지만 느린 방법이다. 역방향 연결 방식을 '목표 드라이브' 방식이라고 하며 목표를 거꾸로 추론하는 방식이다. 일반적으로 정방향 연결이 사용되고 역방향 연결이 결과를 확인하는 데 사용된다.

시스템에 있는 규칙은 일반적으로 겹치지 않도록 설정되지만 필연적으로 충돌하는 동일한 규칙이 공존하는 예도 있을 수 있다. 예를 들어 "더울 때 에어컨 켜기" 규칙과 "더울 때 에어컨 끄기" 규칙이 공존할 수 있다. 상식적으로 두 번째 규칙이 잘못되었다고 말할 수 있지만 컴퓨터는 이를 알지 못한다. 이를 해결하기 위해 각 규칙에 대한 우선 순위를 지정하는 방법이 있다. 전문가가 제안한 규칙은 일반인이 제안한 규칙보다 우선 순위가 높으며 동일한 규칙이 충돌할 때 먼저 적용된다. 또 다른 충돌 해결 방법은 가장 긴

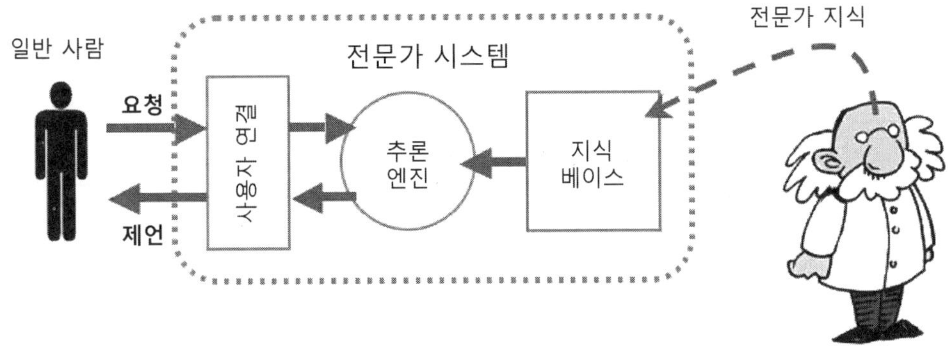

(출처 : 소프트웨어정책연구소(SPRI))

[그림 1.3] 전문가 시스템의 구성도

일치 전략이다. IF에 해당하는 규칙을 더 많이 적용하는 데 더 높은 우선 순위를 부여하는 방법이다. 결국 이러한 갈등을 잘 해결하려면 지식이 필요하다.

이러한 지식 기반 시스템은 자연 지식을 표현할 수 있고, 통일된 구조를 가지고 있으며, 지식과 과정을 분리하고, 불확실한 지식을 처리할 수 있다는 장점이 있지만 규칙과의 불분명한 관계를 해석할 수 없고 순방향 연결과 같은 비효율적인 탐색 전략을 가지고 있다. 전문가의 도움 없이 스스로 배울 수 있다.

현재는 지식 부족으로 깊이 이야기할 수는 없지만, 현재 시대가 인간이 만든 시스템으로 극소수 분야의 전문 능력을 말하는 것은 인공지능 시스템이다. 결국 터미네이터가 인간이 생각할 수 있는 스카이넷이나 로봇을 갖기까지는 아직 갈 길이 멀다. 그러나 확실한 것은 이것이 하드웨어 분야에서 해결해야 할 문제가 아니라 소프트웨어 분야에서 해결해야 할 문제라는 점이다. 인간의 뇌 기억과 사고를 위한 의료 기술이 발전하고 이를 소프트웨어로 효과적으로 전달할 수 있는 능력이 개발되면 언젠가 이런 일이 일어날 것이라고 생각한다(그림 1.3).

4. 규칙 기반 전문가 시스템에서 불확실성 다루기

전문가 시스템이란 특정 분야를 사실과 규칙의 형태로 표현할 수 있는 깊은 지식과 다양한 실무 경험을 가진 사람이다. 전문가는 누구도 할 수 없는 일을 할 수 있다.

전문가는 일반적으로 생성 규칙의 형태로 지식을 표현한다.

생성 규칙은 IF(예비) THEN 문으로 표시된다. 생성 규칙은 가장 일반적으로 사용되는 지식 표현 유형이다. 규칙은 관계, 권장 사항, 지침, 전략 및 휴리스틱을 나타낼 수 있다.

관계

IF '연료 탱크'가 비었다.
THEN 기차가 멈췄다.

추천

IF 여름이다.
AND 하늘이 맑다.
AND 일기예보는 장마다.
THEN 조언은 '우산을 가지고 다니는 것'이다.

지시

IF 기차가 멈췄다.
AND '연료 탱크'가 비었다.
THEN '기차에 연료를 공급'한다.

전략

IF 기차가 멈췄다.
THEN '연료 탱크'가 비었다.
1단계를 완료했다.

IF 1단계를 완료했다.
AND '연료 탱크'가 가득 찼다.
THEN '배터리를 확인'한다.
2단계를 완료했다.

휴리스틱

IF 시료는 고체이다.
AND '시료의 pH' < 6
AND '시료의 냄새'가 시큼하다.
THEN '시료의 성분'은 '아세트산'이다.

특정 분야의 문제에 대해 전문가 수준에서 작동할 수 있는 컴퓨터 프로그램을 전문가 시스템이라고 한다. 가장 널리 사용되는 전문가 시스템은 규칙 기반 전문가 시스템이다. 규칙 기반 전문가 시스템을 개발할 때 많은 쉘을 사용하는 경향이 있다. 지식이 없고 골격만 있는 전문가 시스템이다. 새로운 전문가 시스템을 만들기 위해 모든 사용자는 규칙 형식으로 지식을 추가하고 관련 데이터를 제공해야 한다. 전문가 시스템 프레임워크는 전문가 시스템을 개발하는 데 걸리는 시간을 크게 줄일 수 있다. 전문가 시스템 개발팀에는 주제 전문가, 지식 엔지니어, **프로그래머**, 프로젝트 관리자 및 최종 사용자가 있어야 한다. 지식 엔지니어는 전문가 시스템을 설계, 생성 및 테스트하고, 주제 전문가로부터 지식을 얻고, 추론 방법을 결정하고, 개발 소프트웨어를 선택한다. 전문 시스템 프레임워크를 사용하는 소규모 전문가 시스템에서는 한 사람이 프로젝트 관리자, 지식 엔지니어, 프로그래머 및 전문가를 담당한다.

규칙 기반 전문가 스펙트럼에는 기본 지식, 데이터베이스, 추론 엔진, 해설 기능 및 사용자 인터페이스의 다섯 가지 기본 구성요소가 있다. 기본 지식에는 일련의 규칙으로 표현된 현장 지식이 포함된다(그림 1.4).

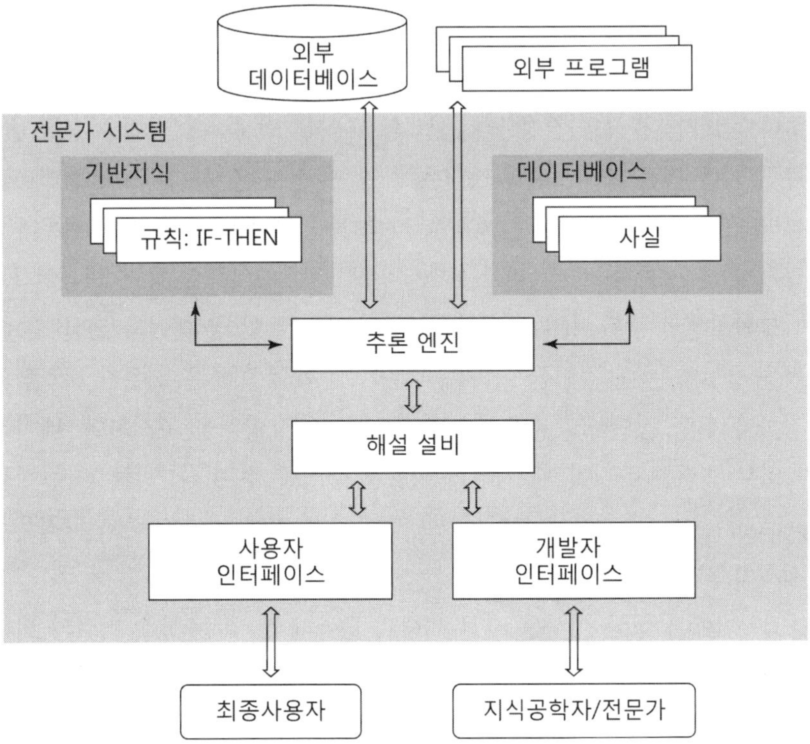

[그림 1.4] 규칙 기반 전문가 시스템의 개요

데이터베이스는 기본 지식에 저장된 규칙의 IF 부분과 일치하는지 여부를 비교하는 데 사용되는 일련의 사실을 저장한다. 추론 엔진은 규칙을 사실에 연결하고 전문가 시스템이 해결될 때까지 추론을 수행한다. 해설 기능은 전문가 시스템이 특정 결론에 도달한 방법과 특정 사실이 필요한 이유를 사용자에게 설명한다. 사용자 인터페이스는 사용자와 전문가 시스템 간의 통신 수단이다.

전문가 시스템은 추론 엔진에서 기본 지식을 분리하여 지식 및 처리 프로세스에서 지식을 분리한다. 이를 통해 시스템을 쉽게 만들고 효율적으로 유지관리 할 수 있다. 전문가 시스템 프레임워크를 사용하면 지식 엔지니어 또는 **전문가**가 기본 지식에 규칙을 입력할 수 있다. 각각의 새로운 규칙은 새로운 지식을 추가하고 전문가 시스템을 훨씬 더 스마트하게 만든다. 전문가 시스템은 문제 해결 세션 동안 점화된 규칙을 추적하여 제한된 설명을 제공한다.

기존 프로그램과 달리 전문가 시스템은 불완전하고 불확실한 데이터를 처리할 수 있으며 부정확한 추론을 허용한다. 그러나 인간과 마찬가지로 전문가 시스템은 정보가 불완전하고 명확하지 않으면 실수를 할 수 있다. 직접 탐색 및 추론 방법에는 순방향 및 역방향 연결 추론 기술이 있다. 정방향 연결은 데이터 지향 추론이다. 이것은 알려진 데이터로 시작하여 더 이상 발화하는 규칙이 없을 때까지 순방향으로 진행된다. 역 연결은 목표 지향적 추론으로, 전문가 시스템이 목표를 설정하고 추론엔진이 이를 증명하기 위한 증거를 찾으려 한다. 점화할 규칙을 결정한다. 선택할 규칙을 결정하는 방법을 충돌 솔루션이라고하며 규칙 기반 전문가 시스템의 장점은 자연 지식 표현, 통합 구조, 처리 프로세스와 지식의 분리, 불완전하고 불확실한 지식을 다룬다는 것이다. 규칙 기반 전문가 시스템의 단점은 규칙 간의 모호한 관계, 비효율적인 탐색 전략 및 학습 능력 없음이다.

지식의 불확실성의 주된 이유는 약한 연결, 부정확한 언어, 데이터 손실 및 다른 전문가의 관점을 통합하는 데 경험한 어려움 때문이다. 확률 이론은 전문가 시스템의 불확실성을 해결하기 위해 정확하고 수학적으로 올바른 접근 방식을 제시한다. 베이즈 규칙을 사용하면 일부 증거를 관찰할 때 가설의 확률을 결정할 수 있다. 광물 탐사 전문 시스템인 Prospector는 시스템 전체에 불확실성을 전파하기 위해 베이즈 증거 규칙을 적용하여 성공한 최초의 시스템이다.

베이즈 접근법에서 상무 이사는 사전 확률과 증거 E가 있는 경우 가설의 신뢰성을 측정하기 위해 확률 LS 값을 제공하고 동등한 증거가 없는 경우 가설의 불신을 측정하기 위해 확률 LN 값을 제공해야 한다. 베이즈 방법은 다음과 같은 형식의 규칙을 사용한다. 베이즈 접근 방식을 적용하려면 증거의 조건부 독립성이 충족되어야 한다. 또한 신뢰할 수 있는 통계 데이터가 있어야 하며 각 가설에 대해 사전 확률을 정의해야 한다. 그러나 대부분의 실제 문제는 이러한 요구 사항을 충족하지 못하므로 일부 시스템만 베이즈 추론을 적용했다. 신뢰 이론은 종종 베이즈 추론의 대안으로 사용된다. 이 이론의 기본 원리는 진단 의료 전문가 시스템인 MYCIN에서 소개되었다. 신뢰 이론은 전문가 시스템의 불확실성을 해결하기 위한 판단적 접근 방식을 제공한다. 전문가는 증거 E를 관찰할 때 가설 H의 신뢰 수준을 나타내는 신뢰도를 제공해야 한다. 유죄 판결 방법은 다음과 같은 형식의 규칙을 사용한다.

신뢰는 확률을 알 수 없거나 확률 값을 쉽게 얻을 수 없을 때 사용된다. 신뢰 이론은 점차적으로 획득된 증거와 가설의 논리적 조합은 물론 서로 다른 신뢰 수준의 증거를 다룰 수 있다. 베이즈의 접근 방식과 자신감은 다르지만 개인적이고 주관적인 정보의 크기를 측정할 수 있는 전문가를 찾는 데 필요한 공통 문제가 있다.

5. 퍼지 전문가 시스템

퍼지 논리는 영어 단어 퍼지가 의미하는 것처럼 모호한 논리가 아니라 모호한 대상을 다루는 논리이다. 또한 퍼지 논리는 퍼지 집합 이론, 즉 모호성을 제어할 수 있는 집합 (1930, Jan Lukasiewicz, 폴란드) 퍼지 논리는 구성원을 고전적인 **이진 논리**로 명확히 하기보다는 지식이 속한 정도에 따라 지식을 표현하는 일련의 수학적 원리이다. 선명한 집합 이론은 참과 거짓의 두 가지 값만 사용하는 논리를 따른다. 이는 모호한 개념을 표현할 수 없기 때문에 역설에 대한 답을 제공할 수 없다. 퍼지 집합 이론의 기본 개념은 요소가 어느 정도 퍼지 집합에 속한다는 것이다. 따라서 명제는 참 또는 거짓이 아니라 부

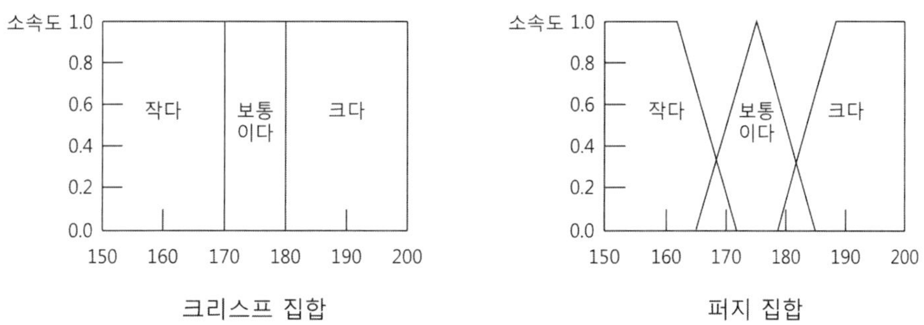

[그림 1.5] 퍼지 집합 시스템의 개요

분적으로는 참 또는 부분적으로 거짓일 수 있다. 차수는 일반적으로 [0, 1] 범위의 실수로 표현된다(그림 1.5).

〈퍼지 추론 : 담마니(Dammani) 유형 추론〉

- 1단계 : 제거
- 2단계 : 규칙 평가
- 3단계 : 출력에서 규칙 통합
- 4단계 : 역방향 퍼지

(Fuzzyity는 규칙을 평가하는 데 도움이되지만 최종 출력은 명확한 숫자여야 한다. 역방향 퍼지 중 입력은 통합 출력 퍼지 세트이며 출력은 단일 숫자여야 한다(그림 1.6)).

※ 무게 중심(CoG, 중심)

$$CoG = \frac{\int_a^b \mu_A(x)x\,dx}{\int_a^b \mu_A(x)dx}$$

퍼지 추론은 맘다니 방법과 대게 유형 추론의 빠른 추론 시간을 사용한다. 맘다니

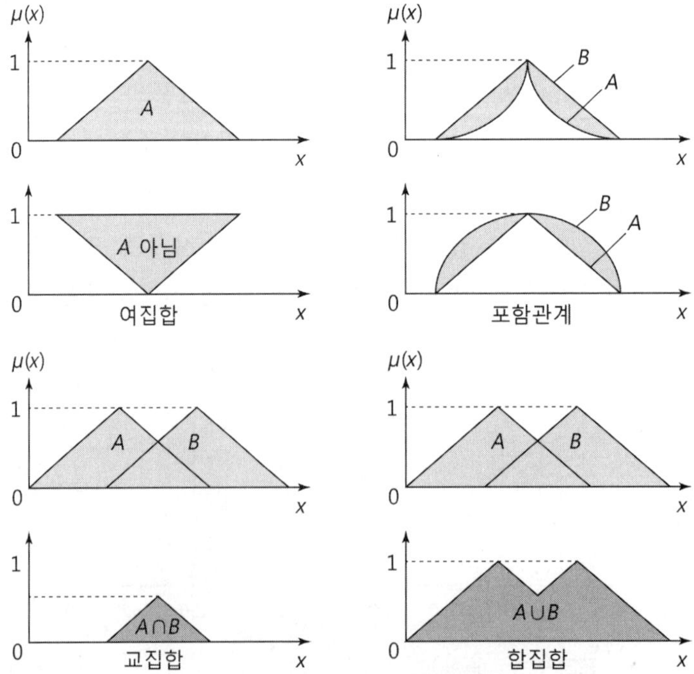

[그림 1.6] 퍼지 집합 연산

(Mamdani) 방법은 종종 전문 지식을 얻는 데 사용되며 스게노(Sugeno) 방법은 특히 동적 비선형 시스템에서 문제를 제어하는 데 매력적이다(그림 1.7, 그림 1.8).

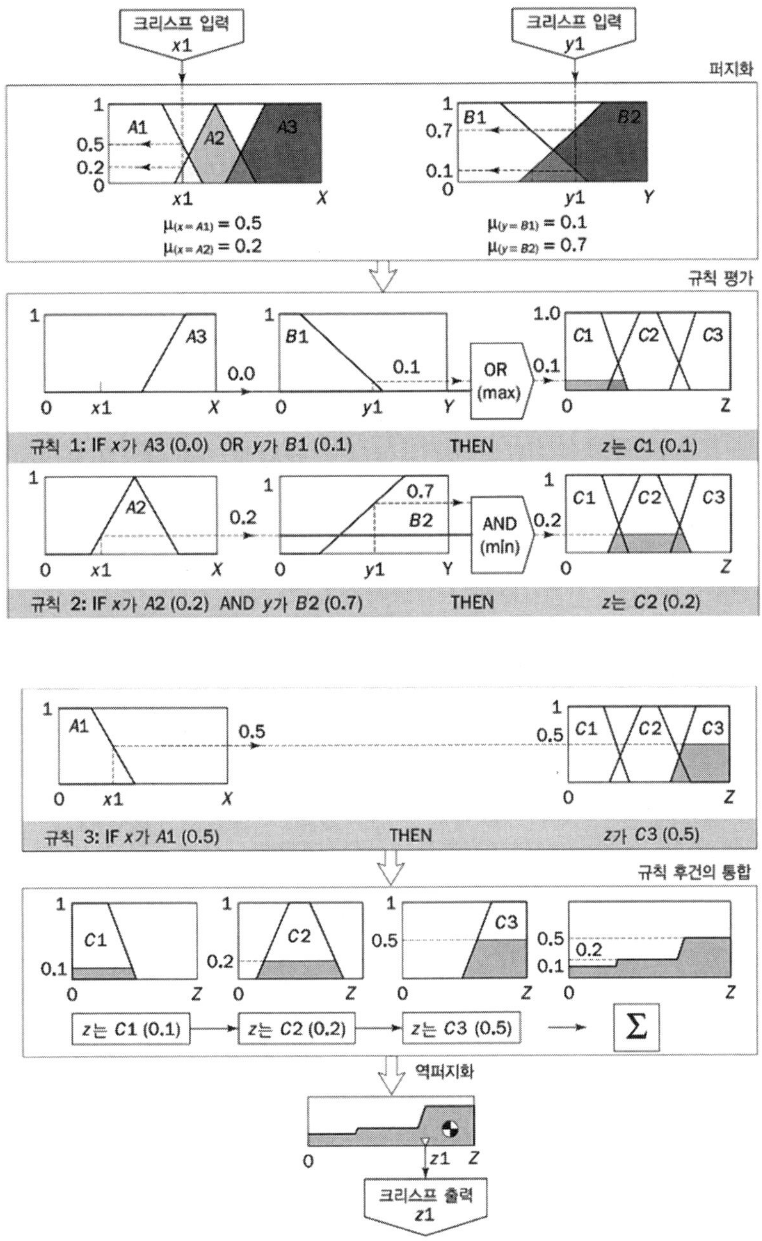

(출처 : 소프트웨어진흥협회)

[그림 1.7] 맘다니형 퍼지 집합 연산

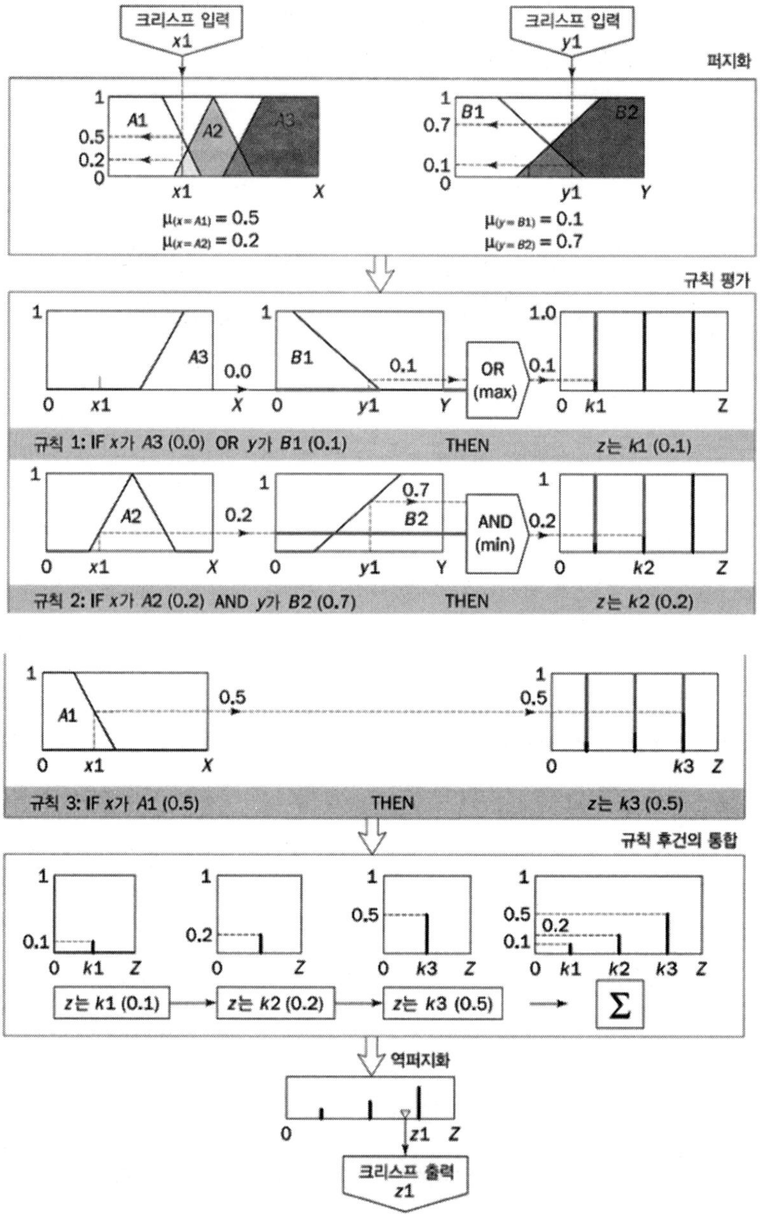

(출처 : 소프트웨어진흥협회)

[그림 1.8] 스게노형 퍼지 집합 연산

6. 퍼지 전문가 시스템 절차

퍼지 전문가 시스템 개발을 위한 일반적인 절차는 다음과 같다.

1. 문제를 명확히 하고 언어 변수를 정의한다.
2. 퍼지 세트를 결정한다.
3. 퍼지 규칙을 구성 및 파생한다.
4. 퍼지 세트, 퍼지 규칙 및 퍼지 추론을 수행하기 위해 퍼지 시스템을 인코딩한다.
5. 시스템을 평가하고 조정한다.

- 모델의 입력/출력 변수를 검토하고 필요한 경우 다시 조정한다.
- 퍼지 세트를 재검토하고 필요한 경우 세트를 토론 영역에 추가한다. 이때 인접 세트는 충분히 겹쳐야 한다.
- 규칙을 재검토하고 필요한 경우 기본 규칙에 새 규칙을 추가한다.
- 기본 규칙을 검토하고 헤지 규칙을 작성하여 시스템의 이상한 행동을 포착할 가능성이 있는지 확인한다.
- 규칙 실행 가중치를 변경한다.
- 퍼지 세트의 모양 변경을 한다.

7. 프레임 기반 전문가 시스템

프레임은 특정 개체 또는 개념에 대한 일반적인 지식으로 구성된 데이터 구조이다 (Minsky, 1975).

- 전문성은 전문가 시스템을 위한 객체 지향 프로그래밍의 필요성이다.
- 분석, 설계, 구현의 기초가 되는 객체를 이용한 프로그래밍 방법을 객체 지향 프로그래밍이라고 한다.
- 객체 지향 프로그래밍에서 객체는 일종의 개념, 추상화 또는 문제에 대한 경계 또는 의미가 있는 것으로 정의된다.

규칙 기반 전문가 시스템과 프레임 기반 전문가 시스템의 주요 차이점은 시스템이 지식을 받아들이고 표현하는 방법에 있다.

- **규칙 기반 시스템**에서 규칙 집합은 문제 해결에 사용되는 특정 분야에 대한 지식이다.
- 각 규칙은 문제해결에 도움이 되는 보편적인 특성을 포착하고 새로운 규칙이 새로운 지식에 추가되어 시스템이 더 스마트해진다. 규칙 기반 시스템은 규칙을 변경, 추가 또는 삭제하여 쉽게 변경할 수 있다.
- **프레임 기반 시스템**에서는 다양한 방식으로 문제에 접근한다. 즉, 지식 구조의 계층이 먼저 결정된다.
- **클래스**와 그 **속성**을 설정하고 각 프레임 간의 계층적 관계를 결정한다. 프레임 기반 시스템의 구조는 문제에 대한 자연스러운 설명을 제공할 뿐만 아니라 메서드와 데몬을 통해 프레임의 동작을 추가할 수도 있다.

1. 문제를 정의하고 시스템의 범위를 정의한다.
2. 클래스와 해당 속성을 정의한다.
3. 인스턴스를 정의한다.
4. 디스플레이 및 인터페이스 창을 정의한다.
5. 메서드와 데몬을 정의한다. 또한 메서드는 속성 관련 프로시저를 나타내고 데몬은 IF-THEN 구조, IF 문의 속성이 변경될 때마다 실행된다.
6. 규칙이 설정된다.
7. 시스템 생성, 평가 및 확장된다.

제 2 장

인공 신경망 개념

이 장에서는 기계학습이 무엇인지 설명한다. 기계학습은 일반적으로 컴퓨터가 경험, 예 및 비유를 통해 학습할 수 있도록 하는 적응 메커니즘과 관련이 있다. 학습 능력은 시간이 지남에 따라 지능형 시스템의 성능을 향상시킨다. 기계학습 메커니즘은 적응형 시스템의 기초를 형성한다. 기계학습에서 가장 잘 알려진 접근 방식은 인공 신경망과 유전 알고리즘이다(그림 2.1).

또한 **신경망**이 무엇인지 정의할 것이다. 신경망은 인간의 뇌를 기반으로 한 추론 모델로 정의할 수 있다. 인간의 뇌는 밀접하게 연결된 일련의 뉴런으로 구성되며, 뉴런이라고 하는 정보 처리의 기본 단위이다. 인간의 뇌는 100억 개의 뉴런과 각 뉴런 또는 **시냅스**를 연결하는 6조 개의 연결로 구성되어 있다. **인공 신경망**(ANN)에는 '학습'기능이 있다. 즉, 우리는 우리의 경험을 활용하여 성능을 향상시킨다. 충분한 샘플이 제공되면 아직 발견하지 못한 것을 일반화하거나 전문가가 인식하지 못한 패턴을 찾을 수 있다. 뉴런은 링크로 연결되며 각 링크에는 관련된 숫자 가중치가 있다. 가중치는 ANN의 **장기 기억**을 위한 기본 수단으로, 각 뉴런 입력 강도, 즉 중요성을 나타낸다. 신경망은 가중치를 반복적으로

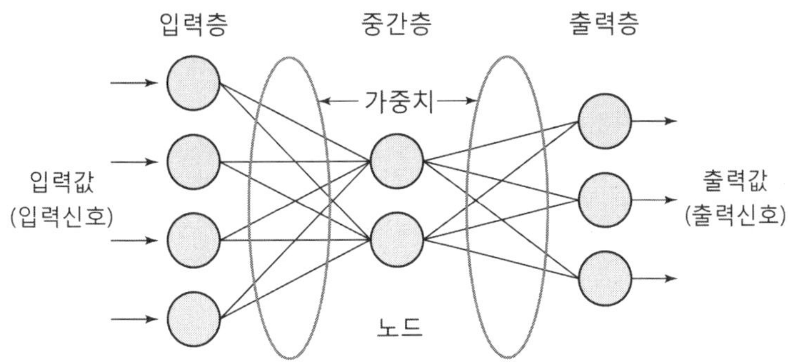

[그림 2.1] 인공 신경망 개론

조정하여 학습한다. 각 뉴런은 기본 정보 처리 단위이다. 따라서 입력 및 수치 가중치가 주어지면 자체 활성화 수준을 계산할 수 있다.

1. 신경망의 개념

1940년대 사이버네틱스와 1960년대 퍼셉트론을 기반으로 만들어졌다. 현재 신경망 연구의 가장 두드러진 동기는 인간 두뇌의 기능과 유사한 신경망이 실현될 가능성이다. 신경망은 토폴로지, 노드 특성, 학습 규칙 등을 특징으로 하며 많은 간단한 병렬 처리 장치로 구성된다. 또한 신경망의 배경은 1943년 McCulluck과 Fitz에 의해 “인간 뇌의 수많은 뉴런으로 구성된 잘 정의된 컴퓨터”에서 분류되었다.

- Hebb의 학습 규칙은 두 뉴런 간의 연결 강도를 조정하는 첫 번째 규칙이다. 즉 적응형 신경망 연구에 많은 영향을 미친다.
- Rosenblatt(1957)의 퍼셉트론 : 최초의 신경망 모델은 알파 강화 규칙을 사용한다.
- Minsky와 Papert의 퍼셉트론 : 퍼셉트론 모델을 수학적으로 철저히 분석하여 모델의 단점을 드러낸다.
- 역 전파 학습 알고리즘 : 오류를 수정하는 규칙은 입력에 대한 원하는 응답과 실제로 얻은 응답 간의 차이를 줄이는 것이다. 오류 전파에 의한 내부 표현 학습에서 입력 패턴은 항상 충분한 은닉층 단위로 코딩될 수 있다. 이 프로세스는 네트워크의 연결 강도를 반복적으로 조정하여 실제 신경망의 벡터와 원하는 출력 간의 차이를 줄인다.
- 신경망은 생물학적 시스템에서 영감을 받아 정보 처리 시스템의 구조화에 관심이 있는 반면, 인공지능은 어려운 문제를 해결하기 위해 다양한 형태의 지식을 표현하고 추론하는 데 관심이 높다.
- 인간은 사물 인식, 관계 식별, 언어 이해, 기억 장치에서 적절한 정보를 맥락화하고, 고도로 발달된 컴퓨터보다 전체 스펙트럼의 일부를 계획하고 인식하는 데 여전히 훨씬 뛰어난다. 인간은 또한 이러한 것들을 컴퓨터보다 더 정확하게 배우고 그들의 경험을 더 효과적으로 사용한다. 한 가지 설명은 인간의 뇌가 컴퓨터보다 더 나은 인지 과정을 가지고 있다는 것이다.

생물학적 뉴런의 방법은 다음과 같다.

- 뉴런의 기능 : 정보 수용, 계산 처리 및 출력 전송.
- 구조 : Axon, dendrit, cell body
- Synapse : 흥분 또는 억제
- 인간 대뇌 피질 : 감각, 지각, 인지, 학습, 기억, 사고, 행동 프로그램 작성 및 운동 명령과 같은 통제 활동과 같은 높은 수준의 정보 처리 활동.
- 정보 처리 기능 : 다중 입력 1 출력, 흥분과 억제의 시냅스 조합, 시간 및 공간 연결, 펄스 생성 및 펄스 주파수로 전송되는 아날로그 정보, 비선형성, 절대 비 응축, 상대 비 응축, 시간 지연, 적응, 피로 등

신경망의 특징은 다음과 같다(그림 2.2).

- 신경망은 프로그래밍되지 않았다. 신경망은 예제를 통해 학습된다. 예제(주로 지도 학습)를 통해 학습하는 신경망은 프로그래밍할 필요가 없는 컴퓨터 시스템을 만들 수 있는 잠재력이 있다. 이것은 프로그램에 의해서만 실행되는 기존 컴퓨터와는 상당히 다르다. 컴퓨터 프로그램은 프로그래머에 의해 미리 결정된 순서로 수행되는 반면 신경망은 입력 및 출력 값이 주어지면 원하는 결과를 생성하도록 훈련된다.
- 신경망 아키텍처는 정보를 분산된 형태로 코딩한다. 분산 저장 방법에는 많은 장점이 있으며 가장 중요한 것은 풍부한 정보 표현이다. 따라서 네트워크가 부분적으로 끊어져도 신경망이 제대로 작동할 수 있다. 이 점에서 신경망은 내결함성 시스템이다.

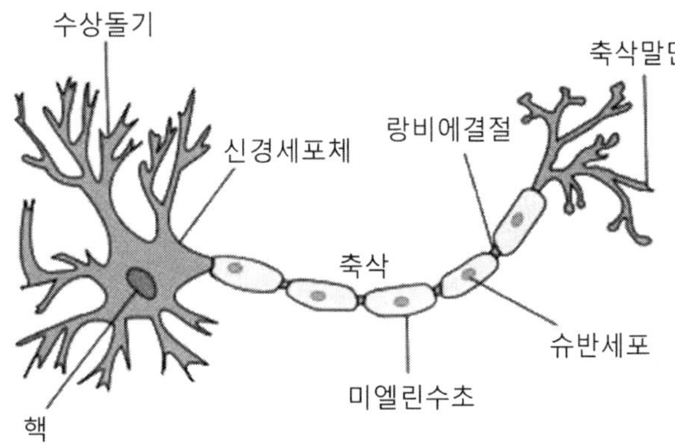

(출처 : 소프트웨어진흥재단)

[그림 2.2] 신경망 이론

– 신경망은 분류 작업을 수행하는 데 필요한 두드러진 특징을 찾을 수 있다.
– 신경망은 병렬로 분산된다.
– 세포체 : 소마라고도 한다.
– 핵
– 수상 돌기 : 여기서 다른 뉴런의 신호를 받는다.
– Axon : 신호를 보내는 부분
– Axon Hillock : 활동 전위가 시작되는 곳
– Axon Ending ([1]) : 다른 뉴런과 연결되는 곳
– 수초 : 일종의 절연체로 전기 신호가 다른 곳으로 누출되는 것을 방지한다.
– Lanvier의 Nodes : Horse House와 Horse House 사이에 절연되지 않은 노출된 축삭
– 뉴런 연결의 시냅스 : 다른 종과 같은 종은 뉴런마다 다르지만 약 1,000~8,000개가 더 많으며 일반적으로 약 5,000개다.

2. 신경망과 인공지능

인공지능은 일반적으로 '지능'이 필요한 문제를 해결하는 데 컴퓨터를 더 유용하게 만드는 분야로 설명된다. 인공지능 방법론은 문제해결에 대한 일반적인 연구에서 규칙 또는 틀 형태의 특정 영역에서 지식을 사용하는 방향으로 점차 방향을 바꾸었다. 신경망의 시작은 인공지능과 같은 시대에 일어났다. 1950년대 후반 많은 과학자들이 '지능형' 시스템을 개발하려고 시도하면서 두 가지 접근 방식이 나타났다. 하나는 '뇌가 작동하는 방식'에 초점을 맞추고 다른 하나는 '뇌가 하는 일'에 초점을 맞추었다. 당시 인공지능으로 발전한 후자의 시각이 신경망으로 발전한 전자보다 선호됐다. 인공지능은 다양한 형태의 지식을 사용하여 복잡한 문제를 해결한다. 때로는 인간의 문제해결 행동을 면밀히 모니터링하여 필요한 지식을 얻는다. 신경망 관계 연구자들은 여전히 생물학적 시스템을 기반으로 시스템을 구현하기 위해 노력하고 있다. 생물학적 시스템인 많은 단순한 뉴런 유사 프로세서가 병렬로 처리된다. 신경망은 학습 및 **병렬 처리** 구현에 중점을 둔다.

3. 초기의 신경망의 개념 (Hebb의 학습 규칙 - The Organization of Behavior)

지속적인 학습을 통해 생물학적 지식이나 능력을 얻을 수 있으며, 일정 시간 동안 발생하는 학습 과정은 새로운 지식을 습득할 때 네트워크를 수정하고 개선한다. 'hypnapses' 라고도 알려진 시냅스의 연결 강도를 조정하기 위한 생리학적 **학습 규칙**은 설명과 연결이다. 핵심 아이디어는 두 뉴런 A와 B가 서로 반복적이고 연속적으로 점화하여 둘 중 하나 또는 둘 모두에 변화를 일으키면 서로의 점화 효율이 증가한다는 것이다.

Frank Rosenblatt(1957)의 학습 과정은 다음과 같다(그림 2.3).

- 연결 강도 및 임계 값을 초기화한다.
- 새로운 입력 및 예상 출력을 제시한다.
- 실제 출력 값을 계산한다.
- 연결 강도를 조정한다.
- 퍼셉트론의 실제 출력과 목표 출력 간의 차이를 줄이기 위해 가중치를 조정하여 학습한다.
- 2단계로 진행하고 반복한다.
- n차원 공간을 초평면으로 두 개의 결정 영역으로 나눈다.

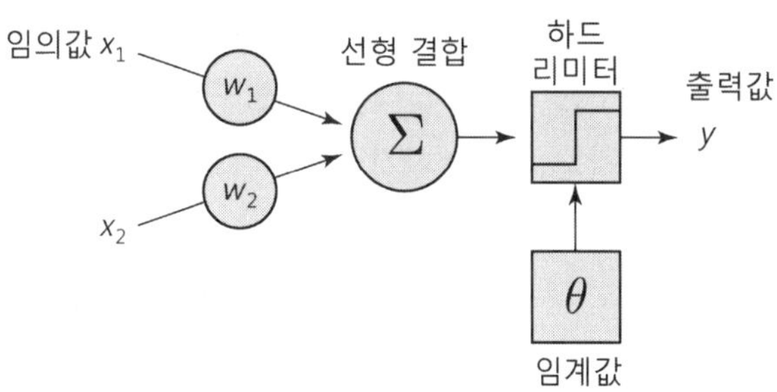

[그림 2.3] 초기의 신경망의 개념

4. 다층 퍼셉트론

입력 데이터가 입력 레이어의 각 유닛에 제공되면 이 신호는 각 유닛에서 변환되어 중간 레이어로 전달되고 마지막으로 출력 레이어로 전달된다. 연결 강도는 이러한 출력값과 원하는 출력값 사이의 차이를 줄이는 방식으로 조정된다. 그러나 중간층이 있으면 학습이 어려워진다. 어떤 연결 강도가 오류를 일으키는지 알 수 없기 때문이다.

또한 **다층 퍼셉트론**에는 많은 의미가 있다. 숨겨진 레이어가 필요한 이유는 무엇일까 질문한다. 그리고 다층 신경망의 각 계층에는 고유한 기능이 있다. 은닉층의 뉴런은 속성을 식별한다. 또한 뉴런의 가중치는 입력 패턴에서 숨겨진 속성을 나타낸다. 이 속성은 출력 레이어가 출력 패턴을 결정할 때 사용된다. 하나의 히든 레이어는 입력 신호의 모든 연속 함수를 나타낼 수 있으며 두 개의 히든 레이어는 이산 함수를 나타낼 수도 있다. 히든 레이어는 대상 출력을 '숨긴다'. 은닉층의 뉴런은 신경망의 입출력 동작을 통해 관찰되지 않다. 히든 레이어의 목표 출력이 무엇인지 알 수 있는 명확한 방법은 없다. 즉, 히든 레이어의 목표 출력은 자체적으로 결정된다. 상용 ANN은 1개 또는 2개의 은닉 레이어를 포함하여 3~4개의 레이어를 사용하며 각 레이어에는 10~1,000개의 뉴런이 포함된다. 실험에 따르면 3~5개의 은폐 레이어를 포함하여 5~7개의 레이어가 있을 수 있다. 100개 이상의 서로 다른 학습 알고리즘이 있지만 가장 많이 사용되는 방법은 역 전파 방법이다(Bryson, 1969). 역 전파 방법은 뉴런 사이에 연결된 신경망의 구성, 뉴런이 사용하는 활성화 함수 및 가중치 조정 절차를 지정하는 학습 알고리즘(또는 학습 법칙)에 의해 결정된다. 또한 활성화 함수는 주로 시그모이드 함수를 사용한다. 그리고 생물학적 뉴런은 상호 연결된 시냅스의 강도를 제어하기 위해 역방향으로 작동하지 않는다. 즉, 역 전파는 인간의 모방이 아니다.

멀티레이어 퍼셉트론은 입력과 출력 레이어 사이에 하나 이상의 중간 레이어가 있는 신경망으로 [그림 2.4]와 같은 계층 구조를 가지고 있다. 입력 레이어와 출력 레이어 사이의 중간 레이어를 히든 레이어라고 한다. 네트워크는 입력 계층, 은닉 계층, 출력 계층 방향으로 연결되며, 출력 계층에서 입력 계층으로의 직접 연결은 존재하지 않는 멀티레이어 네트워크이다.

멀티 레이어 퍼셉트론은 폴트 퍼셉트론과 유사한 구조를 가지고 있지만, 중간 레이어와 각 유닛의 I/O 특성을 비선형적으로 개선하여 네트워크 성능을 향상시켜 폴트 퍼셉트론의 여러 단점을 극복했다. 레이어 수가 증가할수록 퍼셉트론에 의해 형성되는 결정 영역

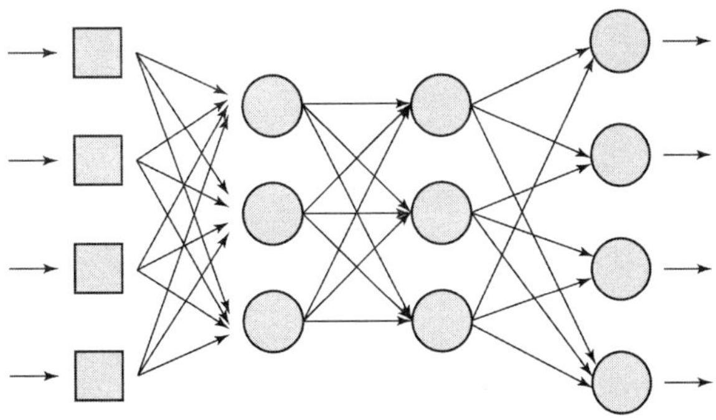

[그림 2.4] 다층 신경망의 개념

의 특성이 더욱 발전한다. 즉, 패턴 공간이 결점인 경우 두 영역으로 나눌 수 있고, 2층인 경우에는 볼록한 개구부 또는 오목한 마감 영역으로 나눌 수 있으며, 3층인 경우 이론적으로 어떤 형태의 영역도 형성할 수 있다.

단층, 2층, 3층 퍼셉트론의 구조와 결정 면적이 표현되었다. 두 번째 열은 각 네트워크에 의해 형성된 결정 영역을 나타내고 다음 두 열은 굴착 또는 메시 영역 문제에 대한 결정 영역을 나타낸다. 그리고 가장 오른쪽에 있는 빛은 일반적인 결정 영역을 보여준다. 지금까지 우리는 주로 하드 리미팅의 비선형 활성 함수를 사용했으며 하나의 출력 단위인 다층 퍼셉트론에 대해 논의했다. 유사한 결과가 시그모이드 비선형 활성 함수를 가진 하나 이상의 네트워크에서 나타난다. 시그모이드 비선형 활성 함수를 적용하면 결정 영역이 일반적으로 약간 복잡하지만 미분할 수 있는 직선이 아닌 완만한 곡선에 의해 경계가 지정되기 때문에 은닉 계층을 학습할 수 있는 역 전파 학습 알고리즘을 수행할 수 있다. 대부분의 다층 퍼셉트론은 역 전파 학습 알고리즘을 사용하여 훈련할 수 있다.

일반적인 다층 퍼셉트론 학습 방법은 다음과 같다. 입력 데이터가 입력 레이어의 각 유닛에 제공되면 이 신호는 각 유닛에서 변환되어 중간 레이어로 전달되고 마지막으로 출력 레이어로 전달된다. 연결 강도는 이러한 출력 값과 원하는 출력 값 사이의 차이를 줄이는 방식으로 조정된다. 그러나 중간층이 있으면 학습이 어려워진다. 어떤 연결 강도가 오류를 일으키는지 알 수 없기 때문이다.

5. 역 전파 학습 알고리즘

역 전파(Backpropagation) 학습 알고리즘은 최소 자기 적응 알고리즘의 비선형 확장이다. 연쇄 규칙은 확적 근사 프레임워크로 유도하기 위해 여러 번 반복적으로 적용될 수 있다. 입력 레이어의 각 유닛에 대한 입력 패턴이 주어지면 이 신호는 각 유닛에서 변환되어 중간 레이어로 전송되고 마지막으로 출력 레이어에서 신호를 출력한다. 이러한 출력값과 기대값을 비교하여 차이를 줄이는 방향으로 연결 강도를 조정하고, 상위 레이어의 역파를 기준으로 자성층의 연결 강도를 다시 조정한다. 지도학습에서는 입력 및 원하는 출력(목표 출력) 패턴(벡터)이 네트워크에 제공된다. 네트워크는 입력 레이어에 주어진 입력 패턴이 출력 레이어로 전파되면서 변경된 출력 패턴을 대상 패턴과 비교한다. 네트워크의 패턴 출력이 목표 패턴과 일치하면 학습이 발생하지 않는다. 그렇지 않으면 얻은 출력 패턴과 대상 패턴 간의 차이를 줄이는 방식으로 네트워크의 연결 강도를 조정하여 학습한다. 델타 규칙은 입력 및 출력 함수가 선형 단위로 만든 네트워크의 모든 입력 패턴에서 얻은 출력과 목표 출력과의 제곱 오차의 합의 합을 최소화하도록 결합 강도를 조정하는 것이다. 경사 하강법은 델타 법칙에 의해 결합 강도 공간에 주어진 오차의 제곱으로 곡면에서 수행된다. 즉, 오차의 제곱은 가장 많이 감소하는 방향으로 변경된다.

〈역 전파 학습 알고리즘의 문제점〉

- 최저치로 떨어질 가능성이 있다. 그리고 학습이 완료되기 전에 많은 반복 학습이 필요하다. 이를 위해서는 애플리케이션에 따라 학습 매개 변수를 조정해야 한다. 전반적인 재학습은 주로 추가 학습을 위해 필요하다. 또한 학습 완료를 예측할 수 없다. 역 전파 학습 알고리즘은 최소 자분 알고리즘의 비선형 확장이다. 역 전파 학습 알고리즘 확률적 근사 프레임 워크를 제거하기 위해 미분의 체인 규칙을 여러 번 반복적으로 적용하여 파생될 수 있다.

  Rumelhart는 1980년대 후반에 출판된 공저서 《Parallel Distributed Processing (PDP)》에서 역 전파 알고리즘을 대중화했다. 이 책은 샌디에이고에 있는 캘리포니아 대학의 여러 심리학자와 컴퓨터 관련 학자들의 신경망 연구를 요약한다. 주요 회원으로는 David E. Rumelhart, James L. McClland, Geoffrey L. Elman, Terrence J. Sejnowski, Smolens 및 Home of the Smolens가 있다.

  PDP 연구팀은 일반화된 델타 규칙이라는 역 전파 알고리즘을 제안했다. 이것은

Minsky와 Papert가 자세히 분석한 퍼셉트론 모델의 한계를 극복하고 10년 이상 정체된 신경망 연구의 새로운 장을 열었다.

알고리즘은 많은 컴퓨터 관련 과학자와 인지 과학자가 신경망 이론과 응용 프로그램을 총괄적으로 부르는 연결성이다. 그 무렵 Sejnowski는 텍스트를 음성으로 합성하는 NETtalk 시뮬레이션에 역 전파 학습 알고리즘을 사용했다. 역 전파 알고리즘이 소개된 PDP 책은 신경망의 참고 자료로 널리 사용되었으며 많은 역 전파 소프트웨어가 개발되기 시작했다. 주식 시장 예측을 포함하여 기술 응용 프로그램에 대한 수많은 시뮬레이션도 시도되었으며 그 결과는 학회에 보고되었다.

많은 사람들이 교육을 통한 이 새로운 학습 방법이 기계 지능의 새로운 장을 여는 놀라운 방법이라는 인식으로 공장 자동화, 실시간 음성 인식, 다른 언어 간 번역 및 로봇과 같은 분야에서 매우 밝은 응용 프로그램을 보았다. 일부 생리 학자들은 이 역 전파 알고리즘을 인간의 뇌와 중추 신경계로 간주하기도 했다. 한편 역 전파 학습 알고리즘의 단점도 드러났다. 첫째, 알고리즘은 종종 수렴에 실패하고 국소 최솟값에 도달한다. 둘째, 역 전파는 비로컬성, 동시성, 감독 및 긴 훈련 시간과 같은 생물학적 신경망과 크게 다르다. 셋째, 역 전파가 불연속 시뮬레이션에서 항상 수렴하지는 않는다. 초기 상태를 선택하는 방법에 따라 진동할 수 있으며 최악의 경우 임의로 방황할 수 있다.

일부 역 전파 옹호자들은 이 알고리즘이 빛 공간의 시냅스에서 오류 표면의 기울기를 따라 기울기 방법으로 수행되기 때문에 시뮬레이션 간격이 충분히 작은 경우 알고리즘이 항상 수렴한다고 주장한다. 그러나 이 주장은 알고리즘의 통계적 특성을 간과한다. 역 전파 알고리즘은 수렴하더라도 로컬 최소 오차로 수렴한다. 알고리즘의 옹호자들은 이것을 인정하지만 그들 중 일부는 연결 공간의 크기가 매우 크면 로컬 최소값이 거의 없다고 주장한다. 이것은 여러 차원의 역 전파에 대한 성공적인 시뮬레이션을 보여주었다.

역 전파에 대한 비판적 견해는 많은 역 전파 연구자들이 처음으로 역 전파를 개발했다고 주장하는 데 문제가 있다. 이 역 전파 기록은 Parker가 1980년대 초에 이 알고리즘을 학습 논리로 유도했으며 PAR85와 'Wervos'가 1974년 하버드 대학에서 박사 학위 논문으로 '동적 피드백'을 유도했음을 보여준다. Webos WER74는 역 전파를 통계적으로 공식화하고 알고리즘을 적용하여 1970년대와 1980년대 경제와 문제를 예측했다. 이 알고리즘은 그 전에 존재했을 수 있다.

또 다른 중요한 관점은 역 전파 학습이 새로운 것인지 여부이다. 문제는 누가 먼저

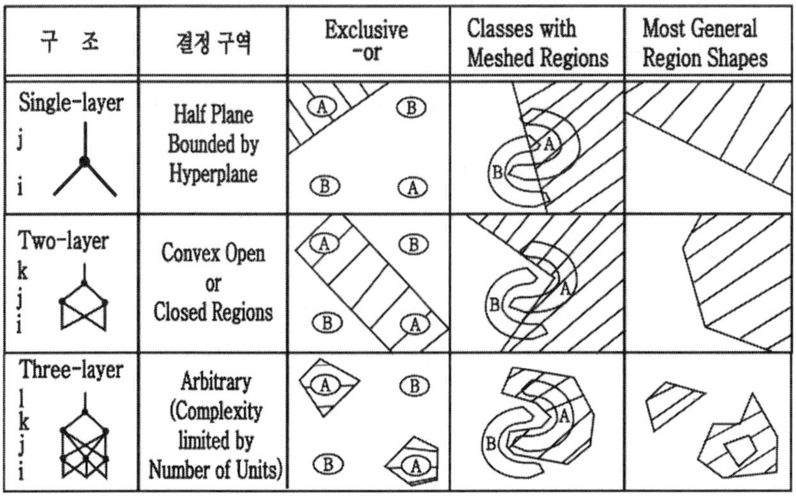

(출처 : 인공지능협회)

[그림 2.5] 역 전파 학습 알고리즘

알고리즘을 유도했는지가 아니라 알고리즘이 이미 존재했던 것과 다른지 여부이다. White는 1950년대에 역 전파를 확률적 근사에 기인했다. 따라서 알고리즘은 새로운 클래스의 학습 방법을 제시하지 못했다. 대신 역 전파는 통계가 오랫동안 탐구해온 추정 방법을 구현하는 계산적으로 효과적인 방법을 제시했다. 최근 1989년 White는 역 전파 알고리즘이 확률 근사의 특별한 경우라고 결론지었다(그림 2.5).

6. 홉필드 네트워크(Hopfield Network)

홉필드 네트워크(John Hopfield, 1982)는 출력에서 입력으로의 피드백 루프가 있다. 또한 피드백 루프는 신경망의 학습 능력에 상당한 영향을 미친다(그림 2.6).

- 연관 기억 또는 최적화 문제를 역사적으로 해결하는 데 자주 사용되는 상호 연결된 신경망 모델이다. 특히 연상 기억의 경우 특정 범용 패턴이 연결성 강도와 함께 저장되고 알 수 없는 입력 패턴이 주어지면 가장 유사한 패턴이 발견된다.
- 에너지 개념은 물리적 스핀 모델을 기반으로 신경망에 도입된다. 일정량의 에너지를 줄이는 방식으로 신경망을 동작시킨다.

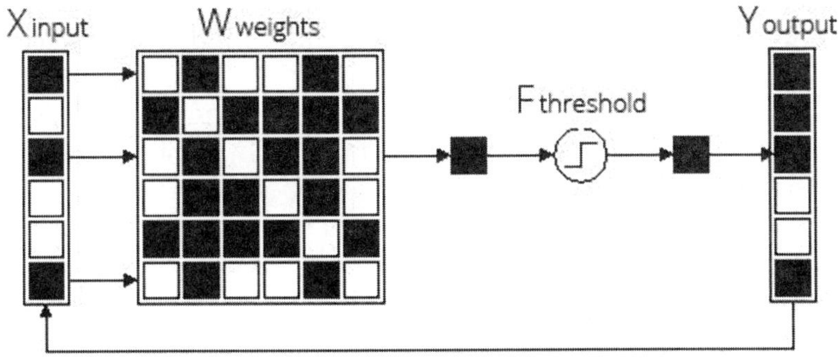

(출처 : 인공지능협회)

[그림 2.6] 홉필드 네트워크 알고리즘

- 뉴런 간의 연결 강도는 대칭이다. 즉, Wij=Wji
- 각 뉴런은 완전히 비동기적일 때만 안정된 상태에 도달할 수 있다.
- 뉴런의 작용이 임계값의 작용일 뿐이라는 단순한 이론에 근거하여 훈련에 의한 정보는 연결성 강도로 표현되며 연관 기억 및 외판원 문제와 같은 최적화 문제 해결에 매우 유용하다.
- 초기 버전에서 바이너리 및 캐스케이딩 기능을 사용하는 I/O로 자체를 제외한 모든 장치 간에 양방향으로 상호 연결된 네트워크이다.

7. 코호넨 네트워크(Kohonen Network)

자기 조직화는 주어진 입력 패턴에 미리 정확한 답을 주지 않고 스스로 학습할 수 있는 능력이다.

〈코호넨 네트워크란〉

- 두 개의 레이어로 구성된다. 1층은 입력 레이어이고 2층은 2차원 격자인 경쟁 레이어이다. 모든 연결은 첫 번째에서 두 번째로 향하고 두 번째는 완전히 연결된다.
- 뉴런의 연결 강도 벡터는 임의의 값으로 적절하게 초기화되어야 하며, 연결 강도 벡터와 입력 벡터는 일반적으로 0과 1 사이의 정규화된 값을 사용한다.

−**코호넨 네트워크**에서 각 뉴런은 연결 강도 벡터가 입력 벡터에 얼마나 가까운지를 계산한다. 그리고 각 뉴런은 학습의 특권을 위해 서로 경쟁하는 데 가장 가까운 거리에서 승리한다.

−코호넨 네트워크의 학습 철학은 '승자가 모두 가져가는 것'이다. 승자만 출력을 생성할 수 있으며 승자와 이웃만 연결 강도를 조정할 수 있다.

〈자기조직화(self organizing)〉

−주어진 입력패턴에 대하여 정확한 해답을 미리 주지 않고 자기 스스로 학습할 수 있는 능력(그림 2.7)

− $W_{new} = W_{old} + \alpha(X - W_{old})$

− W_{old}는 조정되기 이전의 연결강도 벡터이며, W_{new}는 조정된 후의 새로운 연결강도 벡터이고, X는 입력패턴 벡터이며, α는 학습 상수이다

〈코호넨 네트워크의 장점〉

−구조적으로 모델이 상당히 빠르게 수행된다.

−지속적인 학습이 가능하다.

−자기 조직화를 통한 정확한 통계 모델이다.

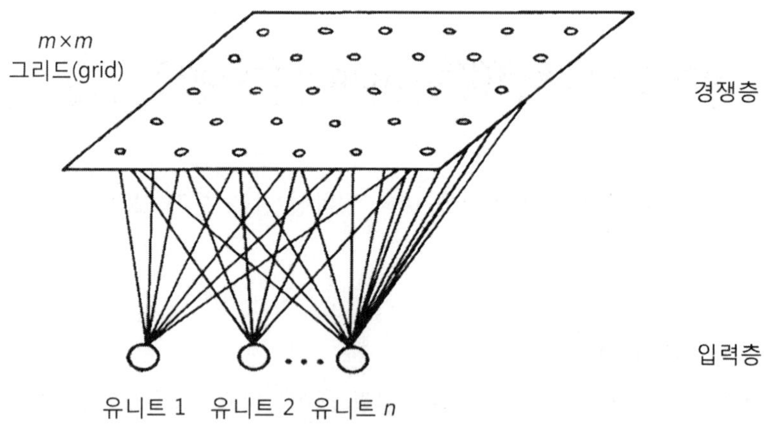

(출처 : 인공지능협회)

[그림 2.7] 코호넨 네트워크 알고리즘

8. ART(Adaptive Resonance Theory)

- 새로운 지식을 일관된 방식으로 전체 지식 기반에 자동으로 통합하여 이전에 학습한 내용이 새로운 학습으로 지워지지 않도록 한다.
- 이미 배운 것을 다듬고, 새로운 인식 카테고리를 학습하기 위해 새로운 단위를 선택하고, 메모리 용량을 초과하는 과도한 새로운 입력으로 인해 기존 획득이 지워지는 것을 방지한다.
- 1976년 Boston University의 Stephen Grossberg는 경쟁 학습의 약점인 안정성을 강화하는 모델을 제안했다.
- 끊임없이 변화하는 환경에서 모든 메모리 용량을 소비할 때까지 무제한 입력을 실시간으로 빠르고 안정적으로 학습한다.
- ART-1 네트워크는 자동 학습 시스템 구축에 적합하다. 입력 패턴을 자동으로 분류하고 알려진 패턴을 불러올 수 있다.
- 새로운 입력 패턴이 주어졌는데 일치하는 패턴이 없으면 새로운 입력 패턴을 학습한다. 하나의 변수만 조정하여 네트워크는 필요에 따라 패턴 범주를 재구성할 수 있다.

〈표 2.1〉 ART 학습모델과 다른 학습모델 비교

ART 학습모델	다른 학습모델
온라인 학습	오프라인 학습
동적인 세계	정적인 세계
자기 조직화(자율학습)	지도 학습
많은 입력에 대한 메모리의 자기 조절	많은 입력에 대한 용량의 파산 가능
전체적인 메모리의 효과적인 이용	느린 학습 또는 진동으로 인한 파국 가능
근사 매치 단계의 학습	미스매치 단계의 학습
여러 가지 에러에 대한 판단 기준	고정된 에러 판단 기준

9. 시뮬레이션 된 어닐링과 Boltzmann 머신

시뮬레이션 된 어닐링은 고체를 천천히 냉각하면서 에너지 상태를 최소화하여 고온에서

용융 후 국부적 최소값으로 떨어지는 것을 방지한다.

〈Boltzmann 머신〉

- G.E. Hinton 및 T.J. Sejnowski 및 Hopfield 모델의 일반화, Hopfield 네트워크의 행동 규칙을 확률적 행동 규칙으로 확장한 모델이다.
- 신경망의 흥미로운 속성과 대규모 병렬 처리를 사용하는 강력한 계산 장치인 시뮬레이션 된 어닐링을 결합한 모델이다.
- Hopfield 네트워크는 에너지를 줄이기 위해서만 네트워크의 상태를 변경하지만 Boltzmann 머신은 에너지 증가 상태의 전환에 대해 작은 확률도 허용하는 운영 규칙을 사용한다.
- 각 상태의 에너지 값을 결정하는 에너지 함수는 유닛 간 연결 강도 또는 유닛의 임계 값과 같은 네트워크 변수에 의해 결정되므로 이러한 변수를 조정하여 원하는 평형을 실현할 수 있다.
- 원하는 평형 분포를 달성하기 위해 네트워크의 매개변수를 제어하는 것은 Boltzmann 머신의 학습이다.
- Boltzmann 머신은 유닛이 상태 전이를 로컬에서 평가하기 때문에 병렬 처리를 용이하게 한다(그림 2.8).

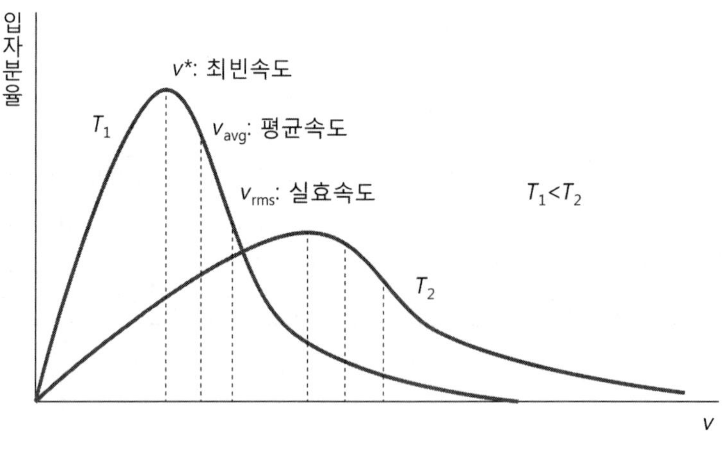

[그림 2.8] Boltzmann 머신 알고리즘

10. 코그니트론과 네오코그니트론

네오코그니트론(Neocognitron)은 여러 층의 세포로 구성된 계층적 다층 네트워크이다. 이 네트워크는 세포 사이의 다양한 연결과 학습을 통해 패턴을 인식하는 능력을 가지고 있다. 학습 과정 후, 네트워크에서 가장 높은 수준의 셀의 응답은 응답을 나타내는 입력 패턴의 범주에 해당하는 하나의 셀과 함께 패턴 인식의 최종 결과를 보여준다.

〈코그니트론〉

– 코그니트론은 1975년과 Hookshima의 모델로 경쟁 학습과 패턴 인식을 갖춘 다층 신경망 모델(그림 2.9)

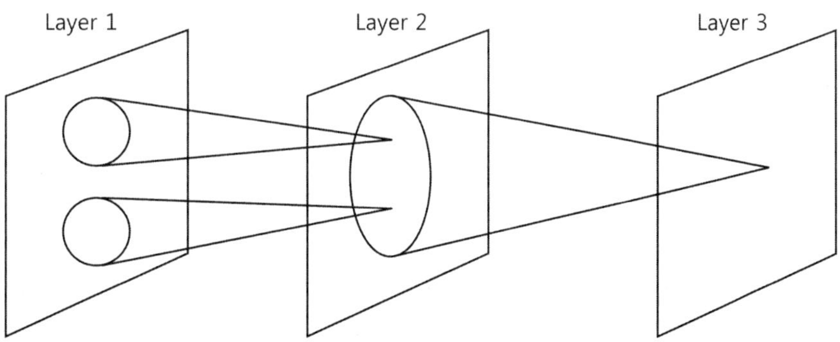

(출처 : 인공지능협회)

[그림 2.9] 코그니트론 알고리즘

〈네오코그니트론〉

– 여러 연속 연결된 셀 계층이 있는 다중 계층 네트워크이다.

– 세포는 아날로그 유형이며 세포의 입력과 출력은 생물학적 뉴런의 순간 발화 빈도에 해당하는 양의 아날로그 값을 취합한다.

– 모양의 유사성을 기반으로 패턴을 정확하게 인식하고 분류하는 능력을 혼자서 얻는다.

– 다음 두 가지 조건을 동시에 충족하면 두 셀 간의 가변 연결이 강화된다.

– 연결을 수신한 셀은 주변 셀 중 가장 강한 반응을 보인다.

– 연결을 보내는 셀도 응답한다.

– 우승자 독점, 엘리트 교육

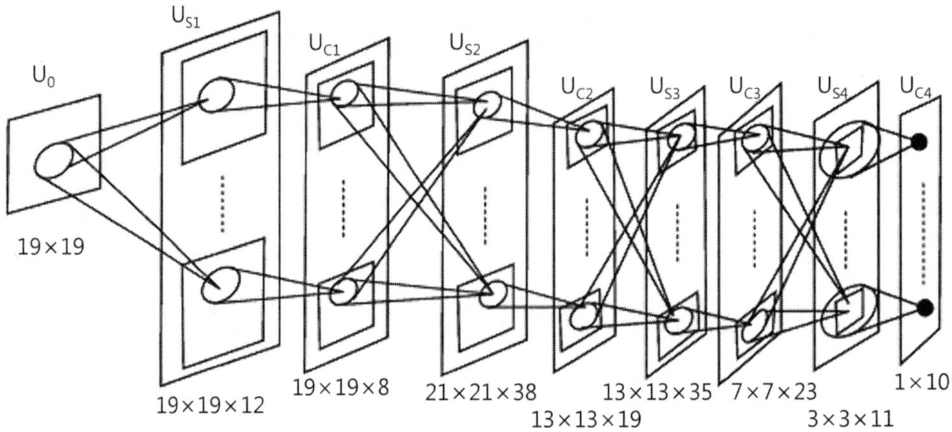

(출처 : 인공지능협회)

[그림 2.10] 네오코그니트론 알고리즘

- 계층적 네트워크에서 입력 패턴의 로컬 특성은 하위 레벨 셀에서 추출되며 이러한 특성은 전체 특성에 점점 더 집중된다.
- 최상위 레벨의 각 셀은 입력 패턴에 대한 모든 정보에 집중하고 하나의 특정 패턴으로 응답한다. 따라서 최상위 레벨 셀의 응답은 네트워크에서 패턴인식의 최종 결과를 나타낸다.
- 로컬 특성의 상대적 위치로 인한 오류는 추출 및 수집 과정에서 점진적으로 허용된다. 각 단계에서 한 번에 적은 수의 위치 오류를 허용하는 동작 프로세스는 한 단계에서 오류를 허용하는 것보다 왜곡된 패턴을 훨씬 더 잘 인식한다.
- 선택적 주의 방식은 여러 패턴으로 구성된 복잡한 그림에서 한 번에 하나의 패턴을 선택하고 하나씩 인식하는 것을 말한다(그림 2.10).

11. 유전 알고리즘의 개괄

유전 알고리즘은 진화 원리를 사용하여 문제를 해결하는 대표적인 방법론 중 하나이다. German Revenberg(1965)는 진화 전략을 제안했다.

유전 알고리즘의 대부는《자연 및 인공 시스템의 적응》의 저자인 John Holland로, 그룹을 기반으로 하고 교차 및 변형으로 골격을 완성한다.

〈유전 알고리즘의 용어〉

－염색체 : 유전 알고리즘이 이해하는 형태로 무작위 솔루션의 표현

－유전자 : 염색체의 각 요소, 유전 알고리즘에서 가장 작은 단위.

－스키마 : 염색체의 부분 패턴.

(예) 4자리 염색체 1101은 1 ****, ****, 11 **, 1 *** 1, *** 1, ***, ** 10 *, 110을 포함한 16개의 부분 패턴을 포함한다. *, * 101, ***.

※ 유전 알고리즘은 외부 염색체와 함께 작동하지만 내부를 살펴보면 이 작은 스키마가 결합되어 더 큰 스키마를 형성한다.

－Cross : 2년의 특성을 부분적으로 결합하여 1년을 만드는 계산. 문제를 표현하는 방법은 교차 연산자를 선택하거나 고안하기 전에 먼저 결정된다.

－변형 : 부모 피해가 아닌 속성을 아동 피해에 도입하는 역할. 변동 확률을 높이면 더 다양한 솔루션 == Dynamic ↑, Convergence ↓, Performance Time ↑, Improvement Speed ↓

－대안 : 결의의 다양성을 합리적으로 유지할 수 있는 작업을 선택해야 한다.

▌유전 알고리즘의 전형적 구조

```
n개의 초기 염색체 생성;
repeat {
for i=1 to k {
두 염색체 p1, p2 선택;
offspring(i) = crossover(p1, p2);
offspring(i) = mutation (offspring);
}
offspring(1) ~ offspring(k)를 population 내의 k개의 염색체와 대치;
} until (정지조건 만족)
return 남은 염색체 중 최상의 염색체
```

유전 알고리즘은 대부분 정해진 수의 해상도를 가지고 있다. 이 알고리즘에서 해상도의 수는 n이다. 먼저 n개의 해를 무작위로 생성한다.

이 그룹에서 k개의 새로운 해가 만들어지며, 각각의 단계는 선택, 교차 및 변형이다.

이 k-yon은 그룹에서 k-yon으로 대체된다.

이 프로세스는 임의 정지 조건이 충족될 때까지 수행되며 그 답은 해상도의 남은 연도에 대한 최상의 솔루션이다.

K : 한 번에 교체되는 그룹 수 결정(k / n : 세대 차이)

Murray Gell-Mann은 Quark 이론을 수립하고 1984년에 Santa Fe Institute를 시작한 노벨상을 수상한 입자 물리학자이다. '제3문화' 적응형 복잡성으로의 데이터 흐름에 존재하는 규칙성은 스키마로 설명할 수 있다. 서로 다른 스키마 간에 경쟁이 존재한다고 주장한다.

- 환원 과학 : (뉴턴, 데카르트 이후 200년) 가장 기본적인 물질(쿼크, 캔들 스트랩)의 존재를 드러내기 위해 물질을 쪼개는 방법
- 복합 과학 : 하위 구조물에 존재하지 않는 새로운 개념이나 구조가 하위 구조체의 조합을 통해 만들어지는 원리를 밝히는 종합 과학

12. 문제의 표현

하나의 필요한 문제가 있고 몇 년 중 1년만 필요한 문제가 있다. 셀 수 없이 많은 세월 동안 좋은 품질과 나쁜 품질이 있다.

이러한 솔루션의 최상의 품질을 찾는 것은 최적화 문제이다. 유전 알고리즘은 대부분 최적화 문제를 대상으로 한다.

〈해의 표현 방법〉

- k-진수 표현 : 2진수, 8진수, 16진수 등
- 그레이 코딩 : 이진 표현의 하나의 갤리, 인접한 숫자에서 단 하나의 비트 차이만 만드는 이진 코딩 체계.
  사용 유형, 두 개의 유사한 솔루션이 문제 공간 가까이에 위치함을 의미한다.
- 산술적 교차(실수 표현) : 같은 위치에 있는 두 부모의 유전자를 평균화하고 이를 자식의 같은 위치 유전자 값으로 사용한다.
- 가변 표현(표현 방식을 미리 고정하지 않고 유전 알고리즘의 수행 중에 표현 방식이 변할 수 있도록 하는 방법) : 역치 계산, 메쉬 유전 알고리즘
- 유전자 재배치 : 문제에 포함된 정보를 사용하지 않고 유전자 알고리즘을 수행하면서

발현을 변화시키는 동적 재배열 방법

- 위치 기반 표현 : 유전자의 위치에 따라 유전자의 특성이 결정된다.
- 순서 기반 표현 : 유전자의 위치가 무의미하고 유전자 값의 상대적인 순서가 무의미하다.
- 1차원에서 다차원으로 표현 : 인접 관계로 인한 정보 손실로 비효율적이다.
- 80년대 중반 John Koza는 LISP 프로그램을 자동으로 생성하는 유전 알고리즘을 제안하고 이를 유전 프로그래밍이라고 명명했다.
- 모든 프로그램은 나무의 형태로 표현되며 나무 자체가 염색체로 사용된다. 최근까지 프로그래밍은 인간의 독점적 재산이었다. 사람만 프로그래밍 할 수 있다. 유전 프로그래밍은 외부에서 평가할 수 있는 한 컴퓨터가 자동으로 프로그램을 생성할 수 있다는 특성으로 많은 사람들의 관심을 끌었다.

13. 유전 알고리즘의 연산들

1. 선택적 연산

교차에 사용되는 두 개의 상위 솔루션을 선택하는 작업이다. 좋은 해가 선택될 확률이 높아야 한다.

선택 확률의 정도는 좋은 연도와 열등한 연도의 적합성 차이를 제어할 수 있다. 이를 선택 압력이라고 한다. 선택 압력이 높을수록 수렴 속도가 빨라지지만 잘 익은 수렴 가능성이 높아진다. 반면 선택 압력이 너무 낮으면 해상도의 평균 품질이 향상되지 않을 가능성이 높다.

- 품질 비례 룰렛 휠 선택 : 매년 품질을 평가한 후 가장 좋은 해의 적합성을 최악의 해의 적합성의 k 배로 조정한다.

  fi = (Cw − Ci) + (Cw − Cb) / (k − 1), (k > 1 Cw 분해 그룹의 최악의 해 비용, Cb 분해 그룹의 최고 해 비용, Ci Haei의 비용)
- 토너먼트 선택 : 다음 염색체 품질보다 [0, 1]보다 작다.
- 랭킹 기반 선정 : 해조류 그룹에서 품질 순으로 연도를 ‘랭킹’한 후 최고의 해부터 주요 기능으로 할당한다.

fi = max + (i − 1) × (min − max) / (n − 1)-Sharing : 해상도의 다양성을 더 오래 유지하기 위한 것이다. 첫째, 품질 비례 선택 또는 순위 기반 선택에 기록된 적합도를 구한다. 또한 그룹의 나머지 염색체와 염색체의 유사성이 높을수록 적합도를 조정하는 염색체의 값이 커진다. 공유는 문제 공간에 지리적으로 분산된 그룹 내 해를 돕는 효과가 있다.

$$F_i = \frac{f_i}{\sum_{j=1}^{n} s(d_{i,\,j})}$$

F_i : 공유를 고려한 염색체 i의 적합도

f_i : 일반 적합도, $s(\cdot)$: 공유 함수

$d_{i,j}$: 염색체 i와 염색체 j의 차이

2. 교차 연산

솔루션의 표현은 교차와 관련된 경우에만 의미가 있다.

− 1점 교차 : n 길이 염색체의 1차원 문자열의 총 개수는 '$n-1$'이다.

− 다점 교차점 : 염색체 길이가 n일 때 k 점 교차점의 총 개수는 '$n-1\,Ck$'이다. 다점 교차는 1점 교차보다 더 혼란스럽다. 따라서 더 넓은 검색 공간을 탐색할 수 있다. 그러나 외란이 강하면 수렴 부족으로 일정 시간 내에 수렴하지 않을 가능성이 있다. 강한 교란은 스키마가 손상될 가능성이 더 높다는 것을 의미한다. 대신 새로운 스키마 생성이 더 다양할 수 있다.

− Equal Intersection : 먼저 임계 확률을 설정한다. 그런 다음 두 부모 피해의 각 유전자 위치에 대해 난수를 생성하고 임계 확률에 따라 복제할 부모의 유전자를 결정한다. 균일한 교차는 절단선을 사용하지 않으므로 스키마 조합은 일반 교차점 또는 다점 교차점에 비해 다르다.

− 순환 교차, 서열 교차, PMX : 염색체가 순열로 표현되는 경우 적용 가능

− 산술 교차점 : 실제 염색체를 사용하는 경우, 염색체의 각 위치에 대한 두 개의 모 염색체의 두 유전자 값의 평균을 구하여 해당하는 자식 연도의 위치에 할당한다.

− 휴리스틱 교차로(간선 조합)

− 다차원 교차 작업 : 직선만으로 염색체를 분할하는 방법은 다양성을 줄이고 새로운 사기의 생성 능력을 감소시킨다. 블록 균일 교차점, 지리적 교차점, 자연 교차점

※ 정규화 : 경우에 따라 하나의 용액을 표현하기 위해 여러 개의 염색체가 있다. 즉, 하나의 표현형에 대해 여러 유전자형이 일치한다. 같은 해에 여러 개의 염색체가 존재하는 경우 두 개의 부모 염색체 중 하나가 부모 해의 특성을 더 잘 반영하도록 변경된다.

3. 변형 계산

부모에 해를 끼치지 않는 속성을 도입하여 검색 공간을 확장하는 것을 목표로 하는 계산이며, 변동이 무작위로 발생하여 절대 속도로 솔루션의 품질을 저하시킨다.

- 전형적인 변이 : 각 유전자에 대해 [0, 1) 범위의 난수를 생성하고 미리 정해진 임계값(0.015~0.01) 미만의 숫자에 도달하면 유전자를 무작위로 변형한다.
- 동일하지 않은 변이 : 유전 알고리즘이 진행됨에 따라 변이의 강도가 점차 감소한다.
- 수리 : 교차 및 변형은 솔루션의 적법성을 깨뜨릴 수 있으므로(예 : 0과 1의 수가 동일해야 함) 대부분의 수리는 변형을 수행한 후 이루어진다.

4. 대체 계산

하나 또는 몇 가지 피해가 발생하는 즉시 솔루션 그룹 내에서 피해에 직면하므로 교체할 대상을 선택하는 작업은 매우 중요한 영향을 미친다.

가장 쉬운 방법은 그룹 내에서 가장 낮은 품질의 솔루션을 교체하는 것이다. 혐오 자 그룹에서 가장 좋은 해는 대체되거나 제거되는 것을 피하는 것이다(엘리트주의).

그룹 내에서 가장 유사한 해가 부모의 해이기 때문에 다른 해보다 부모 해를 제거하는 것은 다양성을 유지하는 데 도움이 된다.

그룹의 다양성을 유지하기 위해 전체 그룹을 비교하고 가장 가까운 연도를 대체하는 방법을 사용할 수 있다.

14. 스키마와 문제 공간

- 스키마 : 염색체에 포함된 패턴을 의미한다. 1차원 다차원 스키마
- 유전 알고리즘은 초기 염색체에 포함된 '작은' 스키마를 결합하여 더 크고 고품질의

스키마를 형성하는 과정이다.

- 스키마 길이 : 가장 왼쪽에 있는 특정 기호에서 가장 오른쪽에있는 스키마의 특정 기호까지의 길이이다.
- 스키마 순서 : 스키마의 총 특정 기호 수
- 스키마 정리(Holland, 1975) : 스키마의 길이와 품질이 일정한 교차를 사용하는 유전 알고리즘에서 스키마의 생존에 중요한 영향을 미친다는 의미이다.

$$m(H,\ t+1) \geq m(H,\ t) \cdot \frac{f(H,\ t)}{\xi(t)}\left[1-P_c\frac{\delta(H)}{l-1}-o(H)P_m\right]$$

$m(H,\ t)$: 세대 t에서 스키마 H를 포함하는 염색체의 수
$f(H,\ t)$: 세대 t에서 스키마 H를 포함하는 염색체들의 평균 적합도
$\xi(t)$: 세대 t에서 해집단 내의 모든 염색체들의 평균 적합도
P_c : 교차 확률
P_m : 변이 확률
$\delta(H)$: 스키마 H의 길이
$o(H)$: 스키마 H의 차수
l : 염색체의 길이
※ $\delta(H)/l-1$: 염색체에서 자름선이 놓일 수 있는 모든 경우에 대한 스키마 길이의 비율, 즉 스키마가 파손될 확률

- 스키마 정리는 스키마의 생존 가능성에 대한 하한을 제시한다.
- 내재적 동시성 : 그룹의 연도의 질을 평가하는 동시에 그 안에 있는 많은 스키마의 질을 평가하는 유전 알고리즘의 특성이다.

- Building Block Hypothesis : 스키마 정리는 교차 및 변형의 파괴적 속성과 관련하여 분석되며 교차의 구성적 특성은 명시되지 않는다. 빌딩 블록 가설은 교차의 건설적인 측면과 관련하여 유전 알고리즘의 작동 원리를 설명하는 핵심 가설이며, 이는 궁극적으로 더 큰(고차) 스키마를 더 큰(고차) 스키마로 개발하는 과정이다. 작은(하위) 스키마의 병렬 배치된다.
- 스키마 생존 확률 : 근본적인 사실은 모든 특정 기호(0 포함) 사이에 짝수의 절단선이 있으면 스키마가 유지된다는 것이다.

  생존 확률은 중요하지만 유전 알고리즘의 성능을 향상시키기 위한 절대적인 조건은 아니다. 염색체 표현이 변경됨에 따라 한 스키마의 생존 확률이 증가하여 필연적으로 생존 확률이 낮아진다. 중요한 것은 고품질 스키마의 생존 가능성을 높이는 것이 유

리하다는 것이다.

- 임의의 교차 작업이 강력한 채굴 경향이 있으면 탐색 경향이 약해지고 탐색 경향이 강해지면 채굴 저항성이 떨어진다.
- 우주 탐사의 관점에서 광업은 이미 가본 적이 있는 동네를 더 깊이 들여다 보는 경향이 있고, 탐사는 이전에 가본 적이 없는 곳으로 가는 경향이 있다.
- 적절한 라인에서 이 두 가지 추세를 제어하는 것은 유전 알고리즘의 성능에 중요한 영향을 미친다.

$$상관계수\ \gamma = \frac{cov(F,\ D)}{\sigma_F \sigma_D} \qquad cov(F,\ D) = \frac{1}{n}\sum_{i=1}^{n}(f_i - \bar{f})(d_i - \bar{d})$$

σ_F, σ_D : 표준 편차

$\bar{f}$: 집합 F의 해들의 적합도 평균

$\bar{d}$: 집답 D의 거리들의 평균

가설 : γ가 0.15 이상이면 공간 탐색을 호도하는 문제, −0.15보다 작으면 쉬운 문제, −0.150.15 사이의 문제는 어려운 문제

- Parentis : 원래 한 유전자가 다른 유전자의 발현을 억제하는 역할을 하는 유전학에서 사용되었지만 유전 알고리즘 또는 복잡한 시스템 연구에서는 유전자 또는 요인 간의 상호 관계에 대한 일반적인 용어를 사용한다. 작은 상단의 문제는 유전자와 독립적으로 '상대적으로' 처리될 수 있으므로 문제 공간의 적합성 지형이 단순화되고 문제가 쉽다.

유전 알고리즘은 '중간' 수준의 문제에 가장 적합한 것으로 인식되며 언덕을 오르는 것과 같은 간단한 방법은 상위 수준이 너무 낮을 경우 더 효율적이다. 높은 수준의 문제는 표현이나 적절한 연산을 통해 제거될 수 있다면 유전 알고리즘에 더 쉬운 문제로 바뀐다.

문제 공간에 대한 솔루션의 품질과 글로벌 최적 솔루션과의 거리 사이의 상관 관계를 보여주는 적합 거리 상관관계를 조사하여 난이도를 예측할 수 있는 도전 문제 공간을 강력히 제안한다. 문제는 최상의 솔루션을 둘러싼 '큰 계곡(big valley)'이다. 큰 계곡에 대한 통찰력은 또한 문제해결에 최적인 혼합 유전 알고리즘이 부분적으로 결합하여 새로운 솔루션을 만드는 데 효율적일 것임을 시사한다.

문제 공간의 중심 근처에 있는 매력-로컬 최적 솔루션(최적, 평균, 농도, 상관 계수)의 초점은 로컬 최적 솔루션의 유클리드 공간 중심점의 품질이다.

문제 공간의 모양이나 지역 최적 솔루션의 분포에 대한 적절한 이해 없이 공간을 탐색하려는 것은 눈을 감고 길을 찾는 것과 같다.

로컬 최적 솔루션을 'attractor'라고도 한다. 문제 공간에서 솔루션의 이동을 탐색하려면 솔루션을 변경(이동)하는 기본 작업이 필요하다.
이 작업은 문제 공간의 모양을 결정한다.

문제 공간은 운영자에 따라 다르다. 이는 운영자가 검색 알고리즘이 문제 공간에서 이동하는 방식을 결정하기 때문이다.

연산자 A의 경우 끌기 연도가 연산자 B의 끌기가 아닐 수 있다.

15. 확장된 주제들

정규화는 단일 솔루션을 나타내는 다중 염색체의 경우, 즉 여러 유전자형이 단일 표현형에 일치하는 경우 교차 작업으로 인한 혼란을 줄일 수 있는 기술이다. 정규화는 문제 공간의 크기를 줄이는 기능적 효과가 있다.

정규화는 유전자형 범위를 제한하는 효과가 있어 유용한 공간이 누락될 수 있다. 하지만 현실적 시간에 최적의 솔루션을 보장할 수 없는 방대한 공간 문제의 경우 놓칠 수 있는 공간을 걱정하는 것보다 제한된 시간을 효율적으로 사용하는 것이 더 중요하다.

– 고급 정규화
– 그래프 분할 : 임의의 그래프를 노드 수가 동일한 두 개의 하위 집합으로 분리하지만 두 하위 집합 간의 교차 수를 최소화하는 분리 방법을 찾는다.
– 정렬 네트워크 : 여러 비교기를 통해 데이터를 교환하여 버스를 정렬한다. (하드웨어 정렬 논리)
– 신경망

어떤 경우에는 여러 목적 함수를 동시에 충족해야 한다. 이 다중 기능을 독립적으로 최적화할 수 있다면 논란의 여지가 없다. 그러나 A의 목적에 맞는 연도가 B의 목적에 맞지 않는 한 모든 것을 고려하는 것은 쉽지 않다. 이것은 OR 분야에서 오랫동안 문제였으며 모든 목적 함수에 대한 최적의 솔루션이 되는 경우가 많다. 근본적으로 존재하지 않는다.

여러 목적 함수를 처리하는 가장 간단하고 가장 일반적인 방법은 각 목적에 실제 가중치를 부여하여 하나의 목적 함수로 통합하는 것이다.

$$F(x) = \sum_{i=1}^{k} w_i f_i(x)$$

$$w_i \in [0,\ 1],\quad \sum_{i=1}^{k} w_i = 1$$

요구 수준 벡터 y는 아래와 같이 설정되며, 이에 따라 적합도가 계산된다.

$$F(x) = \sqrt{\sum_{i=1}^{k} |f_i(x) - y_i|^2}$$

- MIMITIC Genetic Algorithm (Mixed Genetic Algorithm) : 유전 알고리즘은 엄청난 문제 공간 탐색 능력을 가지고 있으며 이미 생성된 해의 기능을 효율적으로 활용할 수 있지만 지역적 최고점에 대한 접근이 느리다. 이는 정도에 차이가 있지만 교차 및 변동의 무작위화로 인해 국소 최적 근처에서 미세 조정하는 능력이 감소하기 때문이다. 이를 보완하기 위해 교차 및 변형으로 생성된 연도의 지역 최적화 알고리즘이다.

지역 최적화 알고리즘은 일반적으로 초기에 매우 민감하다. 밈 유전 알고리즘은 두 가지 관점에서 볼 수 있다.

첫 번째는 로컬 최적화 알고리즘이 유전 알고리즘의 로컬 최적점 근처에서 미세 조정하는 데 도움이 된다는 견해이다.

두 번째는 유전 알고리즘이 지역 최적화 알고리즘을 위한 다양한 초기 솔루션을 제공한다는 것이다.

로컬 최적화 알고리즘의 몇 가지 예로는 일반적인 언덕 등반 알고리즘, 그래프 이분법 문제에 대한 Kernigan-Lin 알고리즘, 2-OPT, 3-OPT 등이 있다.

모방 유전 알고리즘은 주로 Ramarq와 Baldwin이다.

- Lamarck 형 유전 알고리즘은 염색체에 국소 최적화 알고리즘을 적용한 후 염색체를 덮어 쓴다. 즉, 국소 최적화의 결과로 염색체가 변경된다.
- Baldwin 유형의 유전 알고리즘은 지역 최적화 알고리즘을 적용하지만 염색체는 그대로 둔다. 결과 연도는 염색체의 적합성을 평가하기 위해서만 참조된다.

MIMITIC Genetic Algorithm 유전 알고리즘은 유전 알고리즘의 미세 조정 능력을 향상시키고 수렴 시간을 줄이는 장점이 있지만 미세 조정에 사용되는 로컬 최적화 알고리즘의 공간 탐색 스타일에 크게 영향을 받는다.

1) 개체군집최적화

개체군집최적화(PSO, Particle Swarm Optimization)를 사용하면 새가 집단을 관리하는 방식으로 그룹으로 이동할 수 있고 상호 관계 네트워크를 통해 진화할 수 있다.

- 여러 클러스터로 작동한다. 각 클러스터의 개인은 다른 사람들과 상호 작용하여 진화한다. 그러나 모든 개체가 상호 작용할 수 있는 것은 아니지만 작동중인 모든 개체 및 '이웃' 범주의 개체와만 상호 작용할 수 있다. 이웃이 미리 정의되어 있다.
- PSO 알고리즘은 각 개체에 대해 한 라운드를 배치한다. 이웃 중 가장 좋은 대상과 전체적으로 가장 좋은 대상의 방향을 참조하여 수정한다. 소규모 이웃은 개인 간의 교류가 제한되어 수렴 속도가 느려지고 이웃이 클수록 교류가 증가하여 수렴 속도가 빨라진다.
- PSO는 유전자 알고리즘과 유사하지만 유전자 알고리즘과 같은 교차 또는 변이 계산을 사용하지 않는 진화 그룹을 운영한다. 그러나 이동 방향을 결정하는 데 사용되는 세 개의 난수는 일종의 변형 효과를 생성한다.

2) 병렬 유전 알고리즘

병렬 유전 알고리즘은 여러 해의 순서는 여러 해를 동시에 관리하면서 생성하는 데 특히 의미가 없다.

- 하나 또는 두 개의 염색체를 여러 프로세스가 있는 하나의 프로세서에 할당한다.
- 프로세서가 연결되는 방식은 각 프로세서가 고유한 해상도 집합을 갖는 방식으로 서로 통신하는 방식에 따라 결정된다.
- 서버가 전체 해결 세트를 생성하고 관리하지만 솔루션의 적합성 평가 또는 지역 최적화 부분만 각 클라이언트에 맡기는 방법이다.

유전자 알고리즘이 다소 수렴하면 그룹의 다양성이 감소하여 새로운 최적의 솔루션을 찾기가 점점 더 어려워진다. 선택적 압력을 낮추면 그룹의 수렴률을 줄일 수 있다. 적절한 선택 압력을 유지하면서 그룹의 다양성을 높이기 위해 다양한 방법이 개발되었다.

- Holstien(1971)은 종 내에서만 교차하는 반면 해상도의 평균 적합도는 여러 종, 그렇지 않으면 종 간 계산으로 개선된다.
- Booker(1982, 1985), 교배 틀을 사용한 제한된 교차로. 예 : 교배 곰팡이에 적합한

염색체와 교차 작동한다(* 10 * / * 01 *). 적합도가 좋은 교차점을 조절하지 않고 교차점 성향을 제한하여 유전 알고리즘의 성능을 향상시키기 위해 제안된 방법이다. 그렇게 함으로써 우리는 바다의 경향이 종화라고 하는 몇 개의 지역적 최적점 근처에서 수렴하는 경향을 기대할 수 있다.

– 섬 방식 : 유전 알고리즘이 Holstien's(1971)와 같은 여러 그룹 내에서 폐쇄되고 합리적인 시간에(예 : 개별 그룹 내에서 더 이상 개선되지 않거나 주어진 시간만큼) 폐쇄적으로 운영되는 인종화 방식 교차 또는 그룹 간 이동을 허용한다.

분류기 시스템은 유전 알고리즘과 협업을 유발할 수 있는 환경을 결합하여 분류기라고 하는 간단한 규칙을 만들고 학습한다.

– 큰 범주에서는 '진화를 이용한 머신러닝'에 속하며 미시간 접근법과 피츠버그 접근법으로 나뉜다.
– 구성 요소 : 규칙/메시지 시스템, 신용 할당/관리 시스템 및 분류기를 발전시키는 유전 알고리즘.
– 학습이 분류기 시스템의 필수 요소이기 때문에 LCS(Learning Classifier Systems)라는 용어도 일반적으로 사용된다(그림 2.11).

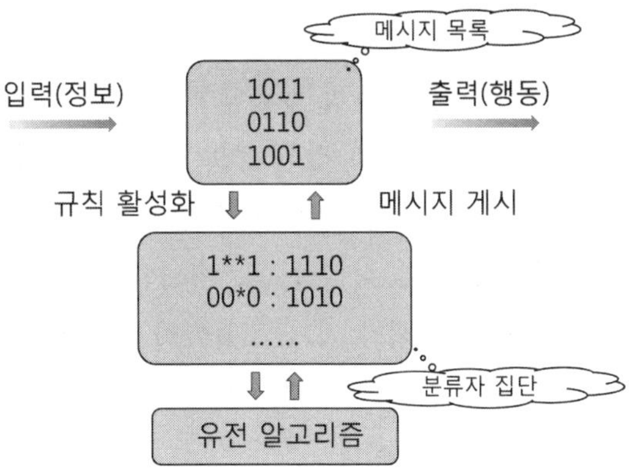

[그림 2.11] 병렬 유전 알고리즘 개요

3) 공진화

치타가 가젤을 잡으려고 한다. 치타에게 잡히지 않는 것은 생존을 위해 매우 중요하다. 가젤은 다른 종의 능력이 향상되는 속도로 서로 진화한다(비대칭 군비 경쟁).

–다른 나무가 높기 때문에 숲 나무가 커진다. 낮은 높이에서는 태양 빛을 얻을 수 없다. 키가 크다는 것은 유지하는 데 비용이 많이 들기 때문에 키가 너무 클 필요는 없지만 이웃 나무와의 경쟁으로 인해 진화한다(대칭 군비 경쟁).

4) 에코모델

• 에코 모델 : 공동 진화와 함께 네덜란드의 에코 모델은 최근 유전 알고리즘 연구에 없어서는 안될 필수 요소이다(네덜란드, 1992).

–유전 알고리즘은 기본적으로 개방형 시스템이다. 즉, 대상의 적합성을 외부에서 평가해야 한다. 반면에 적합의 개념은 자연 생태계에서 자연스럽게 발생한다. 고정되지도 않았다.

–네덜란드 : 사전 정의된 적합지 없이 자발적으로 발생하는 폐쇄 유전 알고리즘을 연구한다.

–Echo는 외부에서 명시된 적합성 평가를 제거하여 유전 알고리즘 분야에서 최초의 폐쇄 시스템이다. 실제 생태계에서 개인은 복잡한 공진화의 조합을 통해 끊임없이 순환하고 서로를 쫓고 있다. 적합의 균일성이 없다. 현재의 생태계에서 충분한 경쟁력이 있다면 충분히 적합할 것이다. 당연히 생태계 변화와 적합성 특성은 그에 따라 달라진다.

–Echo는 유전 알고리즘을 생태 환경으로 확장하고 지리적 분포 개념을 도입하며 제한된 자원에 대한 경쟁과 엔티티 간의 상호 관계를 포함한다. Echo는 특정 생태계를 모델링하는 것이 아니라 생태계의 중요한 속성에 대한 통찰력을 얻기 위한 것이다. Echo는 공진화를 보다 실질적으로 이해하기 위한 것이다. Coevolution은 복잡한 적응 시스템에서 독창성과 자기 조직화의 원천 역할을 한다. 이 현상을 더 잘 이해하려면 외부에서 보상을 제거해야 한다. Echo는 외부 세계에서 보상을 제거하는 최초의 폐쇄 형 시스템이다.

–Echo World(Forrest & Jones, 1994) : 고정된 수의 영역(사이트)이 있다. 에이전트는 자원 유형, 세율, 복제율, 사망률 등 각 영역에 존재한다.

• 에코 싸이클

① 에이전트 간의 상호 관계는 각 영역 내에서 발생한다. 각 에이전트는 무역, 짝짓기 또는 전투를 통해 관련된다.

② 요원은 해당 지역에서 자원을 수집한다. 각 영역은 리소스를 생성하고 이러한 리소스는 해당 영역의 에이전트에 할당된다.

③ 대리인은 세금을 지불한다. 세금을 납부할 자원이 없으면 에이전트가 사망하고 나머지 자원은 구역으로 반환된다.

④ 에이전트는 낮은 확률로 임의로 죽는다.

⑤ 각 지구는 자원을 생산한다. 지역마다 다른 자원이 다른 수량으로 생산될 수 있다.

⑥ 주기에 리소스를 추가하지 않은 에이전트는 인접 영역으로 마이그레이션 한다.

⑦ 자신을 복제할 수 있는 만큼 많은 리소스를 보유한 에이전트이다.

– 에이전트 : 자원 형 유전자, 태그 유전자(공격 / 방어 / 매칭), 컨디션 유전자(전투 / 무역 / 매칭 조건), 무역 자원 유전자가 있는 염색체.

– 에이전트 간 교환 : 전투, 무역, 짝짓기(교차 계산)

– 에이전트 이동(영역 내, 영역 외)

– Echo의 한계와 미래 : Echo는 여전히 생태계 시뮬레이션에 중점을 둔다. 외부 보상에 의해 주도되지 않는 복잡한 적응 시스템의 진정한 시작점에 해당하는 역사적 중요성의 시스템이다.

• 복잡성 시스템 : 단순한 하위 구조의 조합으로 하위 구조에 없는 특성을 가진 모 구조가 생성되는 시스템.
  – 질서와 혼돈 사이 어딘가에 복잡한 시스템이 있다. 이는 동적 균형, 거의 균형을 말한다.
  – 다이나믹 밸런스 상태에서 창의력이 가장 높은 것으로 보인다.
  – 적응형 복합 시스템(생태계, 유전 알고리즘) 및 비적응형 복합 시스템(Kaos, 전기 회로 등)

16. 유전 알고리즘의 응용 예들

1) 기능 최적화는 유전 알고리즘의 대표적인 응용 프로그램 중 하나이다. 주어진 함수 값을 최대화하거나 최소화하는 변수를 찾는 데 문제가 있다.

2) 시스템 최적화 : 데이터에서 이를 가장 잘 설명하는 시스템을 시스템 식별이라고 한

다. 즉, 훈련 데이터에서 알려지지 않은 시스템의 수학적 모델을 찾는 것이다. 여기서 모델은 함수, 신경망 또는 기타 시스템일 수 있다.

- 함수 근사 : 함수 최적화는 주어진(고정) 함수로 최적의 변수 값을 찾는 반면, 함수 근사는 함수 자체를 찾는다(예 : 회귀).
- 신경망 최적화 : 뉴런으로 네트워크를 고정한 다음 각 간선의 가중치를 조정하여 최적의 가중치 집합을 찾거나 네트워크를 확보하지 않고 네트워크의 구조를 진화시키는 방법이 있다.
- 퍼지 시스템 최적화
- 엘리베이터 그룹 스케줄링

3) 조합적 최적화(combinatorial optimization)

- 순회 세일즈맨 문제(TSP)
- 차량 경로 : 여러 차량으로 여러 고객에게 서비스를 제공하는 가장 효율적인 방법 찾기
- 그래프 분할 : 그래프 이분법 문제는 임의의 그래프를 노드 수가 같은 두 개의 하위 집합으로 분할하여 두 하위 집합 간의 교차 수를 최소화한다.
- 단백질의 3차원 구조 : 단백질은 연속적인 아미노산의 띠로서 고유의 3차원 구조를 가지고 있다. 이 3차원 구조는 평야의 특성을 결정한다. 단백질을 물과 같은 용액에 넣으면 용액은 소수성 아미노산을 끌어당겨 소수성 아미노산을 밀어낸다. 가능한 3차원 구조 중에서 최소한의 에너지를 가진 구조를 찾는 것은 유명한 단백질 접힘 문제이다.
- VLSI 회로 배치
- 네트워크 구축
- 직교 스타이너 트리 문제 : 2차원 공간에서 n개의 점이 주어진다. 이 지점을 연결하지만 사용되는 트렁크 길이의 합계를 최소화하는 문제.
- 이미지 압축을 위한 벡터 양자화
- 분류 네트워크
- 지수 수익률 다이어그램 : 몬존의 마방진
- 죄수의 딜레마

- **창의성** : 하위 구조의 작은 구성 요소가 결합하여 상위 구조를 만든다. 이는 바로 우리의 지적 능력이 하위 구조의 각 구성 요소에 존재하지 않는 새로운 특성이 나타나는 현상으로 진화하는 과정이다. 부모 구조.

개인의 힘에 한계가 있는 연구 개발은 학제 간 협업으로 보완할 수 있다. 학제 간 연구는 개인이 갖지 못한 하위 구조를 활용하여 창의적인 결과를 도출하기 위한 것이기도 하다. 높은 수준의 창의력을 갖기 위해서는 고통스러운 기본 훈련 기간을 거쳐야 한다.

17. 유전 알고리즘의 구체적 예

1) 그래프 분할

- Kernigan–Lin(KL) 알고리즘 : 무작위 이분법으로 시작하여 양쪽에서 동일한 크기의 하위 집합을 교환하여 품질을 개선하는 방법.
- 시뮬레이션 된 어닐링(SA) : 추세 통계 최적화 기술의 일부로 확률적 언덕 등반
- 그래프 이분법을 위한 유전 알고리즘 – 전처리된 미미틱 유전 알고리즘; 문제 표현 – 초기화 – 선택 – 변형 작업 – 영역 최적화 – 대결 – 성능 중단 기준

```
p개의 초기해 생성;
BFS Reordering;
do {
        해집단에서 parent1과 partent2 선택
        Offspring = crossover (p1, p2);
        Mutation (offspring);
        Local-optimization( offspring);
        Repalce (population, offspring);
} until (종료조건);
해집단에서 최우수 해를 리턴;
```

2) TSP

- TSP(Traveling Salesman Problem) : 순회 세일즈 맨 문제
- 지역 최적화 알고리즘
  - 2-OPT 알고리즘 : 가능한 한 2-변경을 계속 시도하고 개선이 있는지, 그렇지 않으면 개선이 없는지 선택한다. 이러한 방식으로 2-변경이 개선될 수 없을 때까지 솔

루션이 변경된다.

–3-OPT 알고리즘 : 2-OPT 알고리즘보다 성능이 '훨씬' 좋다. 시간이 오래 걸린다.

–또는 OPT 알고리즘

–Lin-Kernigan(LK) 알고리즘 : 초기 솔루션에서 시작하는 하나의 트렁크를 삭제하고 이 트렁크의 끝점에 연결된 가장 매력적인 트렁크 라인 중 하나를 삽입한다. 같은 방법으로 다른 트렁크를 삭제하고 가장 매력적인 트렁크 라인 중 하나를 삽입한다. 새로 삽입된 줄기를 통해 연결된 정점은 다시 선택되지 않도록 잠긴다. 이 과정을 더 이상 가능하지 않을 때까지 반복하는 과정에서 혜택의 합계가 가장 큰 지점만 유효하고 나머지는 유효하지 않다. 이것은 해를 만든다. 초기 솔루션으로 더 이상 개선되지 않을 때까지 앞의 프로세스를 반복한다.

다시 말하지만, 다른 NP-Hard 문제와 마찬가지로 로컬 최적화 알고리즘을 사용하지 않는 순수 유전 알고리즘은 문제가 다소 크고 한계가 있다. 로컬 최적화 알고리즘이 품질 위해를 달성하는 데 가장 많이 기여하는 경우 유전자 알고리즘의 나머지 프로세스는 이를 가장 높은 품질 위해로 만드는 역할을 한다.

• 다중 시작 알고리즘 : 여러 초기 솔루션을 임의로 만들고 로컬 최적화를 반복하고 이 프로세스에서 찾은 최상의 솔루션을 답으로 사용한다.

18. 다른 스토캐스틱 탐색 기법들

진화 연산은 유전 알고리즘, 유전 프로그래밍, 진화 전략 및 진화 프로그래밍으로 나뉜다.

–진화 전략 : 1년부터 시작하여 지속적으로 변경, 해상도의 크기는 1로 변량 계산만 사용한다.

–진화 프로그래밍 : 유한 오토마타를 진화시키기 위해 제공된다. 건널목을 사용하지 않는다.

–유전 프로그래밍 : 유전 원리를 사용하여 자동으로 프로그램을 생성한다. 교차와 변이는 트리 구조에서 염색체를 표적으로 하는 진화적 작업의 유일한 네 가지 분기이다. 교차는 두 나무를 부분적으로 결합하여 단일 나무를 만든다.

• 시뮬레이션 어닐링(SA) : 강화 물질의 통계적 역학에서 파생된 최적화 기술이다. 템핑의 초기 단계에서 금속이 뜨거울 때 분자는 매우 운동성이 있으며 금속의 조직을 정제하기 위해 금속의 온도가 감소함에 따라 운동 특성을 덜 사용한다. SA는 초기에 고온 요인을 제공하여 태양이 시간이 지남에 따라 자유롭게 움직일 수 있도록 하여 더 나은 태양 품질을 향한 움직임을 강화한다.

–본질적으로 수정된 언덕 등반 휴리스틱

–네거티브 이동 : 품질이 떨어지는 지점으로 이동할 가능성이 적다. 탐색할 수 있는 기능을 제공한다. 로컬 최적에서 벗어날 수 있다.

• Large Step Markov Chain : 외란과 지역 최적화를 공간 탐색 기술과 결합한 검색 방법.

–로컬 최적화 솔루션을 찾은 후 다시 로컬 최적화 알고리즘을 방해한 후 다시 로컬 최적화 알고리즘을 적용하고 로컬 최적화 알고리즘을 다시 적용하는 방식으로 반복한다.

• Glover, 1977 : 지역 최적에서 벗어난 효율적인 우주 탐사 방법 중 하나이다.

–최근 몇 년간의 목록을 유지하고 반복적인 방문을 피하여 공간 탐사의 효율성을 추구한다.

연습문제

EXERCISES

1. 규칙 기반 전문가 시스템의 구조에 대하여 설명하여라.

2. 인공지능의 추론엔진 구조에 대하여 설명하여라.

3. 퍼지 전문가 시스템 구조에 대하여 설명하여라.

4. 프레임기반 전문가 시스템의 구조에 대해서 설명하여라.

5. 인공신경망의 방식에 대하여 논하여라.

6. 신경망과 인공지능의 차이점 및 공통점에 대하여 논하여라.

7. 유전자 알고리즘에 대하여 논하여라.

8. 개체군집최적화에 대하여 논하여라.

9. 병렬 유전 알고리즘에 대하여 논하여라.

10. 유전 알고리즘의 공진화에 대하여 논하여라.

읽을거리

필자들은 인공지능 연구·개발(R&D) 사업을 진행하면서 많은 사업들 그리고 시장의 사람들과 접촉하며 이야기를 해왔다. 대다수는 진정성을 가지고 사업을 하려 하지만 일부 악질적인 한탕주의를 꿈꾸는 사람들에 의해 인공지능과 암호화폐 시장이 부정적으로 받아들여지고 있다. 도박과 같은 투기 형태로 보이는 건 사실이다. 혹자들은 인공지능이 세상을 변화시킨다고 설명하고 있다.

하지만 필자들은 이 말에 동의할 수 없다. 일부 기술 하나가 세상을 바꾸진 않는다. 인공지능 업계가 킬러 애플리케이션을 내놓는다면 일부 산업군을 바꿀 수 있을 것으로 보인다. 국가문서 체계 인공지능, 유기농산물 이력추적 인공지능, 디지털 자산관리 인공지능, 전자 교과서 및 e-테스트 인공지능 등이 이런 분야에 해당한다.

인공지능은 이미 인간의 삶을 편안하게 하기 위해 좋은 사례로 인증을 받고 있다. 인공지능이 세상을 바꾼다는 환상을 버리고 주요 인증 프로세스에 쓰인다면 인공지능은 분명 좋은 기술과 패러다임으로 자리매김할 수 있을 것이다.

필자들은 인공지능이 세상을 바꾼다기보단 결국 사람이 세상을 바꾼다는 철학 아래 정부 프로젝트에 많이 참여하고 있다. 결국 인공지능이 세상을 바꾸는 열쇠(Key)라기보다는 이 좋은 열쇠를 시기적절하게 사용했을 때 좋은 콘셉트 및 프로젝트가 나온다고 할 것이다. 현재 인공지능은 다양한 프로젝트들이 많은 산업 분야에 적용돼 나타나고 있고, 구글, 페이스북, 카카오톡 등의 서비스에 적용을 하고 있다.

인공지능과 사람이 정비례 성장할 때 비로소 실제 인공지능 생태계가 나타날 것으로 생각된다.

PART IV

정보보안에서 인공지능의 필요성

제1장 보안에서 인공지능 분야의 필요성

제2장 결론

artificial intelligence and information protection artificial intelligence and information protection

 artificial intelligence and information protection

제 1 장

보안에서 인공지능 분야의 필요성

제4차 산업혁명은 모든 것이 네트워크에 연결되어 있는 Hyper-Connected, Hyper-Intelligence, Convergence의 특성을 가지고 있으며, 이를 통해 상호 연결되고 지능적인 사회로 변모하고 있다. 미국 라스베이거스에서 열린 CES 2019에서는 사물 인터넷(IoT), 모바일, 인공지능(AI), 클라우드, 빅데이터 등 첨단 기술을 접목한 첨단 제품을 선보였다. 이는 '디지털 전환'을 심화하고 산업 전반에 빠르게 적용하는 과정으로 볼 수 있다. 글로벌 IT시장 조사 기관인 Gartner는 Gartner Hype Cycle을 통해 매년 IT기술이 어느 시점에 있는지 발표한다. Gartner에서 발표한 2018 Haif Cycle을 살펴보면 인공지능, EdgeAI, 기존 AI 플랫폼, AI PaaS, 딥러닝 등 여러 인공지능 기술이 분산되어 있음을 알 수 있다. 또한 가트너의 '10대 미래 전략 기술'에 매년 인공지능이 존재함을 확인할 수 있다. 최근 인공지능 기술의 발전에 힘입어 사이버 공격자들은 신규 및 변종 사이버 공격을 활용하여 대규모 사이버 보안 공격을 시도하고 있다. 또한 새로운 형태의 지능형 알고리즘을 사용하는 자동화 기술이다. 이러한 추세로 인해 기존 보안 솔루션은 점점 정교해지고 다양해지는 사이버 공격에 효율적으로 대응하는 데 많은 한계가 있다. 사이버 위협에 적극적으로 대비하기 위해 보안 산업은 인공지능을 보안 분야에 적용하는 데 주목하고 있다. 보안과 인공지능이 결합되면 네트워크, 위협 인텔리전스, 취약성 분석, 악성 코드 분석, 실시간 탐지 및 대응 등 다양한 보안 영역에서 보안 역량이 획기적으로 향상될 것으로 기대된다. 보안 정보가 증가함에 따라 지능형 보안 위협을 분석하고 신속하게 대응하는 인공지능을 보안에 적용하고, 광범위한 보안 로그 분석을 자동화하여 핵심 정보를 선택적으로 분석하고, 기존 규칙 및 서명을 기반으로 고급 보안 위협을 더 잘 탐지한다.

보안 분야에서 인공지능에 대한 도입은 다양한 관점에서 논의될 수 있지만, 여기서는 크게 2가지 관점에서 보고 있다. 첫 번째는 방대한 데이터에 대한 분석의 이슈가 있다. 2018년도 7월 기준 무선 인터넷 트래픽 통계를 보자면 작년 동월 대비 21%가 증가한

393,154TB의 네트워크 트래픽의 증가를 보여준다. 매일 증가하고 있는 유무선 네트워크 트래픽에 대해 이상 무선 방식으로 분석하기란 용이치 않다. 또한, 매일 엄청나게 생산되고 있는 정보보안 관련 인터넷 지식들을 모두 검색하여 이해하고 패턴화하는 것도 매우 어려운 일이다. 악성 코드의 증가율 역시 다양한 변종의 출현과 함께 매번 새로운 기록을 유지하고 있다. 악성 코드를 출시하는 속도에 맞춰 분석하기란 쉽지 않다. 즉, 정보보안 분야에 있어 분석해야 할 데이터량의 급속한 증가이다. 인공지능 분석의 주요 동인 중 하나이다. 두 번째는 학습하고 있는 전문가의 부족이다. 정보보안 분야는 IT의 발전에 따라 많은 연관 분야의 지식이 필요하고, 그에 따른 새로운 것이 등장하고 있는데, 이에 대한 학습의 기회와 시간을 충분히 확보하지 못하고 있다. 2016년도 대비 2017년도는 인공 지능 보안 분야가 31% 증가하였다.

또한 다양한 보안 및 해킹 컨퍼런스에서 새로운 공격에 대한 논의가 지속 실현되고 있다. 그러나 현재도 부족한 인력구조는 대신 존재하고 새로운 공격 기법에 대한 학습할 시간의 확보는 기업의 인재 교육 프로그램 내 전략적으로 고려되는 것이 온전히 개인의 선택에 달렸다. 정보보호 예산을 편성한 기업이 48.1%로 전년 대비 15.6% 증가하였으나, 이 중 36.8%가 1%이고, 정보보호 조직을 운영하고 있다. 또한 애로 사항 중 전문 인력 확보가 39%로 전년 대비 5% 증가한 것으로 나타났다. 전 세계적으로도 대기업의 83%가 적절한 기술 레벨을 가진 인력을 찾는 데 어려움을 겪고 있고, 2020년에는 150만 명의 보안 인력이 부족할 것으로 예측되고 있다. 이에 따른 현재 부족한 인력을 정보보안 교육을 위한 인력 양성으로 해결하기 위해 많은 기관과 기업에서 노력하고 있다. 그러나, 지식과 함께 경험이 필요한 분야이다 보니 공급이 수요를 따라 가고 있지 않다. 이러한 관점에서 부족한 경험과 지식의 격차를 메워 줄 파트너로서 인공지능에 대한 고려는 당연한 귀결이 아닐까 한다.

1. 보안에서 인공지능 인텔리전스

보안 사고를 조사하는 보안 분석가는 사고 데이터의 IP, 도메인 또는 파일 해시 값을 검토하고 관련 데이터를 검색한다. 또한 다양한 검색 방법과 정보를 사용하여 새로운 IoC-침해 지표(IoC)를 수집한다. 수집된 정보를 바탕으로 사고 데이터 분석을 확대하고 추가 조사를 실시한다. 연구 논문, 컨퍼런스 프레젠테이션, 보안 관련 뉴스, 업계 발표, 분석 보고서, 뉴스레터, 블로그, 위키, 소셜 미디어 및 위협을 포함하여 인터넷을 통해 공개 및 배포되는 수많은 정보를 체계적으로 이해, 분석, 분류 및 재생산하는 프로세스는 일반적으로 인터넷을 통해 공개되는 정보의 8%만 이용할 수 있으며, 보안 팀의 80%는 보안 사고 발생 시 위협 인텔리전스 플랫폼이 있다면 자연어 처리를 기반으로 인터넷에 제시된 자동 수집 또는 데이터는 인공지능에 의한 정보보안 측면에서 이해 및 분석되고 위협 인텔리전스 데이터로 정제된다.

인공지능은 학습기간 동안 감독 및 비지도 학습을 반복하여 보안 관련 컨텍스트, 컨텍스트 간의 관계, 관련 동작, 다양한 규칙 등을 정의하고 비정형 데이터 및 관련 지식의 구조화된 시스템 생성, 복제된 위협 인텔리전스 정보는 근접성, 관계 및 진실성을 기반으로 평가되며 필요한 경우 다시 학습된다. 실제로 이 분야의 상용 서비스인 IBM의 Watson for Cyber Security는 보안 컨텍스트에서 자연어 처리 및 인공지능을 위한 학습 모델로 통계 정보 및 관계 추출을 사용한다.

인공지능은 보안 연구원이 새로운 위협을 더 빠르게 분석하는 데 도움이 된다. 빅데이터 분석과 함께 수집된 새로운 악성 패턴을 식별하여 로데오 공격을 탐지할 수 있다. 또한 제로데이 인텔리전스를 기반으로 탐지 능력을 높이고 전 세계적으로 위협 인텔리전스를 사용하여 지역 위협 동향을 예측한다.

2. 인공지능 통합 보안 관제

통합 보안 관제 센터 관리자의 93%는 잠재적인 위협을 모두 차단하지 않으며 대기업에서 근무하는 사이버 보안 전문가의 42%는 '중요한 보안 경고 수'를 알지 못한다. 또한 보안 회사의 31%는 때때로 보안 경고를 무시한다고 답했다. 전체 보안 경고를 관리할 수 없기 때문에 경고의 50%가 무시된다.

첫 번째 예는 위협 인텔리전스 기반 인텔리전스를 사용하여 **데이터 마이닝**을 통해 보안 솔루션이나 서비스에서 탐지하지 않은 위협을 탐지하고 식별하는 데 사용된다. 통합 보안 관제하에서 기업 내 IT 자산, 로그, 이벤트 등을 파악하는 한편, 통합 보안 관제를 인공지능으로 직접 훈련시켜 다양한 로그와 이벤트를 구축하였다. 이러한 이벤트를 활용하여 징후를 식별하는 경우가 있다. 통제 직원이 이를 파악할 만큼 충분히 집중하지 않는 한 로그, 이벤트 및 공격을 모니터링 하고 있다. 거의 모든 ESM 및 SIEM 솔루션 제공 업체에서 매우 적극적으로 연구했다. ESM 및 SIEM 기능 내에서 더 나은 상관 관계 분석, 위협 평가 동작 및 통계적 기준 표시를 위해 인공지능 또는 기계학습을 위한 기술이 차원 분석 분야에 적용된다. 통합 보안 제어에 인공지능을 사용함으로써 기존 위협에 대한 분석 속도가 60배 빨라지고 분석 속도가 몇 시간에서 몇 분으로 단축되었으며 보안 운영이 25배 감소했으며 새로운 미확인 위협 탐지가 10배 증가했다. 필드에는 igloo, IBM, LogRhythm 및 SparkCognition이 포함됩니다. 또한 IBM에서 개발 중인 Havyn 프로젝트는 매우 흥미로운 접근 방식으로 유명하며, 전통적인 AI 기반 통합 보안 제어 시스템에서 Havyn은 사이버 보안 영역에서 훈련된 IBM 왓슨을 기반으로 인간과 통신할 수 있는 통합 보안 제어 지원 서비스이다. 자연스러운 워크 플로우, 투명성 및 향상된 협업을 통해 위협 분석가 및 보안 관리자의 경험을 개선하도록 설계되었다. 음성을 기본 인터페이스로 사용하여 Havyn은 텍스트 입력 또는 클릭과 같은 사용자 입력을 받아 Havyn 클라우드로 전달하거나 답변을 표시하거나 음성으로 읽는다. Havyn의 사용 예를 통해 사용자는 사이버 보안에 대한 음성 기반 질문에 답하거나 자연어를 기반으로 원하는 기본 명령을 수행할 수 있다(그림 1.1).

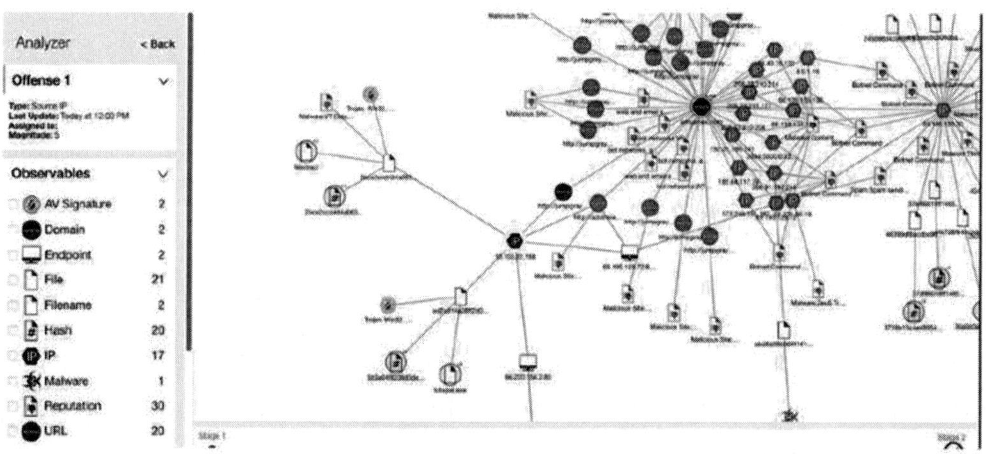

(출처 : IBM 홈페이지)

[그림 1.1] 인공지능 통합보안 관제 개요

3. 인공지능 네트워크 패킷 분석

기존의 침입 탐지 시스템에는 탐지하려는 공격에 대한 정보와 서명이 필요하며, 정보와 서명이 없는 공격을 인식하려면 상당한 시간과 분석이 필요하다. 그러나 네트워크 분석 시스템에 인공지능이나 머신러닝 기반 기술을 도입하여 기존 네트워크 활동을 학습하고 일반적인 네트워크 활동에서 이상을 분석 및 유추한다. 네트워크에서 동일한 장치의 동작에 대한 컨텍스트 분석 및 학습, 연결 관계에 대한 통계 및 추세, 정상 및 비정상 동작을 판단하기 위한 위험 계산을 수행하여 네트워크의 이상을 확인한다. 침입 탐지 문제는 실시간 및 자동화된 지식 생성 문제로 볼 수 있고 Expert System 및 Classification of Artificial Intelligence의 관점에서 접근할 수 있으며, 정상 적격 네트워크 패킷과 다양한 비정상 네트워크 패킷을 수집하여 적용한다. 다양한 기계학습 알고리즘을 사용하여 지식을 자동으로 생성한다. 그리고 이 학습된 지식을 바탕으로 실시간으로 발생하는 패킷의 정상과 이상을 판단하는 문제로 볼 수 있다. 인공지능 기반 이상 분석은 로그에 수집된 각종 정보에 대한 감사 데이터 저장소와 데이터 마트로 구성되며, 이벤트, 성능 명령, 자산 등 사용자의 활동 이력에 대해 다양한 규칙과 모델을 기반으로 인공지능 학습 단계를 수행한다. 이때 사용되는 모델은 기본적으로 베이지안(Bayesian), LDA(Latent Dirichlet Allocation) 및 정상 및 비정상 분류에 대한 Holt-Winterts 모델이다. 그런 다음 실제 사용자 데이터를 분석하고 규칙 및 모델을 식별하며 비정상 사용자를 감지하거나 위험 점수를 조정한다. 이 분야의 일반적인 회사에는 Dark Trace, Chronicle 및 Bectra가 포함된다.

4. 인공지능 악성코드 분석

AV-TEST 통계에 따르면 새로운 악성 코드 및 변종의 수는 하루 평균 390,000개가 넘는다. 그러나 악의적인 코드는 분석가가 적시에 대응하는 것이 매우 어렵다. 또한 자동화 도구와 샌드박스를 사용하여 다양한 분석을 지원하지만 회피 기술도 개발되어 이를 탐지하기가 점점 더 어려워졌다. 기존 안티 바이러스는 파일 또는 데이터 서명과 패턴 분석을 사용하여 잠재적인 악성 활동을 이전 사례와 비교한다. 즉, 안티 팬이다.

바이러스는 신속하게 대응하여 악성 파일을 탐지하고 시스템 감염을 방지한다. 물론 기존의 안티 바이러스는 행동 분석 및 위협 정보 사용과 같은 보완 기술도 적용하지만 서명 및 패턴 업데이트에 크게 의존하는 기존의 한계는 여전히 존재한다. 일반 파일은 이러한 한계를 극복하는 방법이다. 실제 인공지능을 악성 코드에 사용하더라도 속도면에서 가장 빠른 기존 안티 바이러스의 시그니처 기반 진단이 첫 번째다. 사용은 VirusTotal과 같은 클라우드 기반 다중 안티 바이러스 엔진을 통해 현재 획득된 알려진 악성 코드를 진단하여 진단해야 할 코드와 그렇지 않은 코드를 식별한다. 첫 번째 안티 바이러스 엔진을 자동 안티-리버싱으로 전달한 알려지지 않은 악성 코드에 대한 프로그램 코드를 작성한 후 6가지 악성 로직 또는 변형이 포함되어 있는지 분석한다.

6가지 악성 로직은 취약한 공격 로직, 감염 및 전파 로직, Hook to Change 및 차단 시스템이다. 호출, 동적 프로그램 삽입, 고정되지 않은 시스템 리소스에 대한 액세스 및 도난 또한 이러한 분석이 감지되지 않으면 샌드 박스 내에서 시스템 또는 브라우저 동작 기반 분석이 함께 수행된다. 악성 코드의 위협 모델을 기반으로 IoC(Indicator of Compromise), Black IP List, C & C IP List 등 다양한 이상 징후 및 지능 정보를 활용하여 악성 코드 이상 여부를 판단한다. 이 분야의 일반적인 회사에는 Science, Deep Instinct, Avast, Microsoft 및 Sate Security가 포함된다.

5. 인공지능 사용자 이상 행위 분석

사용자 이상 분석은 광범위한 IT 및 보안 인프라 분석과 비즈니스 또는 사용자 패턴에 대한 이해가 어려우므로 인공지능이 이 영역에 대한 솔루션으로 높은 관심 분야 중 하나이다. 인공지능은 사용자의 일상적인 업무 패턴에 비해 사용자의 비정상적인 행동이 악의적인지 판단하기 위해서는 장기적인 분석과 같은 그룹의 사용자와의 비교가 필요하고 정해진 규칙에 근거할 기준이 없기 때문에 가장 일반적으로 채택된다. 인공지능 기반 이상 분석은 로그, 이벤트, 액션 명령, 자산 정보 등 사용자 활동에 대해 수집된 다양한 정보에 대해 감사 데이터 저장소와 데이터 마트를 구성하고 다양한 규칙과 모델을 기반으로 인공지능 학습 단계를 수행한다.

이때 사용된 모델에는 베이지안, LDA 및 Holt-Winters 모델이 포함된다. 그런 다음 실제 사용자 데이터를 분석하고 규칙 및 모델을 식별하며 비정상 사용자를 감지하거나 위험 점수를 조정한다. 비정상 사용자의 중요한 범주는 동일한 그룹 내에서 거의 볼 수 없는 새로운 패턴, 비정상적인 많은 패턴, 이전에 볼 수 없었던 새로운 패턴, 비정상적인 오류 패턴의 발생을 정의할 수 있다. 또한 비정상 사용자로 확인된 이유와 행동을 인공지능 판단 결과의 증거로 제시할 수 있어야 한다. 이 분야의 대표 기업으로는 IBM과 Splunk가 있다.

6. 인공지능 사용자 인증과 사기(Fraud) 탐지

사용자 식별 및 사기 탐지에 인공지능을 사용하는 것은 매우 새로운 접근 방식이다. 인공지능을 사용하여 스마트폰 또는 데스크톱의 다양한 사용 패턴을 학습하여 사용자의 행동 기반 ID를 만든다. 사용자의 일반적인 마우스 움직임, 클릭, 클릭에 대한 압력, 클릭과 클릭 사이의 시간 등 다양한 사용 패턴을 데이터화하여 사용자의 행동 기반 ID를 생성한다. 이 생성된 ID를 통해 사용자는 매우 간단한 인증 방법을 사용할 수 있다. 실제로 사용자가 아닌 이상 액세스하기 매우 어려운 시스템을 만드는 동안 사용자는 액세스하기 쉽다. 사용자 행동 특성, 세션 및 트랜잭션 모니터링, 액세스 장치 특성은 인공지능에 의해 분석되며 인공지능은 행동 생물학적 모델을 기반으로 사용자를 이해한다. 세션을 평가하여 세션 및 트랜잭션의 이상을 식별한다. 기기 활동을 분석하여 악성 코드에 의한 요청인지 비정상적인 앱 조작인지 판단한다. 관련 위협 인텔리전스를 수집하고 자동 보호 활동을 수행하며, 로그인 및 세션을 통해 사용자의 신원을 드러내지 않고 자연스럽게 평가

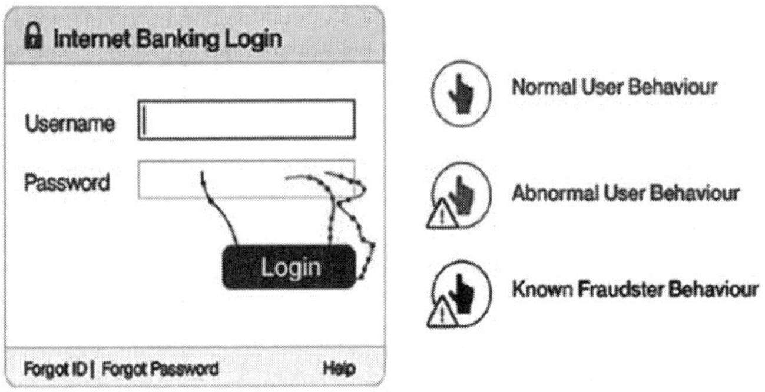

(출처 : IBM 홈페이지)

[그림 1.2] 인공지능 사용자 인증과 사기(Fraud) 탐지

하며, 행동 기반 생물학적 분석 결과는 여러 증거를 기반으로 한 사기 지표와 실시간 상관 관계가 있다. 이를 기반으로 강력한 생체 인증을 최적화 및 적용하여 탐지 효과를 극대화하고 오타를 줄이며 사용자 불편을 최소화하면서 위험을 줄일 수 있습니다. 이 분야의 대표 기업은 IBM이다(그림 1.2).

7. 인공지능 취약점 분석 및 모의 해킹

애플리케이션 개발 시 초기 및 반복 취약성 분석을 통해 후속 수정 비용을 절감할 수 있으며, 다양한 애플리케이션 소스에 대한 취약성 진단 결과 자동 분석 및 검토를 통해 비지도 학습과 보안 전문가의 지도 학습을 결합하기 위해 인공지능 분석 및 기계학습을 적용한다. 또한 다양한 언어 및 프레임워크에 대한 자동 학습을 통해 동일한 애플리케이션 취약성 진단을 지원하고 있으며, 애플리케이션 취약성을 분석하기 위해서는 프로그래밍 언어를 이해하고 데이터의 입력과 출력을 정확하게 분류하고 취약성이 표현되는 지점을 파악해야 한다. 취약점을 찾으면 또한 발견된 취약점을 검토하고 double-tam 및 무의미한 결과를 제외한다. 또한 겹치는 취약점은 축약하고 최적의 솔루션을 제시해야 하며, 이 모든 작업은 인공지능에 의해 이루어지며 예기치 않게 신속하고 광범위하게 취약점 진단을 수행하고 결과와 솔루션을 제시해야 한다. 실제 인공지능을 기반으로 프로그램을 진단한 결과 98.91%의 정확도로 프로그램의 구조(데이터 I / O 및 취약점 탐지)를 식별하고 분류할 수 있어 오타 수를 줄일 수 있다. 대상 애플리케이션에 대한 취약성 진단, 불필요한/중복 탐지 정제 및 인공지능 기반 수정 권고에 대한 테스트 결과는 [그림 1.3]과

Real-World Applications	Scan Findings	IFA Vulnerabilities	Fix Groups
Application 1	12k	1k	35
Application 2	247k	1.2k	103
Application 3	746k	483	42

(출처 : IBM 홈페이지)

[그림 1.3] 인공지능 취약점 분석 및 모의 해킹

같다. 마찬가지로 애플리케이션을 포함한 IT 인프라 전반의 취약성을 감지하고 이를 공격하는 다양한 시나리오를 제공하고 실행하는 인공지능이 있다. 이전과 달리 시스템의 보안 취약점을 경고하기 위해 직접 공격을 수행하여 시연에 집중하고 있으며 사이버 무기로 더욱 발전하고 있다. AI 기반 웹 애플리케이션 보안 취약성 진단의 대표적인 기업은 IBM, High-Tech Bridge, Sparrow이다.

제 2 장

결 론

최근 한국에서 열린 보안 컨퍼런스의 주제를 보면 인공지능, 머신러닝, 빅데이터가 7% 이상을 차지하고 있다. 이는 현재 보안 산업에서 인공지능에 대한 관심이 뜨겁다는 사실에 대한 반박이다. 제4차 산업혁명의 핵심 기술인 인공지능, 빅데이터, 데이터 사이언스 등 나머지 기술 중 상당수가 실제로 적용되고 있으며, 적용된 신제품에는 사용자 편의를 위한 솔루션이 포함되어 있다. 특히 신기술의 도입으로 보안 솔루션은 단순히 악성 코드나 해킹을 방지하는 것에서 효율적으로 분석하고 수집된 로그를 통합하여 사용자에게 시각화하는 능력으로 진화하고 있으며, 보안 분야에 인공지능을 적용하여 두 가지를 모두 제공한다. 개발 기회가 균등한 보안 시스템을 찾는 공격자와 방어자의 과거 사이버 공격은 대부분 자신을 시연하기 위한 것이었지만, 최근에는 금융, 운송 및 권력과 같은 사람들의 생명과 재산뿐만 아니라 정치적, 경제적, 군사적 의도를 가진 특정 표적에 대한 공격으로 변형되었다. 코리아 사이버 워치 최고 정보보안 책임자(CISO)는 "기존의 방어 체계를 지능적이고 자동화된 보안 솔루션으로 전환할 필요가 있을 뿐만 아니라 디지털 전환에 따른 지능형 사이버 위협이 고도화되고 다양해짐에 따라 증가하고 있다"고 경고했다. "국가와 기관이 자신을 방어하기 위해 최첨단 보안 장비와 솔루션을 채택하고 운영하고 있다는 것은 부인할 수 없으며, 오랜 노하우에도 불구하고 끊임없이 진화하는 것을 방지하지 못해 피해가 급증하고 있다. 실시간 공격, 공격 탐지 및 대응 시간 단축을 위해 많은 양의 데이터가 수집되지만, 그만큼 증가한 각종 보안 장비의 로그를 신속하게 분석하기 어렵기 때문에 인공지능 도입은 불가피하다. 성향 오류이므로 보안 전문가로서 완벽한 역할을 할 수 없다. 이를 극복하려면 먼저 인공지능이 인간의 경험과 지식을 기반으로 한 보안 데이터의 장기 분석을 통해 학습할 수 있도록 해야 하며, 이 이전 프로세스 후에야 점점 더 발전하는 보안 위협을 보다 효율적이고 빠르게 감지하고 대응할 수 있다. 또한 지금까지 방대한 양의 보안 데이터를 분석하여 사람의 개입과 완화를 최소화한 인공지능이 사람의 경험과 지식을 배울 수 있는 환경을 제공하기 위해 여러 보안 프로세스를 자동화해야 한다. 또한 시그니처 분석, 행동 분석 기술 등을 적용하고 머신러닝 기술을 통합하여 지능형 공격에 대한 자동 탐지 및 대응을 제공해야 한다. IoT, 인공지능, 클라우드, 빅데이터 기술의 발달로 인해 전체 생태계를 변화시키기 위해 돈, 제품, 공간을 서로 공유하기 전에 AI를 어떻게 선제적으로 준비해야 할지 고민하는 것이 더욱 중요하다.

지금까지 인공지능과 상용화된 솔루션 및 서비스를 중심으로 보안 분야의 적용 방향을 살펴보았다. 2016년 3월 9일부터 15일까지 국내 IT 산업과 바둑 산업은 인공지능에 대한 막연한 두려움과 인공지능이 인간 이세돌을 대적하는 바둑의 신세계에 경이로움을 느꼈다. 사실 인공지능은 아직 인간의 창의 지능에 접근하지 못했다. 그러나 이세돌 9단의 "알파고는 바둑의 격언이 우리를 체포하고 바둑에 대해 생각할 수 있는 자유를 주었다." 라는 의견은 매우 동정적이다. 이러한 인공지능은 얼마나 많은 방해와 편견과 관습을 극복해야 더 발전할 수 있는지 살펴볼 필요가 있다. 인공지능은 이러한 편견과 고정된 패턴이 없는 데이터를 기반으로 상황에 가장 적합한 선택이 무엇인지 보여줌으로써 다양하고 창의적이고 놀라운 방법을 제시한다. 인공지능을 보안에 적용하는 것에 대해 이야기할 때마다 우리는 인공지능의 기술에 대해 이야기한다. 하지만 인공지능에 대한 기술적 논의는 알파고와 이세돌의 강대국 이후 이미 끝났다. 인공지능 자체의 우수성보다 인공지능이 더 중요해지고 이를 달성하기 위한 다양한 데이터가 더욱 중요해지고 있다. 인생은 속도라기보다 방향이다. 보안분야의 애플리케이션은 인공지능 자체가 아닌 보안 분야에서 달성하고자 하는 것이 무엇인지, 이를 달성할 수 있는 충분한 데이터가 있는지 먼저 살펴봐야 한다. 그 관점에서 우리는 산업과 소통하고 통합해야 한다. 보안뿐만 아니라 다양한 분야에서 또한 전 세계 어디보다 가장 고유의 데이터를 보유하고 있다. 국내에서도 이를 수집, 정리, 공유하고 전 세계 위협 인텔리전스와의 협력과 함께 인공지능 학습 데이터로 활용해야 하며, 딥러닝 등 인공지능 알고리즘을 활용하여 프로그래밍 할 수 있는 인재 양성도 중요하다. 그러나 기초 데이터 관리 및 인공지능 활용법에 대한 조언을 받을 수 있는 전문가 풀이 있으며, 투자 지원이 제공되면 인공지능을 활용한 다양한 솔루션과 서비스가 국내에서 개발 및 활용될 것이다. 향후 보안 분야에서 다양한 인공지능을 활용하여 보다 창의적인 접근 방식을 창출할 수 있기를 기대한다.

연습문제

EXERCISES

1. 인공지능과 정보보호의 연관관계에 대해서 논하여라.

2. 보안에서 인공지능 인텔리전스에 대하여 설명하여라.

3. 인공지능 통합 보안 관제의 장단점을 논하여라.

4. 인공지능 네트워크 패킷 분석의 개념에 대해서 설명하여라.

5. 인공지능 사용자 이상 행위 분석은 무엇인가?

6. 인공지능 사용자 인증과 사기(Fraud) 탐지에 대해 설명하여라.

읽을거리

인공지능은 분명 지능화의 분야에서 파생된 패러다임이다. 기존 인공지능은 이러한 암호화가 매우 중요하다. 이는 기술이 발전할수록 보안에 대한 이슈는 항상 더 많이 존재하기 때문이다. 이러한 아호화 키는 자신이 가진 키를 감추고 아는 사람들끼리 키를 공유해 사용하는 방식을 선택했다. 이는 비밀리에 키를 만들고 사용하는 폐쇄적인 방법이라 할 수 있다. 보안은 최초 전쟁에서 나온 것이므로 폐쇄적으로 운영할 수밖에 없기 때문이다.

하지만 폐쇄형 암호 방식은 몇 가지의 단점이 있다. 그중 가장 큰 것이 중앙 집중형 구조를 갖춰 몇몇 키를 가진 사람들끼리 담합을 할 수 있다는 점이다. 이 같은 문제에도 데이터의 안정성을 위해 암호화 방식을 사용했다. 여러 사람이 담합하고 거짓 인증을 하거나 해킹 등에 노출될 수밖에 없는 이유다.

참고문헌

1. 김문현, 《인공지능(재미있게 풀어보는)》, 21세기사, 2020, p. 230
2. 양정모, 《미적분학》, 경문사, 2020, p. 424
3. 이상구 외, 《인공지능을 위한 기초수학 입문》, 경문사, 2020, p. 200
4. 이장우, 《선형대수의 입문》, 경문사, 1996, p. 620
5. 천인국, 《인공지능(파이선으로 배우는 머신러닝과 딥러닝)》, 인피니티북스, 2020, p. 220
6. 한선관, 《인공지능의 이해와 실습》, 성안당, 2020, p. 280
7. Kim, B.G.; Park, D.J. Novel target segmentation and tracking based on fuzzy membership distribution for vision-based target tracking system. Image Vis. Comput. 2006, 24, pp. 1319-1331.
8. Seong-Kyu Kim, Jun-Ho Huh, "Consistency of Medical Data Using Intelligent Neuron Faster R-CNN Algorithm for Smart Health Care" Healcare, 8(2), 2020.
9. Wang, M.; Lu, H.; Liu, S.; Zhu, Z. How to Mislead AI-assisted Network Automation in SD-IPoEONs: A Comparison Study of DRL- and GAN-based Approaches, IEEE, 2020.
10. Seong-Kyu Kim, Jun-Ho Huh, "Neuron Blockchain Algorithm for Legal Problems in Inheritance of Legacy", Electronics, 9(10), 2020.
11. DeepMind. AlphaGo Zero: Learning from the Scratch. Available online: https://deepmind.com/blog/alphago-zero-learning-scratch/ (accessed on 27 March 2020).
12. Bargaje, M. Emotion recognition and emotion based classification of audio using genetic algorithm an optimized approach. In Proceedings of the 2015 International Conference on Industrial Instrumentation and Control, Pune, India, 28-30 May 2015; pp. 562-567.
13. Salunkhe, S.; Bhosale, S. Image Steganography with DCT and Image Steganalysis using CNN technique In National Conference on Mathematics and It's Applications in Technology; Publisher: Mumbai, India, 2020; pp. 1-9.

찾아보기

ㅇ

ㅈ

ㅊ

ㅋ

ㅌ

ㅍ

ㅎ

기타